가정폭력 프로그램

이원숙 · 박미선 공저

학지사

머리말

“오늘 프로그램에서 집단 활동으로 인생 곡선을 하기로 했는데 그대로 갈까요?”

“좀 걸리네. 자신에 대한 이해가 아직도 충분치 않은데 프로그램 회기가 얼마 남지 않았다는 것이 영 걸리네.”

“그래서 생각했는데요. 커뮤니케이션 훈련을 하면 어떨까요?”

“그래, 나도 프로그램 끝나기 전에 인간관계기술이 필요하다고 고민하고 있었어. 그럽시다. 오늘은 커뮤니케이션 기술로 가자고. 그런데 어떻게 풀어나가지? 집단 활동은?”

최근 필자들이 집단프로그램을 하러 가는 자동차 안에서 나눈 이야기의 한 토막이다. 지난 회기를 마치고 나서, 인생곡선을 통해 자아발견을 좀 더 깊이 있게 다루자고 결정했지만, 필자들은 각자 마음속으로 고심하고 있었던 것이다. 그렇게 우리는 마지막 순간에 커뮤니케이션 훈련으로 변경하였고, 그날 프로그램에서 참가자들로부터 ‘내가 먼저 변해야 한다는 것을 깨달았다.’는 진솔한 토로를 들을 수 있었다. 한 주에 두 번씩 3주 동안 씨름 끝에 얻어 낸 뜻밖의 놀라운 성과였고, ‘이렇게까지 에너지를 쏟아 부어야 하는가?’라는 그동안의 회의를 한순간에 날려 버릴 수 있었다. 때론 힘겹기도 하지만 이런 감동과 기쁨 때문에 집단에 빠져들게 되는 것 같다.

돌이켜 보면 참 얼결에 시작했던 집단프로그램이었다. 실천 경험 없이 이론에 의지하여 강의를 하는 자신이 앵무새 같아서 좌절감을 느끼던 필자 중 한 사람에게, 이 분야에 대한 이론연구를 많이 했다는 이유로 2000년 가을 어느 날 가정폭력 피해여성을 위한 집단프로그램을 해 달라는 제의가 들어왔다. 과연 해낼 수 있을까 두렵기는 했지만, 뛰어들어야만 배울 수 있다고 스스로를 독려하면서 요청을 수락하였다. 쉼터 실무자에게 코워커(Co-Worker)를 구해 달라고 부탁했고 이때 필자들의 처음 만남이 이루어졌다. 이런 우연한 만남은 지금까지 이어져서, 그 후 필자들은 매년 7~8차례씩 쉼터나 캠프에서 함께 가정폭력 프로그램을 개발하고 진행해 왔다. 한 사람은 이론적 뒷받침을 제공하고 다른 한 사람은 집단상담기술을 제공하고, 한 사람은 인지를 중심으로 하고 다른 한 사람은 정서를 이끌어 내는 데 탁월한 능력을 가졌다. 그리고 한 사람은 실천을 교육으로 연계하는 데 관심이 있었고 다른 한 사람은 전문적 집단지도자로 성장하는 데 관심을 가졌다. 이와 같이 서로 다른 개인적 역량에 대한 존중과 역할분담은 공동지도자로서의 성공적인 팀워크를 가능케 하였고, 전문가로서 성장하는 여정을 함께하는 기쁨과 감사를 누릴 수 있게 되었다.

초보자의 행운이었던지 이론에 근거하여 개발하였던 가정폭력 피해여성을 위한 집단프로그램의 근간을 지금까지 그대로 유지하고 있다. 변화가 있었다면, 가정폭력 피해여성의 상처를 회복시키는 데에만 그치지 않고 이들이 보다 나은 건강한 삶을 살아가도록 돕는 긍정적 목적이 강화되었다. 그리고 인지 중심의 작업에서 벗어나 다양한 이론과 이에 따른 기법을 활용하여 역동적이고 완성도 높은 집단프로그램을 만들기 위해 꾸준히 노력해 왔다. 프로그램 전반부에서는 참가자 모두가 가정폭력 피해여성이라는 공감대를 형성하고, 폭력이 가족에게 미치는 영향 등 폭력을 새롭게 조명하며, 가해남편에 대한 감정을 풀어 내도록 하였다. 그리고 후반부에서는 왜곡된 인지에 도전하고, 커뮤니케이션 기술과 자녀양육기술을 향상시키며, 자신을 재발견하도록 도왔다. 그리고 프로그램 전체에 걸쳐 이들이 가정폭력 탓에 생긴 스트레스를 극복하고, 강점을 발견하며, 자신과 자녀를 위한 최선의 결정을 내리도록 돕는 데 주력하였다.

이 책은 이런 집단프로그램의 흐름을 그대로 반영하고 있다. 제1장에서는 왜 개입방법으로 집단을 선택하였는지를 비롯하여 집단프로그램의 전제와 원칙을 설명하였다. 필자들은 지지적이고 강점 중심적 접근을 선택하였으며, 최근에는 임파워먼트 접근을 보강해 나가고 있다. 이와 같이 강점 중심적 임파워먼트 접근을 주축으로 하되, 생태체계적 관점, 인지행동이론, 경험주의 치료, 해결중심치료, 이야기치료, 스트레스와 사회적 지지 이론 등 가정폭력 피해여성을 돕는 데 적합하다고 판단되는 이론들을 폭넓게 활용하였다. 또한 역동적인 프로그램을 진행하기 위해서 심리극, 미술치료, 동작치료, 연극치료, 표현예술치료 등에서 나온 다양한 기법을 선별적으로 활용하였다.

제2장에서는 폭력 경험 나누기와 집단 오리엔테이션 등 첫 모임에서의 전형적 활동과 초기 저항을 어떻게 다루어 나가야 할지를 소개하고 있다. 제3장과 제4장에서는 집단에서 피해여성들이 털어놓았던 폭력에 대한 이야기를 재구성하였고, 필요에 따라 이에 대한 이론적 근거를 제시하였다. 제3장에서는 피해여성들이 폭력을 이해하고 통찰력을 얻게 되는 과정을 사례를 통하여 살펴보았다. 제4장에서는 가정폭력연구에서 많은 관심을 받아왔으며, 피해여성들이 가정폭력에서 벗어나도록 돕는 데 유용한 "왜 머무는가와 왜 떠나는가?"를 집중적으로 고찰하였다.

제5장에서는 피해여성들이 가정폭력과 이에 수반된 스트레스를 자가점검하고, 선 체험-후 학습 방법으로 스트레스를 극복하도록 돕는 방법에 대해 살펴보았다. 이와 더불어 신체적 학대와 강제적 성관계 때문에 생긴 부정적인 몸의 기억을 감소시키는 대안적 접근을 제시하였다. 제6장 감정표현에서는 사례를 통하여 갑작스럽고 폭발적으로 분출되는 감정을 안전

하게 표현하도록 돕는 방법과 의도적으로 감정표현을 돕는 방법을 살펴보았다. 그리고 집단프로그램을 하다 보면 예기치 못했던 돌발 상황이 발생하는 경우가 간혹 있다. 제7장에서는 이런 상황에 효과적으로 대처하면서 새로운 공감대를 형성시키고 집단프로그램의 효과성과 집단의 의미를 되새기는 과정을 고찰해 보았다.

제8장부터 제10장까지는 피해여성들이 새로운 삶을 구축하는 데 필요한 훈련방법을 제시하였다. 제8장에서는 지지적인 커뮤니케이션 기술, 나-메시지를 통한 분노표현기술, 긍정적 표현기술 등 인간관계훈련을 소개하였다. 제9장에서는 피해여성들이 가지고 있는 왜곡된 인지에 도전하는 데 그치지 않고, 보다 근원적으로 자아존중감을 회복시키고 임파워먼트를 시키기 위해서 여성의 사회화 맥락에서 가정폭력을 탐색하고 폭력으로부터 자유로운 삶을 살아갈 권리를 모색하였다. 가정폭력 피해여성들은 자녀 때문에 폭력에 머물기도 하고 자녀 때문에 폭력을 떠나기도 한다. 그만큼 피해여성의 안녕은 자녀의 안녕과 밀접하게 연계되어 있다. 제10장에서는 "우리 아이 어떻게 도울까요?"라는 제목으로 가정폭력이 아동에게 남긴 것이 무엇인지를 모색하고, 기존의 자녀양육기능을 강화시키고 새로운 자녀양육기술을 훈련시키는 방법들을 살펴보았다. 마지막으로 제11장에서는 피해여성들이 보다 나은 내일을 꿈꾸고 실천해 나갈 수 있도록 하는 집단 활동들을 소개하였다.

집단의 대가인 Yalom 교수가 어느 책의 서문에서, 책을 집필하는 동안 정년심사위원회가 마음을 차지하고 있었는데, 집필도중 대학으로부터 정년보장을 받게 되자 뇌리 속에는 '학생들'만 남더라는 에피소드를 널어놓고 있다. 교육현장에 있으면서 실천에 뛰어들었던 계기가 실천에 기반을 둔 올바른 교육이다 보니, 집단 경험이 쌓여 가면서 이를 학생들에게 전달하고 싶은 욕구가 자연스럽게 생겨났다. 그럼에도 집단프로그램 사례를 가지고 책을 엮는다는 것이 영 엄두가 나지 않았다. 하지만 강의에서는 아무리 잘 하려고 해도 생생하게 설명해 내기 어려워서 힘들게 용기를 내었다. 이 책을 쓰면서 집단을 하면서 미처 깨닫지 못한 것들을 다시 한번 이해하는 소중한 시간을 가지게 되었다. 아직 많이 부족하지만 이 책이 완성되어서 정말 감사하고 기쁘다. 한 가지 아쉬운 점은 책에서는 어쩔 수 없이 인지 작업이 많이 반영되었다는 점이다. 대안적 접근들을 소개하기는 했지만 그 역동을 생생하게 전달하기 어려워서 진행방법 위주로 소개할 수밖에 없었다. 또한 10년 가까이 개발한 집단프로그램을 종합하다 보니까, 하나의 집단이 어떻게 시작되어서 발전하고 종결에 이르는지에 대한 집단역동을 기술할 수 없었다. 부족한 책이지만 가정폭력과 성폭력 등 가족폭력에 관심을 가진 학부생과 대학원생, 가정폭력 상담원, 성폭력 상담원, 그리고 이 분야의 실무자들에게 작게나마 도움이 되기를 바란다.

이 책은 10년 동안 집단프로그램에서 가정폭력의 고통을 함께 나누고 공감하며 울고 웃고 노래하고 춤추었던 프로그램의 주인공들인 피해여성들을 있었기 때문에 나올 수 있었다. 이 책이 그들의 아픔에 자그마한 위로가 되기를 바란다. 그리고 집단프로그램을 할 수 있는 장을 제공해 주고 지원을 아끼지 않았던 쉼터 실무자들에게 마음에서 우러나온 감사를 드린다. 그리고 다양한 기법을 익힐 수 있도록 각종 워크숍을 지도해 주신 선생님들에게 지면을 통해 감사를 표한다. 또한 이 책이 나올 때까지 버팀목과 울타리가 되어 주었던 사랑하는 가족, 친구, 동료들에게 감사를 드린다. 무엇보다도 필자들이 서로 지지하고 도전하면서 전문가로서의 성장의 길을 걷도록 허락하신 하나님께 영광을 돌린다. 마지막으로 이 책의 출판을 허락해 주신 학지사의 김진환 사장님 그리고 출판을 도와주신 이지혜 차장에게 감사를 드린다.

2010년 1월

이원숙 · 박미선

차 례

집단치료의 세계적인 석학인 Yalom은 집단이 가지는 12가지의 치유적 요인을 지적한다. 여기에는 희망 심기, 보편성, 정보제공, 이타심, 일차적 가족집단의 수정적 재경험, 사회화 테크닉의 발달, 모방적 행동, 카타르시스, 실존적 요인들, 집단 응집력, 대인간 학습, 사회의 소우주(microcosm)로서의 집단이 포함된다. 이들 중 몇 가지 공통적 요인에 대해서 Yalom의 이론을 토대로 살펴보고자 한다.

■ 희망 심기

희망 심기(instillation of hope)와 유지하기는 어떤 심리치료에서도 중요하다. 희망은 클라이언트[1)]가 계속 치료받도록 하기 때문에 다른 치료적 요인들이 효력을 발휘할 수 있다. 희망을 심는 과업은 집단지도자가 구성원들에게 긍정적 기대를 강화시키고, 부정적인 사전 선입견을 없애며, 집단의 치유적 자산을 명쾌하고 힘 있게 설명함으로써 오리엔테이션 단계에서부터 시작될 수 있다. 나아가서 유사한 문제를 가지고 있었는데 집단에 참여하면서 상태가 호전된 구성원들을 접촉함으로써 희망이 생겨난다. 무엇보다도 집단지도자가 자기 자신과 집단의 효능을 믿는 것이 중요하다.

■ 보편성

대부분의 클라이언트들이 자신들만 이런 문제를 가지고 있을 거라는 생각을 가지고 치료를 받으러 온다. 더욱이 이들은 대인간 어려움 때문에 친밀한 관계를 형성할 능력이 부족하다. 그리하여 이들은 일상생활에서 다른 사람에게 속내를 털어놓을 기회 및 궁극적으로 다른 사람으로부터 정당성을 인정받을 기회를 가지지 못한다.

---

1) Yalom은 환자라는 용어를 사용하고 있으나 이 책에서는 강점과 임파워먼트를 강조하기 때문에 클라이언트라고 번역하였다. 이와 같은 맥락에서 치료집단은 집단 그리고 집단치료자는 집단지도자라고 번역하였다.

집단에서, 특히 초기단계에서 나 혼자만 그런 어려움을 가진 것이 아니라는 사실은 커다란 위안이 된다. 다른 구성원들이 유사한 관심사에 대해 털어놓는 것을 들으면서, 클라이언트들은 세상과 연결되었다는 느낌을 가지게 된다. 이는 "우리 모두 같은 배를 탔다."라는 표현에서 발견되는 현상이다. 특히 성학대 피해자와 같이 비밀 때문에 고립되어 왔던 집단에서는 보편성(universality)이 크게 도움이 된다.

■ 정보제공

집단에서 구성원들은 대인간, 집단 역동 및 치료과정에 대해서 많은 것을 배운다. 일반적으로 교육적 과정은 암묵적이지만, 심리-교육적 접근에서 보는 바와 같이 명시적으로 도입되기도 한다. 그 외에도 집단에서는 구성원들 간에 조언이 오간다. 이 조언 자체가 직접적으로 도움이 되는 경우는 드물지만, 상호적 관심과 돌봄을 전달한다는 점에서 나름의 기여를 한다.

■ 이타심

집단에서 클라이언트는 주는 것을 통해서 받는다. 이들은 오랫동안 스스로가 다른 사람들에게 짐이 된다고 느껴 왔기 때문에 자신이 필요한 사람이라는 경험은 자아존중감을 높여 준다. 또한 이들은 집단에서 서로에게 지지, 확신, 제안, 통찰력을 제공하는 기회를 갖게 된다. 특히 유사한 문제를 공유한다는 점에서, 구성원들이 관찰한 바를 집단지도자가 관찰한 것보다 쉽게 받아들이는 것은 드문 일이 아니다.

■ 사회화 기술의 발달

사회학습—기본적인 사회적 기술의 발달—은 집단에 작용하는 치료적 요인이다. 흔히 집단 구성원들은 어떻게 다른 사람에게 도움이 되는 반응을 하는지 배운다. 그리고 갈등 해결방법을 습득한다. 나아가서, 덜 심판적이며 공감을 표현하는 능력이 증대된다. 이런 기술은 사회적 상호작용에 도움이 되지 않을 수 없다.

■ 모방적 행동

집단지도자는 자기개방이나 지지 등과 같은 특정행동의 모델링을 통해서 집단의 커뮤니케이션 패턴에 영향을 준다. 집단에서 클라이언트들은 집단지도자뿐 아니라 다른 구성원을 모델로 한다. 또한 집단에서 다른 구성원의 치료과정을 관찰함으로써 도움을 받을 수도 있다.

■ 카타르시스

카타르시스의 활용에 대한 논리는 상이하지만, 이는 치료과정에서 중요한 역할을 한다고 가정되어 왔다. 그러나 카타르시스는 다른 요인들과 연계되어야 효과적이라고 제기된다. 예를 들어, 카타르시스는 대인간 과정의 일부다. 구성원들은 옷장 속에서 감정을 표현하는 것이 아니라 사회적 맥락에서 표현하는 것이다. 덧붙여 카타르시스는 집단 응집력과 밀접하게 연관되어 있어서, 지지적인 집단 결속이 형성된 이후에 보다 도움이 된다. 마지막으로 정서적 표현의 강도는 상대적이므로 집단지도자의 관점이 아니라 각 구성원의 관점에서 평가되어야 한다.

■ 집단 응집력

과연 무엇이 성공적 치료를 가져오는 것일까? 연구에 의하면, 성공적인 치료는 신뢰, 따뜻함, 공감적 이해 및 수용에 의해 특징 지워지는 집단지도자와 클라이언트의 관계에 의해 매개된다. 집단에서 지도자-클라이언트의 관계는 보다 넓은 맥락에서 이해되어야 한다. 즉, 집단에서는 집단지도자와의 관계뿐 아니라 다른 구성원들과의 관계 그리고 전체로서 집단과의 관계를 포괄해야 한다. 이런 것들이 집단 응집력의 저변에 있는 것이다.

응집력은 구성원이 집단에 남아 있도록 하는 모든 힘을 합한 것, 좀 더 단순하게 말해서 구성원에게 작용하는 집단의 매력이다. 이는 구성원들이 집단에서 따뜻하고 편안하게 느끼고 집단에 소속된다고 느끼며 집단을 소중히 여김으로써, 다른 구성원들에게 가치를 인정받고 무조건적으로 수용되며 지지받게 되는 조건을 의미한다. 오랜 치료를 성공리에 마친 클라이언트가 "내게 가장 중요했던 것은 집단이 거기에 있다는 것, 내가 항상 이야기할 수 있으며 나에게 등을 돌리지 않을 사람들이 있다는 것이었다. 집단 안에는 돌봄도 미움도 사랑도 있었고 나는 그것의 일부였다. 이제 나는 회복이 돼서 내 인생을 살아가고 있지만, 집단이 더 이상 거기에 없다는 것을 생각하면 슬퍼진다."라고 회고하였다(Yalom, 1998: 6-41 참조).

지금까지 집단이 가진 치유적 요인들을 살펴보았다. 여기에서 다시 처음 질문인 '왜 집단인가?'로 돌아가서, 사람들이 집단을 택하는 가장 본질적인 이유는 집단의 힘(power of group)에 대한 믿음—집단지도자의 힘이 아니라—때문이 아닐까 싶다(Ehpross, 2005: 11).

제2절 집단프로그램의 전제 및 원칙

1. 집단프로그램의 전제

가정폭력 피해여성을 위한 집단프로그램에서 기본적이며 최우선적으로 전제되어야 하는 것은 가정폭력에 대한 이해다. 가정폭력 피해자뿐 아니라 피해아동과 가해자에 대한 연구가 지속적으로 이루어지고 있으며, 새로운 연구결과들이 밝혀지고 있다. 이러한 연구결과의 적극적 활용은 근거 기반(evidence-based)의 프로그램을 수립하는 데 도움이 된다. 또한 이는 이론적 기반 위에서 집단을 지도하는 데 도움이 될 것이다.

둘째는 집단프로그램의 주 대상자가 피해여성일지라도, 가족 관점을 가지고 접근해야 한다. 가족 관점의 측면에서 접근하는 데는 몇 가지 이유가 있다. 우선, 현실적으로 많은 피해여성들은 아동을 동반하여 쉼터에 입소하고 있으며, 가해남편을 떠난 후에도 아동양육을 책임지는 경우가 많다. 그렇지 않은 경우에도 이들은 아동과 강한 심리적 유대를 가지고 있다. 다른 이유는 아동의 안녕이 피해여성들의 최우선적 관심사 중 하나라는 것이다. 가해자는 아동을 학대하는 경우가 많으며 가정폭력을 목격하는 것 자체로도 아동에게 부정적인 정서적, 행동적 및 발달적 영향을 미친다(Bancroft & Silverman, 2002: 38-39 참조; Hester et al., 2006: 30; Radford & Hester, 2006: 52에서 재인용). 무엇보다도 최근의 연구결과들은 가정폭력이 가족 맥락에서 발생하기 때문에 가족에게 미치는 영향을 가족 역동의 차원에서 이해해야 한다고 지적한다. 가정폭력 가해자는 피해여성을 통제하기 위해 조정과 같은 전략을 사용하며, 이는 직·간접적으로 피해여성의 부모역할 수행을 잠식하고 훼손시킨다(자세한 내용은 Bancroft & Silverman, 2002: 64-70 참조).

셋째는 가정폭력은 피해여성에게 신체, 정서, 행동 등 여러 측면에서 부정적 영향을 미치며, 이에 따라 프로그램에서는 일차적으로 부정적 영향의 경감 또는 회복을 돕는다. 이런 즉각적인 목적 이외에도, 집단프로그램은 피해여성들이 몸도 마음도 건강한 삶을 설계하고 이를 실천해 나갈 수 있도록 돕고자 하는 긍정적인 목적을 가진다.

넷째는 가정폭력은 보다 근본적으로 인권을 침해하기 때문에, 집단프로그램에서는 이를 상쇄시키기 위하여 강점을 기반으로 하고 임파워먼트를 지향해야 한다. 최근 임파워먼트는 가정폭력 피해여성을 위한 치유 또는 회복 프로그램의 주요 구성요소로서 강조되고 있다(Copeland & Harris, 2000; Radford & Hester, 2006 등).

다섯째는 가정폭력 피해여성과 그들의 경험은 어느 한 이론에 딱 맞아떨어지지 않기(Breton & Nosko, 2005: 215) 때문에 집단프로그램은 절충주의 접근을 택하는 것이 타당할 것이다. 단, 위에서 제기한 전제들과 부합되는 이론과 기법이 선정되어야 할 것이다. 필자들은 강점관점과 임파워먼트 접근 이외에도 생태체계적 관점, 인지행동이론, 경험주의 치료, 해결중심치료, 이야기치료, 스트레스와 사회적 지지 이론 등이 이러한 전제들을 만족시킨다고 본다(권진숙, 2002; 이원숙, 2002 등 참조). 그 외에도 심리극, 미술치료, 동작치료, 연극치료, 표현예술치료, 웃음치료 등에서 나온 기법들을 다양하게 적용함으로써 프로그램을 역동적으로 진행하기 위해 노력하였다(박미선, 2002 참조). 무엇보다도 집단지도자는 특정 이론의 렌즈를 통해서 피해여성을 보는 것을 지양하고, 피해여성들이 설명하는 현실을 경청하며 과연 이론이 그들의 경험에 부합되는지 질문해야 할 것이다. 이는 피해여성들이 규정하는 현실에 이론을 복속시켜야 함을 강조하는 것이다(Breton & Nosko, 2005: 215).

2. 집단프로그램의 원칙

1) 피해자를 비난하지 않고 임파워먼트를 중시하는 언어 사용

(1) 가정폭력

최근 가족치료에서 "언어가 현실이다." "언어가 만사다(language is everything)."와 같은 표현이 사용되고 있다. 이는 포스트모더니즘 사회에서 언어의 중요성에 대한 인식이 높아지고 있음을 반영한다(Nichols & Schwartz, 2005: 236). 집단지도자는 가정폭력과 피해자(여성)라는 용어를 그대로 쓸 것인가 아니면 유사한 다른 용어를 사용할 것인가를 결정해야 한다. 예를 들어, 배우자 폭력이나 파트너 폭력은 젠더-중립적인 용어이며, 여성 구타(woman battering)는 젠더를 명시하는 용어에 해당된다. 그런가 하면 가족폭력이나 아내학대와 같이 폭력이 발생하는 특정 관계의 맥락을 강조하는 용어도 있다. 이와 같이 학문적 차원에서도 학자들의 이념적 선호도에 따라 용어에 차이가 나는 상황에서, 실무 차원에서의 용어를 선정하는 것은 민감한 사안이다. 이는 현장에서 가정폭력 피해여성들과 공유할 수 있는 용어여야 하기 때문이다.

Radford와 Hester에 의하면, 가정폭력은 젠더화된 범죄(gendered crime)다. 대다수 폭력적 범죄와 마찬가지로, 가해자는 주로 남성이다. 배우자에 대한 학대가 게이나 레즈비언 관계에서도 발생한다는 것이 밝혀지고 있으며, 때로 여성이 남성에게 폭력을 사용한다는 연구결과도 나타나고 있다. 그럼에도 가정폭력의 가장 흔한 피해자는 여성이며, 가장 집요한 학대와 가장 심한 상해로 고통을 당하는 피해자도 여성이다(Walby & Allen, 2004; Radford & Hester, 2006: 7에서 인용 및 재인용). 필자들의 견해에 의하면, 집단에서 '가정폭력'이라는 용어를 사용하면 몇 가지 이점이 있다. 우선, 이 용어는 페미니스트 운동 과정에서 발달된 용어로서 그동안 널리 통용되어 왔다. 이에 따라 여성들이 성장하면서 가족, 문화 및 사회에서 받아온 복잡하고 상반된 메시지를 학대의 맥락에서 조명함으로써(Copeland & Harris, 2000: 13) 보다 근원적인 이슈들을 탐색하고 피해여성을 임파워먼트하는 데 도움이 된다. 둘째, 폭력이라는 용어는 일반 사회에서 널리 사용되고 있어서 피해자들에게 익숙할 뿐 아니라, 유엔에서도 '여성에 대한 폭력'을 심각한 사회문제로 간주하고 있으므로 사회문제라는 점을 부각시키는 데 도움이 된다. 폭력이 개인적인 문제로 다루어질 경우 자칫 개인의 결함으로 비쳐질 수 있다. 가해자들은 흔히 폭력의 책임을 피해여성에게 전가하고 비난하며(Bancroft & Silverman, 2002: 17), 피해여성은 스스로에게 잘못이 있다고 왜곡된 인지를 갖기도 한다. 이런 맥락에서 가정폭력을 여성 개인의 문제가 아니라 사회문제로 다룰 때, 피해여성들이 스스로를 비난하는 잘못된 사고나 태도를 극복하고 스스로를 옹호할 수 있도록 임파워먼트하는 데(Kubany, NcCaig, & Laconsay, 2004: 27-29) 도움이 된다.

(2) 피해자와 생존자 병용

가정폭력 피해자를 어떻게 지칭할 것인가 역시 실무 차원에서 고민해야 할 문제다. Radford와 Hester는 가정폭력을 경험한 모든 여성이 자신을 '피해자' 또는 '생존자'와 동일시하지는 않는다고 지적한다. 이는 그들의 경험이 오늘날의 문화적 맥락에서 형성된 이미지와 부합되지 않기 때문이다. '가정폭력 피해자'라는 용어는 흔히 말하는 '매 맞는 여성'을 연상시킨다. 이 용어는 빈번하게 발생하는 심각한 신체적 학대를 연상시키긴 하지만, 가정폭력에 내재된 온갖 학대적, 조정적 및 통제적 행동들을 배제시킨다. 반대로 '생존자'라는 용어는 폭력을 헤치고 살아 나온 영웅적 이미지를 연상시키지만, 현실적으로 피해여성이 가정폭력을 극복하는 것은 어려운 일이다(보다 자세한 용어에 대한 논의는 Radford & Hester, 2006: 38-39 참조).

이와 같이 피해자와 생존자는 그 어느 하나가 가정폭력을 경험한 여성들을 대변하지는 못하지만 각기 장점과 단점을 가지고 있다. 피해자 또는 피해여성이라는 단어는 폭력의 책임이 없다는 점을 인식시키는 데 효과적이다. 특히 쉼터에 거주하는 여성들은 가정을 떠나왔다는 것 때문에—경우에 따라 자녀를 남겨 두고 왔다는 것 때문에—죄의식을 많이 느끼는데, 자신이 피해자라는 사실은 이런 죄의식을 감소시키는 데 도움이 된다. 동시에 피해자라는 용어는 이들이 서비스를 받을 권리가 있다는 점을 부각시키는 데 도움이 된다.

한편, 생존자라는 용어는 폭력의 고통에서 살아남은 사람, 폭력에서도 아동을 보호하려고 노력한 사람, 그렇기 때문에 앞으로도 성공적으로 살아갈 수 있는 사람이라는 점 등을 인식시키는 데 유용하다. 특히 폭력으로 인해 자아존중감이 낮아져 있고 무기력하게 느끼며 앞으로 어떻게 살아 나가야 할지 두려움을 느끼는 피해여성들에게 있어서, 생존자라는 용어는 강점을 부각시키고 희망과 용기를 북돋울 수 있다.

마지막으로 용어와 관련하여, 최근 문헌에서는 '가정폭력 피해여성' 대신 '가정폭력을 경험한 여성(women who experience domestic violence)'이라는 용어가 사용되고 있다(Radford & Hester, 2006: 40). 이 용어는 피해자라는 라벨을 붙임으로써 생길 수 있는 부정적인 효과를 차단시킬 수 있다는 장점을 가지고 있으며, 우리 사회에서도 일부(예: 성매매 경험 여성)에서 사용되고 있다. 그럼에도 이 용어는 가정폭력이 미치는 심각한 부정적 영향을 간과하고 이들에게 폭력의 책임이 없다는 것과 서비스를 받을 권리가 있다는 점을 충분히 부각시키지 못하는 단점이 있다.

현 시점에서 '가정폭력 경험 여성'이라는 용어가 가지는 장점보다는, 다소 제한점이 있다 하더라도 '가정폭력 피해여성'이라는 용어를 사용하되 이의 단점을 '생존자'라는 용어로 보완하는 것이 실질적인 이득이 있다고 판단되어, 본 집단프로그램에서는 피해자(여성)와 생존자라는 용어를 병용하였다.

2) 동일한 문제를 공유하였다는 보편성의 강조

앞서 보편성이 집단이 가진 치료적 요인의 하나임을 살펴보았다. 이는 성폭력, 가정폭력과 같이 비밀성이 높은 집단에서는 더욱 그러하다. 흔히 가정폭력 피해여성들은 오랫동안 폭력을 숨기며 산다. 이들은 자신을 사랑해 주어야 할 남편으로부터 매를 맞았다는 수치심 때문에, 친구나 이웃은 말할 것도 없고 부모나 형제 등 가까운 친척에게조차 피해 사실을 숨기기도 한다. 이에 따라 집단 초기에 구성원 모두가 가정폭력을 경험하였다는 사실을 공유하는 것은 비밀성을 깨트린다는 점에서 의미가 있다. 비밀 깨트리기는 동병상련이라는 점에서 서로를 누구보다 잘 이해할 수 있게 하며, 다른 사람의 눈치를 보거나 수치스러워하지 않고 가정폭력 문제를 털어놓을 수 있는 집단 분위기를 형성하는 데 도움이 된다. 나아가서 이는 '우리'라는 집단 정체성을 구축하는 데 기여한다.

3) 서로가 존중하고 지지하는 파트너십 강조

가정폭력 상황에서 여성들은 가해자로부터 존중받지 못하고 비인간적인 처우를 받는다. 이에 따라 집단에서 서로를 존중하고 존중받는 경험은 그 자체로서 치유적 효과를 지닌다. Breton과 Nosko에 의하면, 가정폭력 피해여성을 위한 임파워먼트 실천에서는 집단지도자가 피해여성에 대한 존중을 보여 주어야 한다(Breton & Nosko, 2005: 215). 특히 공동리더십 모델은 집단지도자들이 서로를 존중하는 모델을 보여 주는 데 유익하다. 또한 집단 내에서 피해여성들은 서로를 존중하도록 권장된다.

피해여성들은 가정폭력이라는 동일한 경험을 가졌기 때문에 서로의 어려움을 이해하고 공감해 줄 수 있으며, 이에 따라 때로는 집단지도자가 지지해 주는 것보다 상호 간의 지지가 더 위안이 되기도 한다. 집단지도자는 피해여성에게 지지적 역할모델을 보여 주고 집단 내에 지지적 분위기가 자리 잡도록 해야 할 것이다. 이와 같은 지지집단의 성격을 발전시키면 집단프로그램이 종결된 후에 자조집단으로 발전될 가능성이 있다.[2)]

나아가서 집단지도자는 피해여성들과 파트너십을 가질 필요가 있다. 보다 구체적으로, 피해여성은 자신의 문제에 대해 가장 잘 알고 있으며, 집단

---

2) Roberts는 매 맞는 여성들이 폭력상황 때문에 자주 경험하는 스티그마와 수치심을 감소시키기 위해 자조집단을 활용할 것을 주장하였다. 그는 자조집단이 피해여성에게 다른 여성들도 같은 경험을 공유하였다는 것에 대해 깨닫는 기회를 제공하고, 정서적 지지 네트워크를 수립하며, 아동보호와 같은 기존의 서비스 갭을 채워 주는 데도 도움이 된다고 하였다(Roberts, 1984: 73). 필자들이 진행하였던 집단 하나가 프로그램이 끝나면서 자조집단을 결성하였으며, 이는 피해여성들이 자립하여 생활하는 데 도움이 되었던 것으로 알고 있다. 필자들의 견해에 의하면, 이는 피해여성들 중에서 힘 있는 지도자가 나와야 가능하다. 자조집단은 이상적인 아이디어이기는 하지만 집단이 종결된 후에 자조집단으로 발전하는 것은 현실적으로 쉬운 일은 아니다.

지도자는 가정폭력에 관한 이론과 기술의 측면에서 전문성을 가지고 있다는 점을 바탕으로 동반자적 관계를 구축해 나갈 필요가 있다. 집단에서 사회복지사의 위치는 '집단 구성원이기는 하지만 차이를 가진 구성원(a member with a difference)— 전문분야를 가지고 있으며 훈련을 받았고 이에 따라 전문가로서 윤리적 원칙에 따라 실천하는— 으로서' 가장 잘 이해될 수 있다(Ephross, 2005: 8). 파트너십을 형성하기 위해서 필자들은 프로그램 전반에 걸쳐 피해여성들과 평등하고 격의 없는 만남을 위해 노력하였다.

4) 건강성, 강점, 임파워먼트를 기반으로 하는 접근

임파워먼트 상담은 건강성(wellness)을 기반으로 접근하며, 여기에서는 피해여성이 생존에 성공한 것에 대해 존중하는 접근을 해야 한다고 제기한다. 이 접근에서는 피해여성에 대해 심리적으로 손상되었거나 매 맞기를 원했던 것이 아니라, 최선을 다해 폭력과 억압에 저항하고 생존하기 위해 적극적으로 노력한 것으로 간주한다(김민예숙 등, 2005; Whalen, 1996: 51). Radford와 Hester는 긍정적이며 임파워먼트적 실천과 개입이 요구되며, 이를 위해서 여성들의 목소리에 귀를 기울이고 그들의 대처전략과 보호적 행동의 기반 위에 구축해야 한다고 제시한다(Radford & Hester, 2006: 40). 이와 같은 맥락에서 Breton과 Nosko는 가정폭력 피해여성을 위한 집단을 지도하는 데 지침이 되는 실천원칙은 본질적으로 강점과 역량에 초점을 두고 임파워먼트를 지향하는 실천과 동일하다고 지적한다(Breton & Nosko, 2005: 215).

5) 자기결정

건강성, 강점, 임파워먼트를 기반으로 하는 접근에서 자기결정의 원칙을 중요시하는 것은 당연하다. 자기결정은 피해여성이 무엇을 원하는가를 규명하도록 요구한다. Rapp(1997)이 명백하게 언급하는 바와 같이 "만약 클라이언트의 자기결정이 진지하게 받아들여진다면, 클라이언트가 바라는 바에 절대적 우선권이 주어져야 한다." (Rapp, 1977; Breton & Nosko, 2005: 216에서 인용 및 재인용)

그 어떤 집단지도자도 피해여성에게 무엇이 최선인지 알 수 없다. 집단지도자가 할 수 있는 최선은 이들에게 상담과 사법적, 의료적, 물질적 지원과 정보를 제공하고 이들이 최선이라고 생각하는 방법을 찾도록 돕고 이들의 결정을 존중하는 것이다. 때로 전문가의 입장에서 볼 때 이들이 잘못된 결정을 내렸다고 판단되어 안타까울 때도 있겠으나(예를 들어, 폭력이 재발할 가능성이 높고 안전이 심각하게 우려되는 상황임에도 남편에게 돌아가는 것), 이들이 자신의 선택에 대한 책임을 감당하도록 허용하는 것이 자기결정의 원칙을 고수하는 것일 것이다. 피해여성들이 자기결정의 결과에 대해 충분히 고려할 수 있도록 도전하고 논의하며, 필요하다면 직면하는 것이 올바른 행동이다. '가정폭력에서 벗어나는 것은 하나의 과정'이라는 인식은 집단지도자가 자기결정의 원칙을 준수하는 데 도움이 된다. 피해여성에 따라 한 번에 가해남편을 떠나기도 하지만 여러 차례 가해남편에게 돌아가기를 반복하다가 가정폭력에서 벗어나는 경우가 적지 않기 때문이다.

제3절 집단에 대한 개요

1. 집단 회기

필자들은 쉼터를 중심으로 집단프로그램을 실시해 왔다. 집단프로그램은 대체적으로 8회기(8~10회기)로 구성되었으며, 집단에 참여하는 피해여성들의 여건을 감안하여 주 1회 또는 2회 실시하였다. 보다 구체적으로 과거 쉼터 입소기간이 3개월로 제한되어 있었을 때에는 피해여성들이 프로그램에 참여한 후에 퇴소할 수 있도록 주 2회 실시하였다. 입소기간이 연장된 이후부터 현재까지 집단프로그램은 주 1회를 원칙으로 실시하였다. 주 1회를 실시할 경우, 피해여성들은 프로그램에서 다룬 주제에 대해 한 주 동안 충분히 반추할 수 있으며, 집단지도자는 약 2개월 동안 이들의 회복과정을 지켜보면서 도울 수 있다는 장점이 있다. 반면, 주 2회를 실시하면 프로그램에 대한 몰입 수준을 높이는 데 도움이 되기도 한다. 이에 따라 피해여성들의 숫자와 입소기간, 쉼터에서 실시되는 다른 서비스나 프로그램 등을 고려하여, 주 1회 또는 2회를 실시하면 될 것이다.[3)]

2. 집단의 형태

치료적 성격을 지닌 집단프로그램은 흔히 폐쇄집단으로 운영되지만, 필자들은 개방집단을 택하였다. 여기에는 현실적 및 치료적 이유들이 있다. 첫째, 개방집단은 집단 운영에 필요한 적정 숫자의 참여자를 확보하기에 유리하다. 필자들이 프로그램을 진행했던 쉼터에는 보통 6~7명의 피해여성이 입소해 있고, 동반 입소한 아동들을 포함하면 15명 정도가 거주하였다. 이에 따라 집단의 규모는 피해여성과 집단지도자를 합쳐 8~10명 수준이다. 그런데 쉼터에서는 입·퇴소가 빈번할 뿐 아니라 예측하기 어려운 경우가 있다. 보다 구체적으로, 입소기간이 종료되어 퇴소하는 피해여성은 그 시기가 정해져 있지만, 가해남편의 회유 또는 화해, 개인적 상황의 변화 등의 이유로 퇴소하는 경우는 갑작스럽게 퇴소가 진행된다. 한 사람 정도라면 집단에 비교적 영향이 적겠지만 여러 명이 비슷한 시기에 퇴소하게 되면 집단 구성원들에게 심리적인 동요가 있고 집단 역동도 원활하게 이루

---

3) 예외적으로 피해여성들이나 쉼터 혹은 집단지도자의 사정으로 3일 정도(하루에 7~8시간)의 마라톤 집단으로 진행되기도 한다.

어지지 않는다. 입소는 더욱 예측하기 어려워서, 상당기간 입소자가 없다가 어느 날에는 두 가족이 한꺼번에 입소하기도 한다. 개방집단은 이런 불규칙한 상황에 융통성 있게 대처하는 데 유리하다.

둘째, 프로그램이 쉼터 이외의 장소에서 실시되는 것이 아닌 한, 폐쇄집단으로 운영할 경우 프로그램 실시 이후에 입소한 피해여성들은 소외감을 느끼게 된다. 프로그램 진행상 다소 어려움이 따르긴 하지만, 이들도 프로그램에 참여하면 도움을 받을 것이라는 점에서 이들을 포함시키는 것이 보다 윤리적이다.

셋째, 개방집단은 먼저 입소하여 위기를 극복하고 안정을 찾아가는 피해여성들이 새로 입소한 여성들에게 도움을 주는 기회를 제공한다. 먼저 입소한 피해여성들은 자신이 얼마나 회복되었는지를 확인함으로써 회복에 대한 희망과 자신감이 생기고 다른 여성을 도왔다는 자부심을 가지게 된다.[4)]

3. 공동리더십 모델

집단프로그램은 대체적으로 지도자 한 명이 진행하지만, 간혹 두 명의 공동지도자(co-leader)가 함께 진행하기도 한다. 그러나 집단프로그램에 두 명의 지도자가 투입되려면 그만큼의 비용이 추가된다는 점에서, 공동리더십 모델(co-leadership model)은 비용을 초월하는 이득이 있다고 판단되어야만 실현가능하다. Breton과 Nosko는 공동지도자를 두는 이득이 그에 따른 비용을 초월한다고 지적한다. 이들에 의하면, 공동리더십은 ① 피해여성에게 평등, 존중, 돌봄에 기초한 관계의 모델을 제공한다. ② 두 명의 지도자는 서로 다르지만 차이를 수용하고 함께 일하며 상대방을 받아들

4) 가정폭력 피해여성을 위한 집단프로그램은 쉼터에서뿐 아니라 상담소나 복지관 등에서 실시될 수 있을 것이다. 개방집단과 폐쇄집단은 각기 장단점이 있으나, 충분한 숫자의 구성원이 확보된다면 폐쇄집단으로 진행하는 것이 집단운영에 도움이 될 것이다.

이고 서로에게 적응할 수 있다는 것을 보여 줄 수 있다. ③ 지도자들에게 집단 회기를 검토하는 기회를 제공하며, 이는 가정폭력 피해여성들과 일할 때 자주 발생하는 소진의 가능성을 감소시킨다. ④ 이는 지도자들에게 지지체계가 된다(Chataway & Nosko, 1989; Horton & Johnson, 1993; Breton & Nosko, 2005: 213에서 재인용). 이와 같은 맥락에서 Corey와 Corey는 공동리더십 모델은 집단 구성원과 지도자 모두에게 장점을 가진다고 지적한다. 즉, 집단 구성원들은 두 명의 지도자가 가진 장점을 모두 누릴 수 있다. 공동지도자들은 서로에게 지지를 제공할 수도 있고 도전할 수도 있다는 점에서 전문가로서의 성장에도 기여할 수 있다. 이들은 상대방의 스타일에 대해 건설적인 제안을 할 수 있으며, 이런 인식을 교환하는 과정에서 공동지도자로서 효과적으로 기능하는 능력을 향상시킬 수 있다(Corey & Corey, 1997: 78-79 참조).

공동리더십 모델이 여러 장점을 가지고 있지만 단점이 없는 것은 아니다. 예를 들어, 공동지도자들이 충분히 접촉하지 않는다면 문제가 발생할 수 있다. 즉, 협조가 잘 이루어지지 않고 공동의 목적이 아니라 서로 상반된 목적을 추구할 수 있다. 또한 공동지도자 간에 경쟁과 라이벌 이슈가 발생할 수도 있으며, 상대방의 능력을 높이 평가하지 않는다거나 신뢰와 존경을 토대로 한 관계를 구축할 수 없다면 상대방의 개입을 신뢰할 수 없을 것이다(Corey & Corey, 1997: 81-82). 이에 따라 공동리더십 모델이 가지는 장점을 최대한 활용하기 위해서, 지도자들은 충분한 접촉을 통해 신뢰와 상호 존중 그리고 협조를 이룩해야 할 것이다.

필자들은 가정폭력이 피해여성에게 심한 외상을 남기는 경우가 많다는 점, 집단에서는 감정에서부터 인지, 행동까지 폭넓게 다루어야 하는데 공동지도자 각각이 가진 개별적 역량을 상호 보완할 수 있다는 점, 동료 슈퍼비전이 가능하다는 점 등 때문에 공동리더십 모델을 선택하였다. 그리고 필자들은 오랫동안 함께 프로그램을 개발하고 진행하면서 서로가 지지하고 도전함으로써 전문가로서 성장해 나가는 여정을 함께 걸어가는 행운을 누릴 수 있었다. 또한 필자들이 서로를 존중하고 신뢰하는 모습이 피해여성들에게 좋은 인간관계 모델을 보여 주었을 것이라고 믿는다.

4. 집단프로그램의 구성

1) 몸과의 만남

가정폭력은 언제 발생할지 예측하기 어렵다는 점에서 피해여성들은 스트레스가 매우 많은 긴장된 삶을 살아왔다. 이런 맥락에서 스트레스를 관리하는 차원으로 긴장된 몸을 이완시키는 데 도움이 되는 스트레칭을 프로그램에 도입하였다. 그리고 대다수 피해여성들은 가정폭력 때문에 부정적인 신체적 접촉 경험과 이로 인한 후유증을 가지고 있다. 이에 따라 스트레칭 이외에도 서로 안아 주기, 마사지 해 주기, 재밌고 신나는 게임하기 등의 신체적 접촉을 통해 폭력적인 접촉이 아닌 따뜻하고 편안하고 위로받고 치유되는 경험을 하도록 도왔다.

2) 주제 관련 집단 활동

주제와 관련된 집단 활동은 프로그램을 원활하게 진행하는 데 도움이 된다. 예를 들어, 필자들은 명상을 통해 그날의 주제에 대해 생각해 보도록 하였다. 그리고 폭력이 가족에게 미치는 영향을 논의하기 전에 가족을 동물로 표현하는 집단 활동을 실시하였다. 또한 남편에 대한 감정표현을 돕기 위해 남편 얼굴을 그리는 집단 활동도 실시하였다. 그 외에도 최근 현장에서 새롭게 시도되고 있는 미술치료, 춤명상, 웃음치료, 동작치료 등의 기법을 활용하여 다양한 집단 활동을 실시하였다. 주제에 적합하고 능숙하게 진행된 집단 활동은 피해여성들이 미처 깨닫지 못하고 있던 생각과 감정을 자연스럽게 이끌어 내는 효과가 있다. 뿐만 아니라 다양한 집단 활동은 프로그램에 재미를 주고 참여 동기를 높여 준다.

3) 주제에 대한 토론 또는 작업

집단프로그램은 매 회기 정해진 주제에 따라 진행하였다. 이 주제는 쉼터에 거주하는 동안 피해여성들이 해결해야 되는 과제를 감안하여 선정하였다. 기본적으로 피해여성들은 폭력이 자신과 자녀에게 미친 부정적 영향을 이해하고, 폭력이 남긴 외상들을 치유하며, 앞으로 살아가는 데 있어서 자신과 자녀에게 최선의 선택이 무엇인지 결정해야 한다. 또한 보다 건강한 삶 그리고 보다 건강한 부모-자녀관계를 만들어 나가기 위해서 인간관계와 자녀양육훈련을 필요로 하며 새로운 자아를 발견해야 한다.

무엇보다도 병리적인 관점을 탈피하여 피해여성들이 가지고 있는 건강성과 강점을 찾아서 이를 바탕으로 회복을 돕기 위해 노력하였다. 예를 들어, 가정폭력상황에서 피해여성들이 가정을 지키기 위해 어떤 노력을 하였는지, 자녀를 보호하고 올바로 양육하기 위해 어떤 노력을 하였는지 등을 찾아보도록 함으로써 피해여성들이 미처 깨닫지 못하고 있는 건강성과 강점을 찾아내 주고 이를 바탕으로 희망과 용기를 가지고 미래를 설계하도록 도왔다.

4) 자랑하기와 칭찬하기

자랑하기와 칭찬하기는 강점을 발견하고 임파워먼트를 강화시키기 위한 구성요소로서 도입되었다. 이는 피해여성들이 스스로의 강점을 찾고 다른 여성들의 눈에 비친 자신의 강점을 발견하도록 돕기 위한 목적을 지닌다. 이와 더불어 반장제도를 도입하여 피해여성들이 자신감과 리더십을 발달시키도록 구조화하였다. 또한 이는 집단에서 가정폭력이라는 무거운 주제를 다루고 난 후 프로그램을 긍정적으로 마무리하는 데 도움이 된다.

5. 통합적 서비스 맥락에서의 집단프로그램

집단프로그램은 쉼터에서 제공하는 전체 서비스라는 통합적 서비스의 맥락에서 접근되어야 한다. 현재 쉼터는 가정폭력상담소와 더불어 가정폭력 피해여성을 위한 대표적인 서비스 기관이다. 서비스 측면에서 볼 때 쉼터는 비록 소수의 피해여성이 이용하기는 하지만 다양한 서비스가 제공된다는 점에서 핵심적인 서비스 기관이라고 할 수 있다. 쉼터에서는 실무자들이 위기상담을 비롯하여 의료 및 법률 지원 등 다양한 서비스를 제공한다. 필요하다면 상담전문가나 정신과 의사로부터 상담이나 치료를 받도록 돕는다. 그 외에도 입소기간 동안 취업훈련 기회를 제공하기도 한다. 또한 아동을 동반하여 입소하였을 경우 아동의 보호 및 치료 서비스를 추가로 지원한다.

이런 맥락에서 집단프로그램은 쉼터가 제공하는 다른 서비스들과 유기적 관계를 맺어야 한다. 실무자들은 각기 사례를 담당하고 있으므로 이들과의 협조체계를 구축할 필요가 있다. 또한 집단프로그램과 유기적 관계에서 개별상담이 제공되면 시너지 효과를 기대할 수 있다. 즉, 집단프로그램에서는 시간적 제한 혹은 문제의 복잡성으로 인해 개개 피해여성의 문제를 충분히 다루기 어렵다. 그러나 개별상담에서는 피해여성이 집단에서 노출시키기 어려웠던 문제나 시간적 제약으로 집단에서 다루기 곤란했던 문제들을 다룰 수 있어서 집단프로그램을 보완해 준다. 대개의 경우 필자 중의 한 사람이 개별상담을 담당하였기 때문에, 개별상담과 집단프로그램을 유기적으로 연계하는 데 도움이 되었다.

6. 집단에서 고려해야 할 것들

쉼터에서 집단프로그램을 실시할 때 지도자가 고려해야 할 것이 몇 가지 있다. 첫째, 가정폭력 관련 변수들(가정폭력 빈도 및 강도 등), 개인적 특성(학력, 연령, 성격, 혼인상태,[5] 직업 경험 유무, 경제적 상황, 사회적 지지 수준 등), 쉼터 입소시기, 자녀 동반 유무 등에 따라 피해여성들의 외상, 대처능력, 해결해야 할 과제 등에 차이가 있다.

둘째, 집단프로그램이 치유효과를 가진다고 하더라도, 그 과정에서 가정폭력이 되새겨질 수밖에 없다. 이에 따라 집단지도자는 프로그램 참여에 따른 피해여성의 고통과 아픔에 공감해 주어야 한다.

셋째, 쉼터에서 실시하는 집단프로그램은 가정폭력상담소, 사회복지관 등 이용기관에서 실시되는 프로그램과는 차이가 있다. 피해여성들은 특별한 사정이 없는 한 쉼터에서 제공하는 프로그램에 참여하도록 기대된다. 이는 프로그램 참여가 피해여성들의 회복에 도움이 된다는 인식에서 비롯된 조처다. 실무자들이 프로그램의 유용성에 대해 설명하기는 하지만, 이런 상황에서 참여의 자발성에는 개인차가 있을 수밖에 없다. 예를 들어, 자립자금을 최대한 빨리 마련하고 싶은 피해여성은 집단프로그램 참여가 돈 버는 시간을 빼앗아 가는 것처럼 느낄 수 있다. 이에 따라 집단지도자는 비자발적 참여의 가능성을 염두에 두고, 프로그램 참여 동기를 유발해야 한다.

넷째, 쉼터에서 실시되는 집단프로그램에서는 대체적으로 피해여성들 간의 관계가 집단지도자−피해여성의 관계를 선행한다. 이에 따라 집단지도자는 피해여성들 간의 관계가 집단 역동에 영향을 미칠 것이라는 점을 염두에 두어야 한다.

다섯째, 쉼터에서의 공동생활은 집단에 영향을 미친다. 심리적으로 위기상태에 있는 피해여성들이 가사 업무를 분담하는 등 공동생활을 하는 과정에서 갈등이 빚어지기도 한다. 또한 자녀를 데리고 쉼터에 입소한 여성들과 그렇지 않은 여성들 간에 욕구가 달라 갈등이 발생하기도 한다. 그리고

5) 여기에서 혼인상태는 동거인지 결혼한 것인지, 초혼인지, 재혼인지 등을 폭넓게 의미한다.

자녀를 동반하여 입소한 피해여성들은 자녀들 때문에 갈등을 겪기도 한다. 크든 작든 간에 이런 갈등들은 집단프로그램이 진행되는 전체 기간에 걸쳐 영향을 미친다.

여섯째, 집단지도자는 쉼터 실무자를 집단에 참여하도록 할 것인지를 결정해야 한다. 필자들은 실무자가 참여를 희망하는 경우 이를 허용하였다. 실무자가 참여하면 여러 장점이 있다. 우선, 실무자들은 피해여성들의 상황에 대해 집단지도자보다 상세히 알고 있다. 이들이 참여할 경우, 프로그램 계획단계부터 최종평가에 이르기까지 지속적 논의가 가능하기 때문에 피해여성들에게 보다 적합한 프로그램을 제공할 수 있다. 또한 실무자가 집단프로그램에서 무엇이 이루어지는지를 알 수 있어서 쉼터에서 제공하는 다른 서비스와의 연계성이 높아진다. 마지막으로 실무자 개인에게 있어서 집단 참여는 전문성을 높일 수 있는 계기가 된다. 이와 같이 여러 장점이 있지만 단점이 없는 것은 아니다. 드물기는 하지만 실무자와 피해여성의 관계가 원활하지 못하다면, 피해여성들이 실무자의 눈치를 보거나 속내

이야기를 털어놓지 못할 가능성을 완전히 배제할 수는 없다.

일곱째, 집단지도자는 쉼터 실무자들과 피해여성들이 집단에 참여하는 동안 아동들을 어떻게 보호할 것인지 결정해야 한다. 쉼터에 동반 입소한 아동의 숫자와 연령이 일정치 않기 때문에 아동의 보호문제는 상황에 따라 최적의 방법을 택할 수밖에 없다. 아동이 입소한 지 어느 정도의 시간이 경과하여 안정을 찾은 다음에는 재미있는 놀거리와 안전한 보호를 제공하면 된다. 그러나 아직 불안상태에 있는 어린 아동은 심하게 보채기도 하므로 프로그램 중간에 잠시 나가서 돌봐 주어야 하는 경우도 있다. 아동을 위한 프로그램이 동시에 진행되면 가장 바람직하겠지만, 아동의 연령차가 커서 현실적으로 어렵다.

제2장

첫 모임

Margolin에 의하면, 성공적인 치료집단에는 집단 형성(group formation)에 대한 지침과 집단규범의 발달이 필요하다. 그리고 치료목적을 달성하기 위해서 집단 응집력과 안전하고 지지적 세팅을 발달시키는 것이 무엇보다도 중요하다. 이는 토론, 수용, 인정을 이끌어 내는 데 이러한 것들이 기여하기 때문이다. 첫 번째 모임의 목적에는 ① 집단 참여의 공통적인 이유 확인하기, ② 집단 구성원과 집단지도자 소개하기, ③ 집단의 조직, 구조, 주제 및 과정에 대해 논의하기, ④ 집단규칙 정하기, ⑤ 집단 내에서 각 구성원의 목적 설정하기, ⑥ 집단에 대한 두려움과 기대에 대해 논의하기 등이 있다(Margolin, 1999: 61).

집단에 따라 다소 차이는 있을 수 있겠지만 첫 번째 모임이 가지는 목적은 근본적으로 동일할 것이다. 이런 목적을 달성하기 위하여, 필자들이 실시한 집단프로그램에서는 집단에 대한 오리엔테이션, 별칭 짓기와 집단에 대한 기대, 폭력 경험 나누기, 집단규칙 정하기, 반장제도 및 자랑하기와 칭찬하기에 대한 안내를 실시하였다. 여기에는 첫 번째 모임에서 전형적으로 실시되는 활동(예: 집단 오리엔테이션, 집단규칙 정하기 등)이 있는가 하면, 폭력 경험 나누기와 같이 특수한 경험을 가진 집단에서 주로 실시되는 활동도 있다. 또한 집단지도자의 이론적 접근이나 신념을 반영하는 활동(반장제도 및 자랑하기와 칭찬하기)도 있다. 다음에서는 우선적으로 필자들이 첫 모임에서 전형적으로 실시하였던 활동들을 살펴보고자 한다. 그리고 초기저항을 어떻게 다룰 것인지를 고찰해 보고자 한다. 마지막으로 대안적 접근을 소개하고자 한다.

제1절 첫 모임의 전형적 접근[1)]

1. 집단에 대한 오리엔테이션

집단프로그램에 대한 오리엔테이션은 구두로 설명하는 방법을 택할 수도 있고, 집단 활동에 자연스럽게 담아낼 수도 있다. 우선 구두 설명 방법은 간단하다. 전체 프로그램의 성격, 내용, 일정 등에 대해 설명하고 질문이 있으면 이에 답하면 된다. 한눈에 볼 수 있게 일정표를 준비하여 나누어 주면 효과적이다.

다음으로 오리엔테이션을 집단 활동에 담아내는 방법에는 여러 가지가 있을 수 있다. 예를 들어, 필자들은 명상 멘트를 통해 이를 시도한 적이 몇 차례 있는데, 그 구체적 진행방법은 아래와 같다.

① 가볍게 스트레칭을 한다. 그리고 명상 자세(가부좌 자세 또는 바닥에 편

---

1) 여기에서 '전형적'은 필자들이 실시한 집단프로그램에서의 전형적 접근이라는 의미다.

하게 눕는 자세 등)로 마무리한다.

② 명상 음악을 틀어 주고 명상 멘트를 읽어 준다.

③ 멘트가 끝난 후 3~5분 정도 음악을 틀어 놓고 구성원들이 명상을 할 수 있도록 한다.

④ 천천히 눈을 뜨고 일어나 앉는다.

집단에 대한 오리엔테이션을 구두로 설명하든, 집단 활동에 담아내든 간에 기본적 내용—집단의 성격 목적, 원칙 등—이 전달되어야 한다. 필자들은 다음과 같이 설명하였다. 우선적으로 집단 구성원 모두가 가정폭력이라는 공통의 문제를 가졌다는 점, 단순한 피해자가 아니라 생존자라는 점, 문제를 해결하고 보다 나은 삶을 찾기 위한 목적을 가지고 모였다는 점 등으로 프로그램의 성격을 설명하였다. 다음으로 집단프로그램에서 기대되는 바와 원칙을 제시하였다. 즉, 집단에서는 아픔을 나누고 서로 지지해 주었으면 좋겠다는 점, 자기결정이 존중되어야 한다는 점, 구성원 모두 인간으로서 존중받아야 한다는 점 등을 강조하였다. 마지막으로 용기와 희망의 메시지를 담았다. 문제를 덮어 두거나 문제로부터 도망치지 않고 자신의 아픔에 직면하는 것은 용기 있는 일이며, 집단프로그램을 통해 보다 나은 미래의 삶을 찾아 나가자는 희망을 전달하였다. 다음의 사례는 명상 멘트의 형식으로 집단의 성격, 원칙 및 목적을 표현한 것이다.

*****

우리는 얼굴도 다르고 살아온 방식도 다릅니다. 성격도 다르고 좋아하는 음식, 좋아하는 음악 그리고 좋아하는 옷도 다르지요. 그러나 우리 모두 공통의 경험을 가지고 이 자리에 함께하였습니다. 가정폭력이라는 아픈 경험이지요. 기쁨은 나누면 배가 되고 아픔은 나누면 절반으로 줄어든다고 합니다. 우리는 이 자리에 아픔을 나누기 위해서 모였습니다. 우리가 실패자이기 때문이 아니지요. 우리는 이 세상 누구라도 견디기 어려운 고통을 여태까지 견디어 낸 생존자입니다. 우리는 문제로부터 도망치지 않고 문제의 실타래를 하나씩 풀어 가면서 보다 나은 새로운 삶을 찾으려고 모였습니다. 상황이 서로 다른 만큼 해답도 다를 거라고 생각합니다. 서로를 돕고 지지해 주는 만큼 우리의 삶이 넉넉해질 것입니다. 서로를 사랑하는 만큼 우리의 삶에 애정이 넘칠 것입니다. 서로를 존중하는 만큼 우리의 삶에 존경아 넘칠 것입니다(2000년 11월 N쉼터 집단 1회).

오리엔테이션 방법이 어떤 것이든 간에 구성원들에게 질문 기회를 제공할 필요가 있다. 이는 집단지도자에게는 익숙한 용어가 구성원들에게는 생소할 수도 있기 때문이다. 드물기는 하나 아래의 예에서 보는 바와 같이, 지도자가 의도했던 바와는 전혀 다른 의미로 전달되는 경우도 있다.

*****

지지집단 프로그램을 설명한 후 피해여성 하나가 "'지지' 라는 말을 쓰는데 '지지하다(가치가 떨어지는 또는 시시하다는 의미)' 는 말인지 나는 잘 이해가 안 된다."라고 집단의 성격에 대해 의문을 제기하였다. '지지집단' 이라는 말은 같은 문제를 가지고 있는 사람들이 모여서 문제를 해결하는 집단을 의미하며 서로가 서로를 의지하고 돕는 것을 의미한다고 설명을 하자, 구성원들은 그 의미가 마음에 드는지 얼굴 표정이 밝아지고 수긍하는 듯 고개를 끄덕였다(2000년 11월 N쉼터 집단 1회).

나아가서 집단지도자는 피해여성이 프로그램에 대한 의견이 있는지 알아보는 것이 바람직하다. 그들이 바라는 것 중에서 프로그램에 포함시킬 수 있는 것이 있다면 최대한 반영하도록 한다. 피해여성들은 자신들의 의견이 소중하게 여겨진다고 느끼면 프로그램에 주도적으로 참여하게 될 것이다. 이런 주도적 참여는 프로그램 전체 과정을 거치면서 피해여성을 프로그램의 동반자로서 임파워먼트시켜 나가는 초석이 될 것이다.

2. 별칭 짓기

필자들은 집단프로그램에서 별칭을 사용한다. 별칭 짓기는 두 가지 측면에서 유용하다. 우선 피해여성들은 별칭을 사용함으로써 자신의 신상에 대한 비밀이 보장된다고 느끼고, 이에 따라 좀 더 편안하게 자신의 문제를 드러낼 수 있다. 다음으로 별칭 짓기는 피해여성들이 원하는 새로운 삶과 이미지를 표현하는 계기를 제공한다.

다음의 사례에서 보는 바와 같이, 별칭 짓기를 통해 집단지도자는 인간으로서 대우를 받고 싶은 마음, 인간 취급을 받고 사는 기쁨, 자유롭고 싶은 마음과 남을 도우면서 살아가고 싶은 마음 등 피해여성들이 소중하게 여기는 가치와 욕구를 이해할 수 있다.

*****

'사랑' 으로 보일지 모르지만 '사람' 이라고 쓴 거예요. 가정폭력을 당하면서 짓밟히고 모멸감을 느끼면서 사는 것이 아니라, 내가 사람인 것을 인정하기 위해서 사람이라고 별칭을 지었어요. 그리고 건강하게 살 수 있기를 원해요(사람).

별칭을 솜사탕으로 할까 흰 구름으로 할까 고민하다가 솜사탕으로 결정했어요. 흰 구름은 돌아다니고 싶고 자유롭고 싶은 마음이며 솜사탕은 앞으로 살고 싶은 인생 모습이에요. 정말 힘든 사람들을 위해 그들의 입안에서 솜사탕처럼 사르르 녹듯이 살고 싶어요(솜사탕).

남편은 나를 항상 아기 취급하였고 대화하면서도 "너는, 너는." 하면서 말꼬투리를 잡았으며 다른 사람들 앞에서 한 말을 갖고 집에 돌아와서 트집을 잡았어요. 이렇게 인간 취급을 못 받았는데 여기 와서 왕언니 소리를 듣고 너무 기뻐 이 별칭을 택했어요(왕언니, 2000년 11월 N쉼터 집단 1회).

3. 집단에 대한 기대 나누기

별칭 짓기를 하면서 피해여성이 집단을 통해서 얻고 싶은 것이 무엇인지를 함께 질문하면 시간도 절약되고 진행도 매끄럽게 연결될 수 있다. 대체적으로 이들은 쉼터 실무자가 도움이 될 것이라고 권유했기 때문에 또는 쉼터에서 집단 참여를 요구하기 때문에 참여한다. 이에 따라 이들은 집단 참여를 통해 무엇을 얻고 싶은지 생각해 보지 않았을 가능성이 크다.

집단에 대한 기대가 무엇인지 질문할 수도 있고, '집단을 하면서 내가 버리고 싶은 것과 얻고 싶은 것 세 가지 그리기'와 같은 집단 활동을 할 수도 있다. 후자의 경우, 그림을 그리면서 집단에서 얻고 싶은 것을 구체적으로 생각하는 시간을 가질 수 있다. 그리고 다른 여성들의 이야기를 들으면서 미처 의식하지 못했던 자신의 기대를 깨닫기도 한다. 이런 과정을 거치면서 이들은 집단에 참여하는 목적을 발견하게 될 것이다.

*****

좀 더 용기를 갖고 사랑도 받고 싶고, 또 사랑도 주고……, 이런 걸 보충하고 싶어요. 살면서 그때는 착하고 성실히 잘 해 왔다고 생각했는데, 이제 와서 생각해 보면 잘못된 게 많더라고요. 그런 면을 다 없애고 좋은 방면으로 생각하고 돌진해 보려고 합니다.

버리고 싶은 것은 저를 힘들게 했던 찔린 마음들이에요. 그리고 (그림을 가리키면서) 이건 쓰레기통인데, 맘속에 있는 쓰레기들을—저한테 힘들었던 것, 갈등, 원한들—쓰레기통에 버릴 거예요. 쓰레기통은 비울 수 있잖아요. 마음을 쓰레기통처럼 깨끗하게 비우고 싶어요.

앞으로 사랑, 믿음, 진실을 얻고 싶고, 모든 생활을 헤쳐 나가려면 건강해야 되니까 건강을 얻었으면 좋겠어요. 그리고 '나 자신'을 얻고 싶어요. 잘 살고 성공해서 어디를 가도 꿋꿋할 수 있는 그런 나 자신을 얻고 싶어요.

남편의 폭력과 주사, 그런 것 다 버리고 싶고요. 내 마음에 담아 두었던 것, 그것도 너무너무 버리고 싶어요. 사랑이 깨졌다는 것, 가정이 깨졌다는 것을 확실히 실감했어요. 앞으로 내가 하고 싶은 것은 사랑하는 아이들과 새 삶을 다시 찾는 것이에요. 셋이서 단란하게 사는 모습을 꾸몄어요 (2004년 4월 N쉼터 집단 1회).

위에서 보는 바와 같이, 흔히 피해여성들은 가정폭력에서 벗어나기를 원하고, 폭력 탓에 생긴 마음의 상처와 미움과 갈등을 털어 버리고 싶어 한다. 그 대신 가정폭력 상황에서 상실했던 사랑과 용기와 믿음과 진실을 되찾고, 무엇보다도 건강, 나 자신 그리고 새로운 삶을 찾기를 기대한다.

4. 폭력 경험 나누기

폭력 경험 나누기는 피해여성들이 가정폭력을 경험했다는 보편성을 확인하고 다른 피해여성들 앞에서 자신이 피해자임을 인정받는 목적을 지닌다. 이에 따라 이는 폭력을 분석적으로 조명하는 작업과는 차이가 있다(제3장 및 제4장 참조할 것).

1) 우리 모두 가정폭력 피해여성

◉ 폭력 경험 나누기, 이런 효과가 있어요

가정폭력이나 아동학대, 아동 성학대 같은 가족 내 폭력 문제를 다루는 집단의 첫 모임에서는 일종의 통과의례처럼 폭력에 대한 경험을 나눈다. 가족 내 폭력이 은폐되는 경향이 있기 때문에 폭력 경험 나누기는 일종의 비밀 깨트리기의 성격을 지닌다. 폭력 경험을 나누는 것은 다음과 같은 효과가 있다. 첫째, 구성원 모두가 가정폭력이라는 고통스러운 경험의 소유자라는 동지의식을 형성시킨다. 둘째, 이런 동지의식은 집단 응집력을 높여 준다. 셋째, 집단에서는 이 문제를 털어놓아도 된다고 안심하게 된다. 넷째, 집단 구성원들 앞에서 가정폭력 피해 사실을 밝히고 피해자임을 인정받음으로써 죄의식이 해소 또는 감소된다.

◉ 폭력 경험 나누기, 이렇게 진행하세요

폭력 경험 나누기는 여기에 모인 모든 사람이 가정폭력의 피해자라는 사실을 언급하고, 피해여성들을 초대하는 방식으로 진행한다. 때로 피해여성들은 주저하기도 한다. 예를 들어, 입소한 지 상당 기간이 지났는데 집단프로그램에서 다시 폭력 경험을 이야기하는 것이 불필요하다고 생각하기 때문에 주저할 수도 있다. 그러므로 집단지도자는 쉼터에서 개인적으로 피해 사실을 나누었다 하더라도, 집단 구성원들 앞에서 피해 사실을 밝히고 피해자임을 인정받는 것은 특별한 의미가 있음을 설명해 주도록 한다. 이와 더불어 피해여성들이 폭력 경험 나누기에 대해 지나친 부담을 느끼지 않도록, 그들이 원하는 만큼 이야기할 수 있다는 원칙을 다시 한번 확인시켜 준다.

폭력 경험 나누기를 주저하는 경우가 없는 것은 아니지만, 대체적으로 피해여성들은 쉼터에 입소하면 오랫동안 쌓여 있던 댐이 무너진 것처럼 자신들의 이야기를 하고 또 한다. 그래서 집단에서 폭력 경험을 나누도록 하면 비교적 쉽게 자신들의 이야기를 털어놓는다.

◉ 목적을 분명하게 밝히기

한 가지 유의해야 할 점은 가정폭력의 고통을 잊고 싶어서 이에 직면하기를 두려워하는 피해여성도 있다는 점이다. 이에 따라 폭력 경험 나누기는 폭력으로 얻은 상처를 치유하고 건강한 삶을 살아 나가기 위한 것이라는 목적을 분명히 할 필요가 있다. 이와 같은 분명한 목적 제시는 피해여성들에게 폭력에 직면할 수 있는 용기를 줄 뿐 아니라, 가정폭력이라는 무거운 주제를 다루는 데서 오는 침울한 분위기를 해소시키는 데도 도움이 된다. 아래에서는 폭력 경험 나누기의 사례를 제시하였다.

*****

사람(별칭)의 이야기

처음에는 주로 말(언어폭력)로 하였고 잠자리를 받아 주는 자신이 견딜 수 없어 잠자리를 거부하였는데 그때 맞았어요. 심한 경우는 (그 사람이) 술 마셨을 때 크게 맞았는데 (잠자리를) 거부했기 때문에 폭발했던 것 같아요. 나는 소리도 지르지 못했는데 아마 (매 맞는 소리에) 아래층에서 더 크게 놀랐던 것 같아요. 그때도 소리를 못 질렀지만 지금 다시 들어가도 소리를 지를 수 있을 것 같지 않아요. 힘들어서 잊어버리려고 했는데 지금 그 사람 행동 하나하나 말 한마디 한마디가 생각나서 외면하고 싶지만 안 돼요. 그런 상황에 다른 사람이 처해 있다면 견딜 수 있었는지 모르겠지만 나는 감당하지 못했고 정말 힘들었어요. 이제는 안 맞아도 못 살겠어요. 그동안 그냥 힘들어서 몸이 아픈 줄 알았는데 알고 보니까 뼈가 어긋나서 아팠더라고요. 그동안은 내 몸을 돌보지 못했는데 이제는 몸도 돌보면서 살기를 원해요.

피카츄의 이야기

씩씩하게 살고 싶어도 속에서는 두려워요. 1988년에 결혼해서 1년 후부터 기물을 부수기 시작했어요. 그전부터도 술 마시면 무섭다는 생각 많이 했는데 남편은 무서워하는 나를 보면 더 화가 난다고 했어요. 친정 부모님께 남편이 무서워서 못 살겠다고 했더니 사람 때리지 않는 것을 다행이라 생각하며 살라고 했어요. 큰애가 지금 5학년인데 1학년 때부터인가 (나를) 한 대씩 한 대씩 때리기 시작하더니 나중에는 분이 풀릴 때까지 때렸어요. 이제는 정말 못 살겠다 생각하고 있는데 아이들도 엄마랑 살고 아빠랑 못 살겠다고 해서 나오게 됐어요.

왕언니의 이야기

10년 연상 남편하고 결혼했는데 18세 때 양재 공부하러 가다가 성폭행 당하고 결혼했어요. 나는 팔남매 맏이라서 공부를 못했는데 교회에는 열심히 다녔지요. 18세에 아버지가 공부를 못했으니 양재반이라도 다니라고 해서 저녁 후 시내버스 타러 가다가 이 남자한테 걸려서 성폭행을 당했어요. 그때 하나님을 포기했어요. 나는 남자도 모르고 순결한 사람이었는데 절개를 지키기 위해 결혼을 결심했죠. 결혼한 지 일주일이 됐는데 남자는 가 버리고 시부모와 살았어요. 큰애를 낳았어도 와 보지 않아서 이상하게 생각했는데 알고 보니 이 일 저 일 안 해 본 것 없이 다니면서 이 여자 저 여자 사귀는 남자였어요. 내 몸 하나 희생해서 이 사람을 사람으로 만들어야겠다고 결심하고 살면서 아이 다섯을 낳았어요. 단돈 백 원으로 하루 생활을 했고 그것도 한꺼번에 주는 일이 없었어요. 나는 살기 위해 안 해 본 일이 없어요. 처음에는 살림을 부수더니 나중에는 칼로 찔러서 갈비뼈를 다친 적도 있어요. 그래도 부인이니까 참고 자식들 위해 참았어요. 늙어지면 괜찮아질 것이라고 생각하며 살았는데 나이가 들면서 오히려 심해졌어요. 내가 젊을 때 예뻐 보이고 싶어서 화장을 하면 쥐 잡아 먹었느냐고 하는 등

> 온갖 말로 괴롭혔는데, 이런 것이 심해지면서 의처증이 되었고 제일 친한 친구와 연관시켜 밤마다 두세 시가 되면 일어나 온갖 말로 괴롭혔어요. 애들 깨울까 봐 그냥 듣고 있으려니 사지가 떨리고 굳어졌어요. 이러다가 죽으면 나만 원통하겠다고 생각했어요. 술 먹고 들어오면 싱크대로 칼 가지러 가는데, 자식들이 옆에 있을 때는 몰라도 자식도 곁에 없으면 이 사람한테 죽겠다는 생각이 들었어요. 상담하러 갔다가 상담선생님이 왜 그렇게 사냐는 말에 선생님이라면 어떻게 하겠느냐고 질문했지요. 나 같으면 나오겠다는 말에 두 시간을 통곡하고 용기를 내서 집에 와서 짐 싸들고 나왔어요(2000년 11월 N쉼터 집단 1회).

2) 초기 사정 및 개별화의 시작

가정폭력이라고 하면 심한 신체적 폭력이 연상되지만, 실제로 피해여성 개개인의 경험은 각기 다르다. 이런 맥락에서 폭력 경험 나누기는 피해여성들이 어떠한 삶을 살아왔는지에 대한 밑그림을 그릴 수 있는 기회를 제공한다. 보다 구체적으로, 피해여성들이 어떤 종류의 가정폭력을 경험하였는지, 가정폭력의 빈도와 정도는 어떠하였는지, 가정폭력이 발생하는 맥락은 어떠한지, 후유증의 종류와 정도는 어떠한지 등에 대한 기초적이고 개략적인 정보를 얻을 수 있다. 이런 기초적 정보를 토대로 집단지도자는 피해여성에게 가장 상처가 되는 것은 무엇이며, 피해여성이 무엇을 원하고 어떤 방향으로 치유를 도와야 하는지에 대해 잠정적인 가설을 세울 수 있다. 물론 사정은 지속적 과정이므로 보다 구체적인 정보가 수집됨에 따라 가설은 수정될 수 있을 것이다.

이와 같은 가정폭력에 관한 정보 이외에도 피해여성이 어떤 강점을 가지고 있는지, 집단에서 어떤 역할을 수행할 것인지 등에 대한 유용한 아이디어를 얻을 수 있다. 다음은 첫 모임 후 집단지도자가 적어 둔 메모다.

*****

사람(별칭)은 다시 인간의 모습을 찾기를 원한다. 이제는 자신의 몸과 감정을 인정하고 억지로 참으면서 살지 않겠다고 한다. 사람은 폭력을 피하기 위해 참았으며 이로 인해 상대적으로 폭력은 덜 심했지만, 언어적 폭력과 다른 비정상적인 행동으로 고통이 감당하기 어려울 정도였던 것으로 보인다. 사람에게 있어서 자신의 몸과 마음에 대한 인간성 회복이 가장 커다란 주제로 보인다. 정 때문에 남편에게 모든 것을 해 주고 참지 말아야 할 일을 너무 많이 참았기 때문에 폭력을 용인하였다고 심하게 자책하고 있다. 생존전략의 긍정적 측면(폭력을 줄일 수 있었던)을 인정하면서 본인이 원하는 자신이 중심이 되는 삶을 추구하도록 도와야 할 것으로 보인다. 30대로 지나치게 장황하기는 하지만 말을 조리 있게 하고 자존심이 있으므로 이를 격려하면 도움이 될 것이다.

피카츄는 30대의 두 아이 엄마다. 이야기할 때 다소 주저하는 모습을 보인다. 그러면서도 씩씩하게 살고 싶지만 마음속에서는 두렵다고 분명하게 표현하는 능력을 가지고 있다. 경제활동을 해 본 적이 없어서 자립하여 아이들을 혼자서 키우는 것을 두려워하는 듯하다. 별 뜻이 없는 별칭이라고 하지만 아이들이 차지하는 비중이 커 보이며, 앞으로 삶의 행로를 결정할 때 아이들에 대한 고려가 크게 작용할 것으로 보인다. “이야기하기 싫은 사람도 이야기해야 하느냐?” “‘지지’ 라는 말이 ‘지지하다’ 라는 뜻이냐?” 등 도전적인 질문을 던지기도 하지만, 집단지도자의 의도를 가장 정확하게 이해하는 구성원이기도 하다. 프로그램에 대한 의구심이 해소되면 집단 토론의 깊이를 더해 줄 것으로 판단된다.

왕언니는 성폭력을 당하고 나서 절개를 지키겠다는 결심으로 결혼을 하였고 이를 지키고자 30년 동안 참고 살았다. 오랜 세월 동안 절개를 지키려 하였고, 아내 노릇을 하려 했으며, 가족을 지키고자 노력한 것을 긍정적으로 인식할 수 있도록 도우면서, 앞으로 어떻게 삶을 살아 나갈지에 대한 입장 정리를 할 수 있도록 도와야 할 것 같다. 그동안 남편으로부터 온갖 수모와 비인간적인 대접을 받다가 왕언니라는 말에 몹시 기뻐하므로 존중받고 칭찬받는 긍정적 경험을 통해 자아존중감을 향상시키면 좋을 것 같다. 왕언니로서 존중받는다 해도 지나치게 집단을 지배할 것으로 보이지 않는다. 집단 모임에서 실컷 털어놓고 싶다는 열의를 보이고 있어서 구성원들이 자신의 문제를 드러내고 해결해 나가도록 하는 분위기 메이커로서 기여할 것으로 보인다(2000년 11월 N쉼터 집단 1회).

3) 공감과 지지적 집단 분위기 조성

집단 역동의 측면에 있어서도, 폭력 경험을 어떻게 나누는가는 앞으로 집단 분위기에 상당한 영향을 미칠 수 있다. 이에 따라 집단지도자는 피해여성들이 다른 여성들 앞에서 피해 사실을 인정받고 공감을 얻으며, 지지를 받을 수 있는 집단 분위기를 조성할 필요가 있다. 피해여성들은 폭력 경험을 나누면서 '아, 나는 이렇게 어려웠지만, 저 사람은 저렇게 어려웠구나.'라고 자연스럽게 공감하기 때문에 지지적 분위기를 형성하는 것은 크게 어렵지 않다.

피해여성들은 폭력 경험을 나누면서 감정이 복받쳐서 우는 경우가 많다. 이때 이들에게 감정이 격해지면 집단에서 울어도 된다는 것과 위로받고 지지받을 수 있다는 것을 보여 주면 도움이 된다. 이는 눈물을 닦을 수 있도록 휴지를 건넨다거나, 많이 울었을 경우에는 물을 마실 수 있게 물컵을 건네는 것과 같은 작은 행동으로 가능하다. 집단지도자가 피해여성의 손을 잡아 주거나 어깨를 가볍게 두드려 주는 등의 모델을 보여 주면, 구성원들도 자연스럽게 따라하게 될 것이다. 가정폭력 피해여성을 위한 집단에서 눈물 흘리는 피해여성을 위로하면서 같이 눈물 흘리는 여성을 보는 것은 흔한 일이다. 함께 슬퍼하고 공감하는 것이 가장 대표적인 반응이지만, 피해여성에 따라 가해남편이 생각나서 화를 내거나 욕을 하기도 한다. 이때 중요한 것은 '집단은 어떤 감정이라도 안전하게 표현할 수 있는 곳'이라고 느끼게 하는 것이다.

5. 집단규칙 정하기

첫 모임에서 빼뜨릴 수 없는 것이 집단의 규칙을 정하는 것이다. 피해여성들 스스로 집단규칙을 정해야 규칙이 보다 잘 지켜진다는 점에서 가능한 한 자율적으로 규칙을 정하도록 한다. 왜 규칙이 필요한지에 대해 간단히 설명하고 어떤 규칙이 있으면 좋을지 질문하면 된다. 집단 경험이 없는 경우 집단규칙을 정한다는 것이 생소할 수 있으므로, 브레인스토밍을 하는 것도 좋은 아이디어다. 피해여성들이 의견을 자유롭게 제시하도록 하되, 반드시 필요한 규칙이 있다면(예: 비밀보장, 타인에 대한 존중, 자기결정의 원칙) 집단지도자가 이를 제안하도록 한다. 브레인스토밍에서 나온 규칙들을 함께 검토하고 이 중에서 선정하면 된다. 규칙을 정리하여 다음 모임에서 다시 한번 보고하면 집단 구성원 모두가 규칙을 숙지하는 데 도움이 된다. 집단규칙을 기재하여 벽에 붙여 놓을 수도 있다. 다음은 집단규칙의 예다.

- 모두 열심히 참여하자.
- 한 사람도 소외되지 않도록 한다. 단, 말하고 싶지 않은 부분은 내가 나누고 싶은 만큼만 나누기로 한다.
- 서로 존중하자.
- 다른 사람이 이야기할 때는 잘 들어주자.
- 재미있게 하자.
- 시작하는 시간과 끝나는 시간을 잘 지키자.

- 이곳에서 나누는 이야기는 비밀을 지킨다.
- 집단이 끝난 후 다른 사람의 이야기를 화제 삼아 이야기하거나 약점으로 이용하는 일이 없어야 한다(2002년 4월 W쉼터 집단 1회).

6. 반장제도 및 자랑하기와 칭찬하기

일반적으로 가정폭력 피해여성들의 자아존중감은 크게 손상되어 있다. 이들이 남편을 떠나 홀로서기를 하건, 다시 남편에게 돌아가건 간에 자아존중감을 향상시키고 임파워먼트를 증진시킬 필요가 있다. 필자들이 그동안 프로그램을 하면서 지켜본 바로는 어린 아동들을 데리고 거의 빈손으로 시작하는 안타까운 경우가 많았다. 이들이 경제활동과 자녀양육을 병행하는 것은 힘겨운 일이며, 더욱이 경제활동 경험이 없는 여성들에게는 결심과 용기가 필요한 일이다. 이런 힘겨운 과업을 용기 있게 수행해 나가도록 돕기 위해서 집단에서 자아존중감을 향상시키고 임파워먼트하는 노력이 절실히 요청된다. 한편, 남편에게 돌아간다고 하더라도 보다 나은 방법으로 폭력에 대처하기 위해서 자아존중감의 향상과 임파워먼트는 반드시 필요하다. 이런 맥락에서 필자들은 피해여성들의 자아존중감을 높이고 임파워먼트를 지향하는 개입이 중요하다 간주하고, 반장제도 및 자랑하기와 칭찬하기를 도입하였다.

1) 반장제도

반장제도는 가정폭력 피해여성들에게 작지만 책임 있고 긍정적이며 주도적인 역할을 수행하는 기회를 제공하기 위해 도입되었다. 반장제도는 회기별로 반장을 정해서 간단한 임무를 수행하도록 하는 것이다. 반장은 집단모임이 원활하게 진행될 수 있도록 프로그램 장소를 정리하고 구성원들이 제시간에 모임에 참여하도록 독려하며 간식을 준비하는 임무를 지닌다.

피해여성들이 점차 반장 역할에 익숙해지면 보다 적극적인 역할을 부여할 수 있다. 예를 들어, 집단모임을 시작하는 인사를 하도록 하면 리더십을 키우는 데 도움이 된다. 그리고 새로 입소한 피해여성이 처음 집단에 참여했을 때 반장이 대표로 환영인사를 하는 것도 좋은 방법이다. 피해여성들은 처음에는 쑥스러워하고 주저하지만, 회기가 진행되면서 점차 능숙하게 반장 역할을 수행한다. 반장제도는 처음부터 호응도가 매우 높았다. 이렇게 작은 역할에 무슨 큰 의미를 부여할 수 있느냐고 생각할 수 있겠지만, 반장은 이들에게 기다려지고 기쁨을 주는 역할이었던 것으로 보인다. 필자들은 처음 프로그램을 진행할 때 도입했던 반장제도를 지금껏 지속하고 있다.

*****

앞으로 매번 모임에서 순번을 정해 반장을 하게 될 텐데, 반장은 구성원들이 모임에 참여하도록 격려하고 간식을 준비하는 임무를 가지게 될 것이며, 특히 프로그램이 끝날 때 자기자랑을 하고 모든 구성원들로부터 칭찬을 받게 될 것이라고 설명하였다. 피해여성들은 즉석에서 반장의 순서를 정하면서 쉼터에서 퇴소하기로 예정되어 있는 여성에게 순서를 먼저 배정하여 한 사람도 빠짐없이 반장을 할 수 있도록 하자는 의견을 제시하는 등 다소 상기되고 흥분되는 반응을 보였고 집단 분위기도 적극적인 분위기로 전환되었다(2000년 11월 N쉼터 집단 1회).

2) 자랑하기와 칭찬하기

'자랑하기와 칭찬하기'는 반장제도와 연계적으로 이루어진다. 위에서 언급한 바와 같이 반장에게는 임무와 더불어 모임이 끝날 때 자기자랑을 할 수 있는 특권을 부여한다. 이는 자기자랑을 통해서 강점을 발견하도록 돕는 의도를 가지고 개발되었다. 사람들은 흔히 자화자찬을 쑥스러워하고 자랑할 것이 별로 없다고 생각한다. 이는 피해여성도 마찬가지이므로,

'10가지 이상 자랑하기'와 같이 기준을 정해 주면 도움이 된다. 그리고 큰 것이 아니라 작은 것에서부터 자랑거리를 찾도록 하면 부담을 덜 느낀다. 대개는 '요리를 잘 한다.' '얼굴이 예쁘다.'와 같은 것을 자랑하지만, 때로는 자신이 지은 시를 낭독하거나 뜨개질한 작품을 가져오기도 한다. 자랑하는 것이 쑥스러워서 짧게 말하는 경우에는 좀 더 구체적으로 설명하도록 요청한다.

지도자: 자랑하기 시간이 돌아왔네요. 오늘의 반장은 새싹입니다. 새싹의 자랑을 들어볼까요?

새 싹: 힘들지만 애들을 제가 책임지려고 하는 것, 만드는 것, 그림 그리는 것을 좋아해요. 어릴 때 꿈이 화가였는데, 미용도 재미있어 해요.

지도자: 만드는 걸 좋아한다고 했는데 뭘 잘 만드세요?

새 싹: 애들하고 장난감 만들고 방 꾸며 주는 것을 좋아해요. 이사 다닐 때마다 애들 방을 많이 꾸며 줬거든요(2002년 4월 W쉼터 집단 3회).

이런 자기자랑을 보완해 주는 것이 '칭찬하기'다. 칭찬하기는 집단 구성원들이 돌아가면서 그날의 반장에게 그동안 공동생활을 통해 관찰한 장점을 칭찬해 주는 것이다. 여기에서는 '배려를 잘 한다.' '다른 사람의 이야기를 잘 들어준다.' '차분하게 문제를 처리한다.' '용기가 대단하다.' 등 피해여성이 스스로 말하지 못했던 또는 미처 깨닫지 못하고 있었던 강점들이 많이 발견된다.

축 복: ○○이 엄마는 미용 재주가 있어요. 그래서 여기 있는 사람들 머리를 다 파마해 줘서 우리들에게 많은 도움을 주고 있어요.

오뚝이: 손재주가 뛰어난 사람인데 발휘를 못해서……. 그림 그리는 것도

너무 잘 하더라고요. 아이들에게 해 주고 싶은 마음은 있더라도 진짜 한다는 건 어렵잖아요. 근데 애들하고도 잘 놀아 주는 거 같아요.

가 람: 웃는 모습이 너무 예쁘고요. 인정이 많고 아이들에게뿐만 아니라 사람들에게 대하는 태도가 따뜻하신 분이세요.

강 물: 아기엄마 참 좋아요. 아기가 참 예뻐요.

파랑새: 피부가 너무 고우세요.

천 국: 아기들 보고 참 잘 키웠다 생각했어요.

안개꽃: 얘기를 잘 들어주고 자기 이야기도 잘 해 주어서 좋아요.

지도자: 여러 가지 좋은 칭찬을 들었는데 느낌을 말해 주세요(2002년 4월 집단 3회).

돌아가면서 칭찬을 해 주고 나서 피해여성에게 칭찬을 들은 느낌을 말하도록 하면 더욱 효과적이다. 자아에 대한 인식은 다른 사람의 평가에 크게 영향을 받는다는 점에서 칭찬하기는 피해여성들의 자아존중감을 높이는 데 긍정적으로 기여한다. 또한 다른 여성들과 집단지도자로부터의 마음에서 우러나온 칭찬은 가해남편으로부터 수없이 들어왔던 부정적 평가를 상쇄시키는 효과가 있다.

앞서 반장제도와 더불어, 자랑하기와 칭찬하기는 전문적 기술을 요하지 않는 간단한 활동이지만 함께 웃고 떠들면서 강점을 찾고 자신감을 높일 수 있다는 점에서 모두가 크게 환영하는 활동이다.

◉ 자랑하기와 칭찬하기는 집단 역동에도 도움이 된답니다

자랑하기와 칭찬하기는 모임을 마무리하는 데도 탁월한 효과가 있다. 우선, 가정폭력은 피해여성들에게 무겁고 힘겨운 주제인데, '자랑하기와 칭찬하기' 시간을 통해서 좀 더 밝고 희망적인 분위기로 그날의 프로그램을 종결지을 수 있다. 둘째, 집단프로그램에서는 가정폭력이라는 이미 발생한 문제를 다루지만, 자랑하기와 칭찬하기는 긍정적인 자아상을 찾는다는 점에서 현재에 초점을 두고 미래지향적이다. 이에 따라 강점중심적인 임파워먼트 접근과 잘 부합된다.

제2절 초기 저항 다루기

집단 역동과 관련하여, 집단지도자는 초기 저항에 대비해야 한다. 이러한 초기 저항은 여러 이유에서 발생할 수 있다. 피해여성에 따라 너무 힘들어서 가정폭력 문제를 덮어 버리거나 잊어버리고 싶어 한다. 이 경우 피해여성은 내키지 않는데 프로그램에서 이를 다루어야 하기 때문에 저항할 수 있다. 그리고 집단프로그램에 참여하는 것이 원칙이므로 비자발적으로 참여한 피해여성은 소극적으로 저항할 수 있다. 나아가서 피해여성들 입장에서 볼 때, 집단지도자는 외부 전문가이며 이에 따라 아직 신뢰할 수 있는 사람인지 확인되지 않은 상태에서 가정폭력과 같이 민감한 문제를 털어놓고 싶지 않을 수도 있다. 집단지도자는 초기 저항이 어떤 이유에서 발생하는지 주의 깊게 관찰하고 이에 대처해야 한다.

◉ 초기 저항, 진지하게 받아들이고 치료적 동맹자를 발견하세요

초기 저항의 이유가 무엇이건 간에 이를 다루는 기본적인 원칙은 가정폭력 피해여성들의 저항을 진지하게 받아들이라는 것이다. 저항이 진지하게 받아들여지면, 피해여성도 자신의 의견이 존중되고 권리가 보장된다는 것을 깨닫고 협조적으로 변화되는 경우가 많다. 그리고 다행한 사실은 어느 집단에서나 지도자에게 동조하는 치료적 동맹자를 발견할 수 있다는 점이다.[2] 다음의 사례에서 보는 바와 같이 집단지도자는 이런 동조적 반응을 활용하여 초기 저항을 극복할 수 있다.

*****

별칭 짓기와 '내가 버리고 싶은 것과 원하는 것'을 그림으로 표현하는 집단 활동이 시작되었다. 구성원들은 나누어 준 도화지와 크레용, 사인펜을 선뜻 집지 않고 망설이고 있었다. 집단프로그램을 한다고 하더니 갑자기 아이들이나 하는 그림을 왜 그리라고 하는지 의아해하는 표정이 얼굴에 가득하였다. 집단지도자들의 격려에 구성원들이 한 명씩 작업을 시작했지만 피카츄는 "꼭 크레용으로 그려야 되느냐?"고 반문하였다. 지도자는 "꼭 그래야 하는 것은 아니지만 해 보면 재미있을 것 같으니까 해 보시면 어떻겠느냐?"고 반응하였다. 일부 구성원들은 서로 잘 아는 사이지만 이렇게 둘러앉아 작업하는 어색함을 극복하려는 듯이 농담을 하기 시작하였다. 구성원들이 서로의 그림을 보면서 농담을 하며 깔깔대고 웃기도 하고, 잘 그린다고 칭찬도 하면서 집단 분위기가 편안해지기 시작하였다. 이렇게 분위기가 편안해지자 이의를 제기했던 피카츄도 크레용으로 그리기 시작하였다.

(중략) "크레용으로 그려야 하느냐?"라고 이의를 제기함으로써 소극적 저항을 하였던 피카츄는 프로그램에 대한 오리엔테이션 시간에 질문할 기회를 주자 "이야기하기 싫은 사람도 해야 하느냐?"라고 다소 도전적인 질문을 던졌다.

집단지도자들은 오늘은 첫 모임이기 때문에 공동의 경험을 가지고 있다는 공감대를 마련하기 위해서 돌아가면서 폭력 경험 나누기를 했지만, 앞으로는 내가 말하고 싶은 만큼 이야기하면 되고, 하기 싫을 때는 '통과'라고 말할 수 있다고 대답하였다. 그러자 지도자에게 동조를 표하는 피해여

---

2) 이는 피해자 집단뿐 아니라 가해자 집단에서도 마찬가지다. Adams와 McCormick에 의하면, 집단지도자는 초기 단계에서 아내를 비난하는 대신 폭력에 대한 책임을 수용하도록 하는 데 집단 구성원 중에서 치료적 동맹자를 발견할 수 있다(Adams & McCormick, 1982: 186-187).

성들이 나타났다(예: "나는 신나게 하고 싶은 말을 다 하겠다."). 덧붙여 지도자는 이 집단은 여러분의 것이며 여러분들이 만들어 가는 것이라고 설명하였다. 이에 대다수 구성원들이 '이왕이면 한번 하고 싶은 이야기를 실컷 해 보자.' 라는 표정을 지었다. 긍정적 분위기가 집단 전체를 지배하자 "하기 싫으면 속을 털어놓지 않고 대강 이야기해서 시간을 때울 수도 있다." 고 중얼거리던 피카츄도 태도를 바꿔 수긍하는 모습을 보였다(2000년 11월 N쉼터 집단 1회).

◉ 초기 저항, 긍정적 시각에서 바라보면 좋아요

집단지도자는 초기 저항을 긍정적인 시각에서 바라볼 필요가 있다. 가정폭력 피해여성들의 입장에서 보면, 이런 초기 저항은 과연 외부에서 온 집단지도자가 신뢰할 수 있는 사람인지, 자신들을 인간적으로 대접해 줄 것인지, 자신들이 가정폭력 문제를 털어놓는다면 이를 제대로 다루어 줄 수 있는 능력을 갖추었는지를 테스트해 보는 것일 수 있다. 또한 이는 피해여성들이 원하지 않는 것에 대해 저항할 권리를 가지고 있다는 긍정적 시각에서 바라볼 수 있다. 이런 긍정적 시각에서 볼 때, 저항은 이미 저항이 아니고 피해여성들이 자신을 보호하는 건강한 힘이다.

집단 역동의 측면에서도 초기 저항에 효과적으로 대처하면 집단 참여에 대한 동기가 높아진다는 점에서, 이는 집단지도자에게도 좋은 기회가 될 수 있다. 이에 따라, 집단지도자는 이를 저항이라 생각하고 반응하는 대신, 지도자와 피해여성들이 상호 간의 신뢰를 확인하고 공동으로 일할 수 있는 기반을 모색하는 과정이라는 긍정적 태도로 임할 필요가 있다.

이런 맥락에서 피해여성들에게 집단에 참여하면서 저항이나 반발심을 느끼지 않았는지 선제적으로 질문해도 좋을 것이다. 피해여성에 따라 자신들의 처지에 대해 과민하게 반응하여 심지어는 집단프로그램을 한다고 하면서 자신들을 동물원의 동물처럼 구경하지 않을까 하는 의구심을 가지는 경우가 있다. 어떤 반응—특히 부정적인 반응—이든 간에 공개적으로 논의함으로써, 피해여성들은 자신들의 의견이 존중된다는 것을 깨닫게 될 것이다.

집단지도자: 오늘 첫 모임을 가졌는데 프로그램하면서 참여하는 것이 내키지 않았던 분은 없었나요? 어떠셨나요?

피해여성[3]: 집단 활동에서 '우리가 혹시 동물원의 원숭이가 되는 건 아닌가?' 하고 걱정했어요. 더구나 오늘 굉장히 컨디션이 안 좋아서 시작할 때는 안 하고 싶었어요. 그런데 프로그램을 해 보니까 그렇지 않다는 생각이 들어요(2004년 4월 N쉼터 집단 1회).

제3절 대안적 접근

쉼터와 같이 공동생활을 하는 곳에서 프로그램을 하다 보면 예기치 않은 상황에 직면하게 된다. 이는 두 가지 요인에 의해 발생한다. 하나는 쉼터에 입소해 있는 가정폭력 피해여성들이 위기상태에 있기 때문에 지나치게 과민한 행동을 보인다는 것이다. 때로 이런 과민반응은 가정폭력의 맥락과 관련이 있을 수도 있다. 이 경우 피해여성 자신도 왜 과민반응을 하는지 이해하지 못하기 때문에 이성적으로 해결책을 찾기보다는 감정적으로 치닫게 된다. 또 다른 하나는 공동생활에서 기인한다. 과민한 상태에 있는 피해여성들이 쉼터라는 제한된 공간에서 생활하면서 작은 일로 서로 충돌하기도 한다. 안타깝게도 이런 일들은 흔히 밤에 발생하는데, 쉼터의 실무자들

3) 집단프로그램의 녹음을 풀어서 자료로 사용하다 보니까 어느 구성원이 발언했는지가 분명치 않은 경우들도 있다. 이 책에서는 누구의 발언인지가 분명한 경우 별칭을 명기하고 그렇지 않은 경우에는 피해여성이라고 통칭하고자 한다.

이 미처 개입하기 전에 갈등이 심화되어서 서로 눈도 마주치지 않을 정도로 심각해지기도 한다.

다음의 예는 이 두 가지 요인이 모두 반영되어 있다. 피해여성 한 명이 자다가 옆에서 자고 있는 다른 여성을 건드렸는데 지나치게 과격한 반응을 하자 싸움으로 비화되었다. 필자들은 예정하였던 집단 활동을 포기하고 이 문제를 다룰 수밖에 없었다. 아무 말도 하기 싫다는 싸움의 당사자들을 붙들고, '아무 말도 하기 싫은 것'에 대해 이야기하자고 한 시간 가까이 씨름하였다. 놀랍게도 이 피해여성은 잠자고 있을 때 누가 건드리면 자신도 모르게 공격적으로 반응하게 된다는 점을 스스로 발견하였다. 이 피해여성의 남편은 잠자고 있을 때 들어와서 폭력을 휘두르곤 하였다. 이를 깨닫게 되자 싸움을 하던 두 사람은 울면서 서로에게 사과하였고, 지켜보던 모든 여성들도 눈시울이 뜨거워졌다. 집단지도자는 갈등상황에서 피해여성들이 지나치게 행동하는 듯 보일지라도, 이를 심판하는 태도로 보지 말고 왜 그런 일이 발생하였는지 함께 찾아보는 자세를 갖추어야 한다.

쉼터에서 프로그램을 진행하면 보통 8주 정도 소요되는데, 이런 긴박한 갈등상황이 발생하지 않았던 적은 거의 없었던 것 같다. 이때 집단지도자는 상당히 난감한 상황에 처하게 된다. 프로그램을 무리하게 진행하면 역효과가 우려되고, 그렇다고 해서 프로그램을 연기하자니 나쁜 선례를 남기게 된다. 집단지도자와 피해여성들 간에 라포가 성립되어 있는 프로그램 중간에 갈등상황이 발생하면, 이를 중재하고 대처하기 유리하다. 그러나 아직 피해여성들과 얼굴도 익히지 못한 첫 모임에서 이런 상황이 발생하면 대처하기가 매우 어렵다.

이런 상황에서 지금까지 살펴본 전형적인 집단 활동을 실시하기란 거의 불가능하므로 대안적인 접근방법을 모색해야 한다. 필자들은 쉼터 거주 가정폭력 피해여성들이 공동생활을 한다는 점에 착안하여 가족조각기법을 활용하는 대안적 접근을 시도하였다. 옛말에 궁하면 통한다고 임기응변으로 시도하였지만 생각 밖으로 효과가 뛰어나서, 그 후 갈등상황이 아니더라도 좀 더 역동적으로 집단을 이끌고 싶을 때에는 첫 모임을 대안적 접근으로 시작하였는데 매번 만족할 만한 효과를 거두었다.

1. 워밍업 활동

소시오 드라마에서는 연극을 보여 주기 이전에 관객들과 더불어 워밍업을 한다. 이와 같은 맥락에서 가정폭력 피해여성들에게 갑자기 조각기법에 참여하라고 하면 부담을 느낀다. 이에 따라 적절한 워밍업 활동은 원활한 진행에 도움이 된다. 워밍업 활동은 조각기법으로 들어가는 데 도움이 되는 활동이라면 어느 것이나 가능하지만, 필자들은 아래와 같이 진행하였다.

① 피해여성들에게 마음에 드는 사물을 가까이 옮겨 오거나 보기 싫은 물건을 멀리 치워서 주변을 편하게 만들도록 한다.
② 주변을 둘러보며 의자, 방석, 장식품 등에 대한 느낌을 느껴 보는 시간을 준다.
③ 하고 싶은 사람 먼저 한 사람씩 불편한 것을 하나씩 옮기는 작업을 한다.
④ 옮기는 작업이 끝나면 각자 원하는 장소에 자신이 취하고 싶은 편한 자세로 자리를 잡는다.
⑤ 자기만의 느낌을 가져 보는 시간을 갖는다.
⑥ 함께 느낌을 나눈다.

2. 조각기법

조각기법은 가족치료에서 널리 사용되는 기법인데, 피해여성들이 한시적일지라도 공동체를 이루어 생활하기 때문에 넓은 의미에서 가족이라고 보고 이 기법을 활용하였다. 진행방법은 다음과 같다.

① 구성원들에게 조각기법에 대하여 설명한다.
② 한 사람이 주인공이 되어 원하는 자리에 가서 원하는 자세를 취하도록 한다. 이때 말은 하지 않고 몸으로만 표현하도록 지시한다.
③ 주인공이 자세를 취하면, 다른 구성원들이 한 사람씩 자신이 원하는 위치에 가서 자세를 취한다.
④ 조각이 완성되고 나면 집단지도자는 주인공과 다른 구성원들에게 현재 느낌이 어떤지 질문한다.
⑤ 주인공이 구성원들의 위치를 바꾸고(가깝게 혹은 멀리, 뒤쪽에서 앞쪽으로 등) 싶다면 바꾸도록 한다.
⑥ 구성원들에게 다시 느낌을 질문하고, 주인공에게 위치와 자세를 바꾸어 주고 싶은 구성원이 있다면 바꾸도록 한다.
⑦ 주인공이 편안해질 때까지 이를 반복한다.
⑧ 모든 구성원들이 돌아가며 주인공이 되어 ②에서 ⑦까지의 순서를 반복한다.
⑨ 모두 원으로 둘러앉아 느낌을 나눈다.

다음의 사례는 조각기법을 활용하여 프로그램을 진행한 내용이다. 수정(별칭)과 장미(별칭)를 중심으로 하여 하위집단이 구성되어 있고, 피해여성들과 갈등을 자주 일으켜 왔던 잡초(별칭)가 소외되어 있음을 보여 준다. 흥미로운 사실은 장미가 주인공이 되어 만든 조각에서와 같이 지나치게 밀착되었다는 느낌을 주는 조각에서 피해여성들은 애정을 느끼고 위로를 받기도 한다. 이는 피해여성들이 가정폭력을 경험하면서 애정과 관심의 결핍을 심하게 느꼈던 것에 대한 보상심리를 반영한다고 해석해 볼 수 있다. 그러나 어느 정도 안정을 찾아가면 수정의 조각에서 보는 바와 같이, 다른 여성들과의 친밀감을 즐기면서 자신만의 공간을 확보하기도 한다.

*****

수정(별칭)이 주인공이 되자 모든 피해여성들이 수정에게 밀착될 정도로 가까이 앉았다. 수정은 모든 사람들이 가까이 온 것은 좋지만 너무 가깝게 서 있으니까 마음이 부담스럽다고 했다. 수정에게 지금의 조각을 원하는 대로 변화시켜 보라고 하자 어떤 여성에게는 한 걸음 가까이 또 어떤 여성에게는 한 걸음 물러서게 하면서, 전체적으로 가까우면서도 자신의 독립성을 유지할 만한 공간을 확보하였다. 잡초는 자신이 없는 듯 스스로 벽 쪽으로 물러나 앉았다.

장미(별칭)의 차례가 되었고 뚱아(별칭)가 장미 정면에 섰다. 집단지도자가 느낌을 질문할 때 장미는 눈물이 제일 많은 사람이 왜 앞에 섰냐고 했고 뚱아가 그 말을 듣고 울었다. 장미는 늘 혼자여서 이렇게 많은 사람이 가까이 와 있는 것이 너무 좋다고 했다. 수정이 장미를 꼭 껴안고 있었다. 행복하다고 말하면서 장미는 한동안 울었다. 모든 구성원들이 장미에게 닿을 정도로 가까이 와서 서로 안아 주고 어깨를 만져 주었다.

잡초(별칭)가 가운데 자리를 잡았다. 쉼터 생활에서 빚어진 여러 갈등 상황이 영향을 준 듯 잡초 가까이 앉는 구성원들은 거의 없었고 모두 잡초의 등 뒤쪽에 앉았다. 조각으로 보아 잡초는 다른 구성원들에게서 고립되어 있음이 분명한데 잡초는 편하고 따뜻하다고 느낌을 말했다. 자리를 이동시키겠느냐는 의사를 물었으나 구성원들은 선뜻 자리를 이동하지 않았고 잡초도 그 자리에 남겠다고 했다. 각자 "안쓰럽다." "보고 있으니 내 마음이 답답하다." 등의 느낌을 이야기했다. 잡초는 아이 보느라 다른 식구들에게 더 잘해 주기 못해서 미안하다고 사과를 했다(2008년 3월 W쉼터 집단 1회).

◉ 조각기법은 갈등을 시각화하고 관계 개선에 도움이 된다

쉼터에서 피해여성들 간에 발생한 갈등을 방치하면 장기화될 수 있지만, 조각기법을 사용하면 갈등상황이 적나라하게 드러날 수밖에 없다. 이와 같이 갈등이 조각을 통해 시각화되면 피해여성들은 더 이상 갈등을 외면할 수 없게 된다.

이때 집단지도자는 피해여성들에게 조각에 대한 느낌을 질문함으로써 긍정적 감정과 부정적 감정을 언어화하도록 돕는다. 물론 조각을 하다 보면 소외된 여성이 드러나기도 하고 과도하게 밀착된 하위집단이 가시화되기도 한다. 그럼에도 피해여성들이 각각 주인공이 되어서 조각 만들기를 여러 차례 반복하다 보면 현재 상태에서 자신들에게 최적의 조각을 발견하게 된다. 또한 이들은 자신들이 진정으로 원하는 것은 갈등적 인간관계가 아니라 서로 위로하고 애정을 나누는 지지적인 인간관계임을 깨닫게 된다. 이런 자각은 폐쇄적이었던 하위집단에 변화를 가져와서 소외된 여성을 이해하고 포용하게 만든다.

◉ 그래도 폭력으로 생긴 고통은 표출된다

특기할 사실은 피해여성들 간의 갈등상황에 대처하기 위해 대안적으로 도입했던 가족조각을 진행하는 동안 가정폭력이란 단어조차 언급되지 않았다는 점이다. 그럼에도 피드백 시간에 대나무(별칭)는 가정폭력의 아픔을 쏟아 냈고 집단에서는 대나무가 남편에 대한 감정을 표현하도록 도왔다. 이를 통해서 필자들은 전형적인 폭력 경험 나누기를 하건 아니면 대안적 접근을 하건 간에, 피해여성들 마음속에 쌓여 있는 폭력으로 생긴 고통이 표출될 수밖에 없다는 놀라운 경험을 하게 되었다.

제3장

폭력, 새롭게 조명하기

*****

몸만 여기(쉼터)에 와 있지, 현실이 아닌 것 같아요. 사실, 눈을 뜨면 저기(집)에서 있었던 사실이 하나 하나 보이기 때문에 적응이 안 돼요. 언니들(다른 피해여성들) 이야기를 듣고 있을 때는 웃고 떠드는데 혼자 있는 시간에는 화장실에 가도 (적응이) 안 되더라고요. 이 공간(쉼터)으로 피신해 왔는데, 몸은 여기 와 있지만, 마음은 그쪽에 가 있어요. 막상 나오니까 행동과 마음이 같이 안 움직이네요. 나오면 정리가 될 줄 알았어요. 그런데 너무 착잡하고, 우울증에 걸려서 어떻게 될 것 같아요. 내가 진짜 올바른 선택을 한 것인가? 견디고 견디다가 이렇게(남편을 떠나기로) 선택했는데, 생각이 매일 바뀌어요. 하루에도 수십 번씩 바뀌어요. 어떻게 할 수가 없어요. 며칠 전에 버스를 탔는데, 누가 나를 때리지 않는데도 슬프고 내가 설 자리가 없더라고요. 가슴이 답답해서 툭툭 쳤어요. 몸은 보호를 받지만, 아직 마음까지 편치는 않네요. 아직까지는……(2004년 4월 N쉼터 집단 3회).

얼마나 오랫동안 가정폭력을 경험했는가와 상관없이, 피해여성은 위기 상황에서 쉼터에 입소하게 된다. 앞의 사례에서 보는 바와 같이, 피해여성들은 과연 남편을 떠난 것이 옳은 선택이었는지부터 시작해서 모든 것이 혼란스럽다. 이 여성은 혼자 있는 모든 시간에 폭력이 마음에서 떠나지 않고 하루에도 수십 번씩 생각이 바뀐다고 토로한다.

물론 어떤 이론적 접근을 하는가에 따라 차이가 있기는 하지만, 최근 '해결'에 대한 초점이 강조되면서 '문제'에 대한 이해를 덜 중시하는 경향이 있다. 그러나 클라이언트에 따라 무조건적으로 해결중심을 강조하는 것은 적합하지 않다(Strom, 1991; Nichols & Schwartz, 2005: 244에서 재인용)는 지적도 있다. Miley 등에 의하면, 강점에 대한 강조가 클라이언트의 문제를 간과하라는 의미가 아니다. 다시 말해서 클라이언트는 자신이 가지고 있는 어려움을 풀어내야만 긍정적 관점에 눈을 돌릴 수 있다는 것이다. 실무자가 너무 빨리 강점을 강조하면, 클라이언트는 실무자가 주요한 포인트를 놓쳤다거나 그들의 문제를 너무 가볍게 여긴다고 생각할 수 있다. 전형적으로 클라이언트는 자신들이 원하는 만큼 문제에 대해 충분히 이야기하지 못하면 나름의 방식대로 이를 표현하게 된다(Miley et al., 2007: 223-225).

이런 맥락에서 필자들은 가정폭력 피해여성에게 폭력에 대한 생각을 정리하는 시간은 반드시 필요하다는 데 동의한다. 단 문제 자체에 초점이 있는 것이 아니라, 피해여성들이 가정폭력 경험을 새롭게 조명함으로써 자신들의 삶을 긍정적인 시각에서 이해할 수 있도록 돕는 데 주안점이 있다. 나아가서 피해여성들이 보다 나은 미래의 삶을 구축해 나가는 기반을 조성하는 데 목적이 있다.

폭력을 새롭게 조명해야 한다는 필요성에 동의한다고 할지라도, 과연 무엇을 어떻게 조명할 것인가에 대한 논란이 있을 수 있다. 전통적으로 페미니스트 이론에 의거한 가정폭력 프로그램에서는 폭력의 사이클에 대한 이해를 많이 다루었고, 왜 머무는가에 대한 관심도 컸다(신은주, 1995: 53-56; 이원숙, 2007: 270 & 292; Walker, 1984: 86-94). 최근 가정폭력 피해여성들이 떠나는 과정에 대한 관심이 증가하고 있다(김주현, 2006; Burke et al., 2004; Senter & Caldwell, 2002). 그런가 하면 가해자—남편으로서 그리고 부모로서—의 행동은 가족 기능과 가정 내 '정서적 분위기(emotional climate)'에 엄청난 영향을 미치므로 가족 맥락의 측면에서 가정폭력을 탐색해야 한다는 주장도 제기되고 있다(Bancroft & Siverman, 2002: 54 참조). 이상에서 살펴본 바와 같이, 가정폭력에 대한 연구가 지속되면서 폭력의 어떤 양상을 조명하는가에 대한 초점도 변화하고 있다.

오늘날 실천과 조사의 연계성이 중시되고 있다. 이런 맥락에서 필자들도 최근의 연구결과를 집단프로그램에 반영하기 위해 노력하였고, 그 결과 집단에서 다루는 폭력의 양상에도 다소 변화가 있었다. 이 장과 다음 장에서는 집단에서 폭력을 재조명하기 위해 다루어졌던 내용들을 재구성하였다. 이 장에서는 폭력이 가족에게 미치는 영향, 폭력의 특성에 대한 이해 등 가정폭력을 전반적으로 고찰하고자 한다. 그리고 다음 장에서는 피해여성들이 왜 머무는가 그리고 왜 떠나는가를 집중적으로 살펴보고자 한다. 이와 같은 재조명 과정을 통하여 집단지도자는 피해여성이 가정폭력의 영향을 객관적으로 바라보고, 폭력 속에서 자신의 노력을 긍정적으로 평가하도록 도울 필요가 있다. 이런 긍정적 평가는 피해여성이 가지고 있는 건강성과 강점을 확인시켜 주고 자아존중감을 높여 줄 뿐 아니라 자신이 원하는 미래의 삶을 찾아갈 힘을 키워 줄 것이다.

제1절 폭력은 가족에게 어떤 영향을 미치는가

주제에 관한 생각을 자극할 수 있는 활동을 통하여 주제를 다루면 효과적이다. 가족그림 그리기, 폭력 상황 시각화하기, 동물로 가족 표현하기 등이 이런 활동에 해당한다. 이런 활동은 주제에 관한 생각을 이끌어 낼 수 있다는 장점 이외에도 부수적인 효과를 거둘 수 있다. 즉, 쉼터에 거주하는 피해여성들은 학력에 차이가 있다. 보통 고졸 학력을 가진 피해여성이 많은 편이지만, 드물게 한글을 읽고 쓰는 것을 힘들어하는 여성도 있다. 학력과 지적 능력이 동일한 것은 아니지만, 학력이 낮은 피해여성에게는 토론 중심의 집단프로그램이 부담이 될 수 있다. 그러나 집단 활동은 학력의 높고 낮음에 상관없이 피해여성들이 생각을 표현하도록 돕는다. 다음에서 사례를 들어 설명하고자 한다.

1. 가족그림 그리기

가족그림 그리기는 가정폭력 상황에서 가족관계를 조명할 수 있는 효과적인 방법이다. 폭력이 시작되고 난 후 쉼터로 올 때까지 걸린 시간에 대해 잠시 이야기를 나눔으로써 자연스러운 진행을 위해 노력하고 있다.

*****

지금 이야기를 나눈 것과 같이, 사람에 따라 5~6년 만에 나오는 사람도 있지만 오래는 수십 년 동안 폭력을 참고 사는 사람도 있습니다. 오늘은 여러분과 함께 폭력이 우리 가족에게 어떤 영향을 미쳤는지를 살펴보는 시간을 갖고자 합니다. 그래서 우선 여러분과 함께 가족그림을 그려 보겠습니다.

가족그림은 우리 가족의 모습을 그림으로 그리는 것입니다. 그리기 전에 가족에 대해 한번 떠올려 보세요. 남편하고 나하고 거리가 얼마나 떨어져 있는지, 우리 아이하고 나하고는 얼마나 가까운지, 마음속에 떠오르는 가족은 어떤 모습인지, 남편이 화내고 있는 모습인지, 아이들은 어디에서 무엇을 하고 있는지 떠올려 보세요. 잘 그려야 하는 것이 아니니 자유롭게 그리면 됩니다. 만약 그림 그리는 것이 너무 부담이 되면 동그라미와 세모로 표시를 해도 돼요. 동그라미는 여자이고 세모는 남자를 의미해요(2004년 4월 N쉼터 집단 2회).

1) 수직적 가족관계가 많아요

가정폭력 피해여성들이 그려 낸 가족그림에는 수직적인 부부관계가 많이 나타난다. 대체적으로 남편은 그림 위쪽에 분노하고 있는 모습으로 그려지고, 여성들은 자녀들과 함께 그림 아래쪽에 위축된 모습으로 그려진다. 그리고 피해여성과 자녀들과의 관계는 친밀한 것으로 묘사된다.

이와 같이 수직적인 가족관계가 공통적으로 나타나지만, 가족그림을 통해 피해여성과 자녀들이 처해 있는 여러 특징적 상황들을 엿볼 수 있다. 예를 들어, 폭력은 피해여성의 어머니로서의 역할 수행에 영향을 미치고 있음이 드러나기도 한다. 아래 사례에서 피카츄(별칭)는 아버지 밑에 어머니, 어머니 밑에 아동을 수직적으로 표현하고, 아버지의 폭력으로 스트레스를 받은 어머니가 자녀들에게 짜증을 내고 이로 인해 아동들이 놀라고 화나 있는 모습을 그렸다. 그런가 하면 가족 중에서 누가 학대를 받고 있는지를 살펴볼 수 있다. 청솔(별칭)은 자신과 첫 자녀는 이미 학대를 받고 있고 둘째는 학대 위험에 처해 있음을 창의적으로 그려 내고 있다. 또한 가족그림을 통해 폭력 상황하에서 아동들이 어떻게 반응하는지 관찰할 수 있다. 썬파워(별칭)의 자녀들은 아버지의 힘을 의식하고 겉으로는 아버지와 잘 지내면서 속으로만 어머니 편이다.

*****

(그림을 보여 주면서) 남편은 위에서 시계와 예절교육의 푯말을 들고 있어요. 그 발밑에 나와 큰애가 짓밟혀 있고요. 작은애는 발등 위에 있어요. 나와 큰애는 (폭력을 당하니까) 발밑에 있는 것이며, 발등 위에 있는 작은애

도 언제 발밑에 깔리게 될지 몰라요(청솔)(2000년 11월 N쉼터 집단 2회).

우리 남편은 화가 나 있어요. 열딱지를 내고 있어 끊임없이 나한테 불공격을 하고 있는데 요즘 나뿐만 아니라 애들한테도 튕기고 있어요. 내가 (외부) 활동을 하면서 자기에게 영향을 미치는 것 같아 화가 난 것 같아요. 그렇지만 여기 내 입술을 보세요. 내 것은 안 놓칠 것이라고 꽉 다물고 있고 내 자리를 차지하고 있어요. 우리 애들은 둘 다 핑크 빛이에요. 큰애는 청소년기라서 조금 힘들어해요. 그래서 화가 나 있지요. 작은애는 자기만 행복하면 돼요. 애들은 아빠가 있으면 눈치 보면서 겉으로는 아빠와 사이좋게 잘 놀지만 속으로는 엄마 편이에요. 그래서 그림에서 손은 엄마 쪽으로 향하고 있지요(썬파워)(2000년 11월 N쉼터 집단 2회).

남편은 가장 위에 있고 그 아래 엄마와 아이 둘이 차례차례 수직으로 있어요. 남편은 위에서 분노로 지글지글 끓고 있고 그 밑에서 나는 남편 스트레스를 받아 가지고 짜증을 내고 있지요. 아이들은 그 영향을 받아 놀랐으면서도 화가 나 있고요(피카츄)(2000년 11월 N쉼터 집단 2회).

남편은 굉장히 냉소적인 표정이에요. 불만족스럽고, 항상 입을 꼭 다물고 한꺼번에 터트려서 엄청나게 위력이 센 폭탄 같아요. 저는 한편으론 체념을 하고 한편으론 분노에 쌓여서 눈이 찍 올라갔죠. 이런 두 가지 모습으로 살았고요. 큰애는 항상 놀란 토끼처럼 눈이 둥그레졌어요. 언성만 높아지면……. 큰애 때문에 가슴이 많이 아파요(사랑받기 위해 태어난 사람)(2002년 4월 W쉼터 집단 2회).

2) 숨어 있는 마음을 드러내도록 도와주세요

가족그림에 대해 설명할 때, 집단지도자는 그림에 담겨져 있는 숨은 마음을 표현할 수 있도록 한다. 아래의 사례에서 축복(별칭)은 가족그림에 아빠하고 아들만 그렸다. 피해여성 자신을 포함시키지 않은 가족그림을 그린 것이다. 집단지도자는 가족그림에 축복 자신이 빠져 있다는 사실을 지적함으로써 건강을 회복하여 돈을 벌어야만 떳떳하게 가족, 특히 아들에게 얼굴을 내밀 수 있다고 생각하는 속마음을 언어화하도록 도울 수 있었다.

축　복: (가족그림을 보여 주면서) 남편하고 우리 아들 민호인데, 중학교에 다녀요. 철이 없어서 그런지 항상 웃는 얼굴이에요. 애 아빠의 여자관계로 가정에 파탄이 왔어요. 민호는 학생이어서 데리고 나오지 않았어요. 애가 제일 보고 싶어요. 사춘기라 마음에 걸리고……, (마음이) 아파요. (울먹거림) 10년 만에 얻은 애이기 때문에 소중하게 키웠는데……. 애 아빠는 애한테는 손을 안 대고 참 잘해요. 그거 하나는 마음이 놓여요. 저하고도 사이는 좋은데 여자관계가 있어서. 이게 한두 번이 아니거든요. 말로 안 되면 폭력을 쓰고 그게 안 되면 기물파손을 해요. (폭력으로) 병원에 입원한 적도 있고, 지금도 문소리만 크게 나면 깜짝 놀라요. 저는 마음이 제일 아픈 게 민호예요. 돌봐 주지 못하는 엄마의 심정이 가장 아파요.

지도자: 가족을 그렸는데 축복은 없군요. 왜 안 그리셨는지요?

축　복: 저는 제 모습을 그리고 싶지가 않아요. 가족이 셋인데 저를 그리고 싶은 마음이 하나도 없어요.

지도자: 그게 어떤 마음이시죠?

축　복: 애 아빠와 이혼한다는 생각은 아직 못하고 내가 몸만 회복되면 돈을 벌어야 된다는 생각, 돈이 있어야 애도 만날 수 있다는 생각을 해요. 그래야 나중에 애한테 떳떳하게 나타날 수 있을 것 같아요(2002년 4월 W쉼터 집단 2회).

2. 폭력 상황 시각화하기

폭력 상황 시각화하기는 가정폭력이 가족에게 어떤 영향을 미치는지 규명해 볼 수 있는 효과적인 방법이다. 여기에서는 가정폭력이 발생하는 순간의 가족들 모습을 시각화함으로써 폭력이 가족, 특히 자녀에게 미치는 영향을 가시화하도록 돕는다. 앞서 살펴보았던 가족그림 그리기는 집단 구성원 전체가 동시에 작업할 수 있는 반면, 폭력 상황 시각화하기는 시간 관계상 한두 명의 피해여성을 중심으로 실시한다. 이에 따라 집단지도자는 이들의 경험을 다른 여성들의 경험과 연계시켜서 전체 집단의 경험으로 발전시켜야 한다. 집단에서 폭력 상황을 시각화하는 작업을 하면, 이를 지켜보던 다른 여성들도 자신의 폭력 상황을 떠올리게 된다. 피해여성들에게 어떤 이미지가 떠올랐는지 질문함으로써 자연스럽게 전체 집단의 경험으로 확장시킬 수 있다.

다음은 가족조각과 역할극의 방법을 혼용하여 폭력 상황에서 가족의 모습을 시각화한 사례다. 원래 가족조각은 침묵 속에서 작업을 하지만, 여기에서는 폭력 상황에서의 가족 모습을 시각화하는 것이 주목적이므로 언어 표현을 허용하였다. 주인공이 되는 피해여성은 집단 구성원들 중에서 가족 역할을 도와줄 사람을 초대한다. 이들은 주인공 피해여성이 상황을 설명하는 대로 역할을 수행한다. 사례 중 수정(별칭)의 사례는 상대적으로 폭력이 덜 심했었고, 스물일곱(별칭)의 사례는 심각한 폭력이 있었다. 이 두 사례는 폭력 정도와 상관없이 폭력 상황은 아동에게 부정적 영향을 미치고 있음을 보여 준다. 가족조각을 통해서 피해여성들은 폭력 상황에서 아동이 어떻게 느끼는지 체험하고 관찰하는 기회를 갖게 된다. 스물일곱은 가족조각에서는 몹시 불안한 아이의 모습뿐 아니라 너무 겁이 나서 세 살짜리 아이로부터 보호를 바라는 자신의 마음을 언어화할 수 있었다.

수정의 가족조각

지도자: 폭력이 일어났을 때 가족의 모습을 조각해 보세요. 가족은 몇 명이지요? 다른 분들에게 역할을 부탁해 주세요.

수 정: 애들이 둘 있어요. (섹시스타와 캔디에게 아이들 역할을 요청한다.)

수 정: 애들 둘이는 친해요. 애들은 서로 붙어서 눈치만 보고 있어요. 아빠 언성이 높아지면 아빠가 애들에게 방으로 들어가 있으라고 해요. 애들은 자는 척해요, 둘 다. 자는지 안 자는지 모르겠지만…….

지도자: (역할을 맡은 섹시스타와 캔디에게) 수정이가 말한 대로 역할을 해 보세요.

지도자: (수정에게) 엄마는 지금 어디에 있지요?

수 정: 아빠하고요. 가까이 있을 때도 있고 그렇지 않을 때도 있지만, 가능하면 안 마주치려고 해요. 처음부터 폭력을 쓰지는 않고 말로 해요. 그러다 점점 언성이 높아지는데 제가 못 참고 대들면 손이 올라와요. (이야기에 따라 역할극이 진행된다.)

지도자: 고맙습니다. (자는 척하던 두 사람에게) 일어나 주세요. 아빠가 큰 소리를 지르고 있을 때 두 분의 느낌은 어땠어요?

섹시스타: 긴장이 많이 되고 무섭고 아빠가 멀게 느껴져요. 누워서 자는 척한다는 말이 딱 맞네요. 진짜 잠이 안 와요.

지도자: 캔디도 같이 누워 있었는데 느낌이 어땠어요?

캔 디: 불안해서 (언니 역할을 맡은 섹시스타가) 자는지 안 자는지 건드려서 확인해 보고 싶고 그래도 같이 있다는 게 위로가 됐어요.

지도자: (수정에게) 아이들이 자는 척하고 있는 것을 본 느낌이 어땠어요?

수 정: 아이들이 불쌍하고, 주위 사람들이 나를 어떻게 생각할까 걱정이

앞서더라고요. 사람들이 나를 쳐다보는 시선이……(2004년 10월 N쉼터 집단 2회).

스물일곱의 가족조각

(수정의 가족조각을 보고 나서 스물일곱이 '저 같은 경우는' 하면서 이야기를 시작하였다.)

지 도 자: 이왕이면 가족조각으로 표현해 보시겠어요?

스물일곱: (역할을 부탁하고 나서) 남편이 위풍당당하게 집에 들어와요. 저는 "오늘 스타일 멋있다."라고 가식적으로 애교를 떨지요. 애한테 장난감을 주고 거실에 비디오를 틀어 주어요. 같이 비디오를 보다가 "어, 이리 와." 하면서 저에게 방으로 들어오라고 그래요. 얘기를 하다가 갑자기 옛날 일을 끄집어내요. 처음에 욕을 하면서, "네가 옛날에 그랬지? 너네 친정부모가 이랬지." 하며 괜히 이유 없이 과거 얘기를 꺼내요. 금방 좋다가도 갑자기 변해요. (이야기에 따라 역할극이 진행된다.)

지 도 자: 어떻게 변하나요?

스물일곱: 저는 무조건 잘못했다고 해요. 그러면 그런 식으로 말하지 말고 확실하게 이야기하라고 다그쳐요. 그러고 나서 때리기 시작해요. 때리기 시작하면 아기가 눈치를 채고 방을 들여다보며 엄마를 찾으면서 왔다 갔다 해요. 애한테는 나쁜 말을 하거나 화를 내지 않아요. 저는 계속 맞아요. 몇 시간 동안 계속 맞다가 제가 쓰러져야 끝이 나요. (역할극이 지속된다.)

지 도 자: 고맙습니다. 이제는 역할을 하셨던 분들과 지켜보고 계신 분들의 느낌이 어떤지 나누어 볼까요?

송아지(아이의 역할을 하였던): 불안해져서 그림 그리고 노는 데도 자꾸 방을 돌아보게 되고요. 그리고 제가 실제 ○○가 아닌 데도 그림을 그리는 선이 길쭉길쭉, 삐쭉삐쭉해지고, 아무리 동그라미를 그리려고 해도 불안해서 고운 선이 안 나와요. 그래서 겁이 나 '엄마, 엄마.' 하면서 조르잖아요.

스물일곱: "엄마 괜찮아? 엄마 괜찮아?" 라고 말해요.

지 도 자: 아이도 상황을 불안하게 느끼는 것이지요.

스물일곱: 조금 있다가 또 물어봐요. "엄마 괜찮아?" 하면서 방으로 들어와요.

송 아 지: 지금 제가 너무 불안했던 것 같아요.

지 도 자: 다른 분들은 보시면서 어떤 느낌이 들었어요?

새 벽 별: 저는 "어, 이리 와." 하고 찾을 때 마음이 불안해졌어요.

지 도 자: (스물일곱에게) ○○가 왔다 갔다 하면서 "엄마 괜찮아?" 할 때 느낌이 어땠어요?

스물일곱: 아빠가 애한테는 절대로 나쁜 모습을 안 보여 주려고 하니까 애가 절 좀 도와줬으면 하는 생각이 들더라고요. 엄마한테 와서 안기거나 좀 울거나 안 가려고 했으면 싶더라고요.

지 도 자: 저는 이걸 보면서 폭력이 있는 상황에서는 직접 폭력을 당하는 사람의 고통은 말할 것도 없지만 가족들, 특히 아이들이 많이 영향을 받는다는 것을 느꼈어요. 여러분은 어떤 것을 느끼셨나요?(2004년 10월 N쉼터 집단 2회)

3. 동물로 가족 표현하기

동물로 가족 표현하기는 가족과 생김새나 성격이 비슷하다고 생각되는 동물 그림을 오리거나 찢어서 도화지에 붙이도록 하는 것이다. 다양한 동물모습이 그려져 있는 자료를 피해여성들에게 한 부씩 나누어 준다. 동물 그림 자료에 사나운 동물뿐 아니라 귀여운 동물, 순한 동물 등 다양한 동물을 포함시키면, 피해여성들이 표현하고자 하는 가족 이미지를 찾는 데 도움이 된다. 동물로 표현하기는 가정폭력이나 성폭력 집단프로그램에서 자주 사용되는 기법인데, 집단운영의 측면에서 다음과 같은 장점을 가진다. 첫째, 집단 구성원 모두가 함께 참여할 수 있다는 장점이 있다. 둘째, 그림 그리기와 같이 손재주가 필요한 것도 아니고 토론에서와 같이 언어 표현능력이 요구되는 것도 아니기 때문에 누구나 부담 없이 작업할 수 있다.

이런 장점 이외에도 동물로 가족 표현하기는 잘 활용하면 치료적 효과를 거둘 수 있다. 우선, 동물 그림을 오리거나 찢는 작업은 그 자체로 재미있을 뿐 아니라 스트레스를 해소시키는 효과가 있다. 둘째, 동물을 통해 가족 구성원의 특징적 성격을 뚜렷하게 드러낼 수 있을 뿐 아니라,[1] 그림에 무엇인가를 보태거나 특정 부분을 찢어 내는 등 마음을 표현하는 작업이 가능하다. 다음 사례에서 대나무(별칭)는 가해남편으로부터 자신과 자녀들을 보호하기 위해 울타리를 든든하게 만들었고, 안개꽃(별칭)은 사나운 표정의 개(남편)를 도화지에서 찢어 냈고, 현미(별칭)는 뱀(남편)을 눌러놓기 위해 커다란 돌을 그려 넣었다. 셋째, 가족그림이나 폭력 상황 시각화에는 비교적 제한된 가족 구성원이 등장하지만, 동물로 가족 표현하기에서는 원하는 만큼의 동물을 오려 붙일 수 있기 때문에 확대가족과의 관계까지 살펴볼 수 있다는 장점이 있다. 특히 우리 문화에서와 같이 결혼생활에 확대가족이 커다란 영향을 미치는 문화에서 폭력을 확대가족의 맥락에서 살펴보는 것은 유용하다.

지도자: 좋은 사람은 아름답게, 싫은 사람은 기분 나쁘게 꾸며 주어도 됩니다. 마음에 드는 그림이 없다면 자신이 직접 그려도 됩니다. 한

---

1) 예를 들어, 가해자는 주로 사나운 동물로 표현된다. 호랑이는 남편의 포악함에 대한 두려움을 표현할 때 그리고 뱀은 잔인하고 사악한 남편을 표현할 때 많이 등장한다. 이를 통해서, 피해여성이 가해남편을 어떻게 느끼는지 그리고 무엇 때문에 고통스러웠는지 등 다양한 것을 이해할 수 있다.

나
나
아기
나
아기
나
나

사람이 가진 여러 가지 성격을 표현해도 좋습니다. 가족의 범위는 자신이 원하는 대로 정해도 됩니다. (작업이 진행됨) 그림을 완성하신 분은 동물 그림 밑에 누구를 비유했는지 가족관계를 적어 보세요. 무얼 하고 있는 모습인지, 왜 이런 표정을 택했는지 생각해 보세요. (작업이 진행됨) 이제 한 사람씩 자신의 가족그림을 소개해 주세요. 어떤 마음으로 만들었는지, 하면서 어떤 것을 느꼈는지, 그림 속의 가족들은 무엇을 하고 있는지 이야기해 주세요.

대나무: 남편은 사납게 날뛰는 황소였다가 사고가 나면 슬며시 꼬리를 감추는 사악한 뱀과 같아요. 남편은 싸움거리를 찾아 일을 만들어요. 같은 하늘 아래 사는 것도 싫어요. 첫째는 겁이 많아요. 새처럼 자유롭게 날게 하고 싶어요. 둘째는 나에게 평온을 가져다 줘요. 고집도 세고 호기심도 많아요. 셋째는 순해요. 세상의 아름다운 걸 많이 보여 주고 싶어요. 나는 새끼들을 지키는 어미새예요. 새끼들을 해롭게 하는 모든 것들을 이 세상에서 없애 버리고 싶어요.

지도자: 남편이 뱀이라면 나는 독수리가 되어서 뱀을 없앨 수 있지요. 내가 더 강해지면 되지요. 그림에 쳐 놓은 울타리를 보니 안전해 보이네요. 더 추가해서 표현하고 싶은 것이 있나요?

대나무: (그림에 울타리를 더욱 튼튼하게 그려 넣고 만족해했다.)

안개꽃: 아이들과 하나로 뭉쳐서 행복하게 살고 싶어요. 아들이 지금은 떨어져 있어요. 딸도 함께 있다가 지금은 따로 살고 있지만 잘 해내고 있는 것 같아서 대견해요. 남편은 어두운 암흑에 가두어 둬야 해요. (남편 이미지인 사나운 표정의 개 그림을 도화지에서 찢어 오려 냈다.)

지도자: 안개꽃이 가운데 서서 자신과 아이들을 잘 지키고 있는 모습이 힘 있어 보여서 좋아요.

현 미: 남편은 나를 너무 많이 부려 먹었어요. (울음) 고삐에 묶여 힘들

어 지친 말의 모습이 나예요. 대자연이 나의 마음을 알아줄 거예요. 나는 너무 힘들어서 죽겠는데 아무도 몰라 줘요. 말할 수도 없어요. 큰아들은 먹는 것을 좋아해서 살이 쪘어요. 둘째는 나랑 비슷해요. 눈치도 빠르고 잘 헤쳐 나가요. 딸은 귀여워요. 남편은 뱀이에요. 무겁고 큰 돌로 머리를 눌러서 꼼짝 못하게 하고 싶어요. 남편이 없으면 아이들을 더 잘 키울 수 있을 것 같아요. (뱀을 눌러 놓기 위해 뱀의 머리 위에 커다란 돌을 그려 넣었다.)(2007년 4월 W쉼터 집단 2회).

제2절 폭력에 대한 이해

앞에서 살펴본 '가족그림 그리기' '폭력 상황 시각화하기' '동물로 가족 표현하기'와 같은 집단 활동은 가정폭력이 가족에게 미치는 영향을 느껴보고 시각화하도록 돕는다. 이와 같은 집단 활동이 끝나면 피해여성들과 함께 폭력을 논의하는 시간을 갖게 된다. 이때 집단지도자에게 필수적으로 요구되는 것은 피해여성들을 존중하고 따뜻하게 대하는 태도와 집단지도에 대한 경험과 훈련이다. 피해여성들은 신체적 학대와 더불어 비하적인 언어폭력 경험이 많으며 심리적으로 위기상태에 있기 때문에, 이들에게 따뜻하게 다가가고 인간적인 존중을 보여 주어야 말문을 연다. 이에 따라 집단지도자는 피해여성들에게 신뢰, 존중과 따뜻함을 보여 주는 태도와 더불어 프로그램을 이끌어 나가는 능력을 갖추어야 한다.

집단프로그램에서 나누는 폭력에 대한 논의는 일정하지 않다. 각각의 피해여성이 경험한 폭력이 다르기 때문에 집단마다 이들이 풀어내는 이야기도 달라질 수밖에 없다. 이와 같이 집단마다 논의되는 내용이 다르기 때문에 이를 일반화하는 데 한계가 있다. 여기에서는 지난 10년 가까이 폭력에 대한 이해 세션에서 나왔던 내용들을 재구성하여 제시하고자 한다. 이와 더불어 집단지도자가 어떤 역할을 하는지 살펴보고자 한다. 단, 폭력에 대한 논의가 정형화되어 있는 것이 아닌 것처럼 집단지도자의 역할도 정형화하기 어렵다. 집단지도자는 피해여성들이 풀어내는 이야기에 맞추어서 그때그때 새롭게 이해하고 정리하도록 도울 수밖에 없다.

1. 가정폭력의 특성을 이해하게 돼요

가정폭력 피해여성들은 자신들이 경험한 폭력 이야기를 나누면서 자연스럽게 공통의 경험임을 깨닫게 된다. 다시 말해서 한 명의 피해여성이 자신의 경험을 이야기하면 다른 여성들도 동일한 혹은 유사한 경험을 하였다고 털어놓는 것을 보면서, 그들의 경험이 개인적인 것이 아니라 공통된 경험임을 깨닫게 된다. 집단지도자는 이런 공통성을 지적해 줌으로써, 바로 이런 것들이 폭력의 특성임을 이해하도록 돕는다.

◉ 폭력은 지속되는 것[2)]

많은 피해여성들은 남편이 변화하기를 희망하면서 참고 산다. 가해자들은 피해여성이 희망을 갖도록 만드는 데 익숙하다. 가해자는 배우자를 상실할 가능성이 보이면 변화하겠다는 온갖 약속을 하지만, 일단 용서를 받으면 학대적 행동으로 돌아간다(Weiss, 2003: 55). 아래 사례에서는 "몇 번인지 몰라요."라는 강물(별칭)의 발언에 "정형외과 단골이에요. 수도 없어요."라고 축복(별칭)이 반응하고 있다.

---

2) 가해자가 모든 인간관계에서 폭력적인 것은 아니다. 물론 가해자는 그렇지 않은 사람들보다 일반적 폭력 수준이 높기는 하지만, 대다수 가해자는 친밀한 관계에서만 폭력을 사용한다(Hotaling, Straus, & Lincoln, 1990; Jacobson & Gottman, 1998; Bancroft & Siverman, 2002: 23-24에서 재인용).

강　물: 맨 처음에도 머리를 때려서 옆집 아줌마가 말렸어요. 몇 번인지 몰라요. 방바닥에서도 때리고, 머리를 누르고, 머리칼을 다 뽑아 놓았어요.

축　복: 우린 정형외과 단골이에요. 매번 머리 터져서 꿰매고 한의원에서 침 맞고…… 수도 없어요.

지도자: 폭력은 한 번에 그치는 것이 아니라 지속되는군요. 이에 대해서 더 말씀 나누실 분 계신가요?(2002년 4월 W쉼터 집단 2회)

◉ 폭력이 순환되면서 점점 더 심해져요

폭력의 지속과 더불어, 피해여성들은 폭력이 점점 더 심해진다고 지적한다. 아래 사례에서 가해남편은 절대 안 하겠다고 약속하지만 폭력은 지속되고, 그 강도도 점점 심해지고 있다.

*****

그래서 '좀 참아 보자. 나아지겠지.' 했는데, 구타가 한번 시작되면, 자기는 절대 안 하겠다고 했지만, 일이 안 되거나 화가 나면 또다시 때리더라고요. 최근에 구타가 시작됐는데, 누워서 자는 척하면 이불을 치우면서 얼굴 좀 보라고 하고, 얘기를 안 하면 말 안 한다고 구타를 하고, 혁대를 풀러 머리를 내려치더라고요. 순간 '이건 아니다. 날이 갈수록 강도가 더 심해지는구나.' 싶었어요(2004년 4월 W쉼터 집단 2회).

◉ 절대로 나아지지 않아요

폭력이 지속되면서 어느 시점에서인가 피해여성들은 폭력이 시간이 흐른다고 해서 저절로 나아지는 것이 아님을 깨닫게 된다. 피해여성에게 있어서 이런 깨달음은 의미가 있다. 가해남편이 변화하지 않을 것임을 깨달음으로써[3)] 피해여성은 가정폭력이라는 현실을 인정하고 가해남편을 떠나는 결단을 내린다. 필요시 집단지도자는 가해자 자신이 변할 수 있다는 의지 없이는 변화가 불가능한데 안타깝게도 가해자 스스로 이런 결단을 내리는 경우는 드물다(Weiss, 2003: 56)는 점을 설명해 줄 수 있다.

*****

길에서 머리를 잡아끌어도 (사람들이) 안 말려 줘요. 이장이 머리채 잡은 걸 보고 말려 줬어요. 그래서 경찰에 신고하고 나서 동생 집에서 이틀 저녁 자고 병원에서 진단서 끊었어요. 경찰서에서 (남편을) 그냥 내보내줬어요. 죽기 전엔 그 버릇 못 고쳐요(강물)(2002년 4월 W쉼터 집단 2회).

2. 아동도 폭력에서 벗어날 수 없다는 것을 이해하게 돼요

1) 가정폭력의 목격자이면서 아동학대의 피해자이기도 해요

가정폭력이 가족이라는 맥락에서 발생한다는 점에서, 아동이 가정폭력 상황에서 벗어나는 것은 불가능하다. 아동이 가정폭력을 목격하는 것은 흔한 일이며 심지어 아동학대의 피해자가 되기도 한다.

◉ 가정폭력을 목격하는 것만으로도

때로 가해자는 아동이 보는 데서 아내를 때리지 않았으니까 아동이 모를

3) 물론 가해남편이 변할 수 있다. 그러나 이는 가해자 자신이 변화하겠다는 의지를 가지고 전문적인 도움을 받을 때 가능할 것이다. 대다수 가해자는 자신이 변화해야 할 필요가 있다는 것을 인정하지 않는다는 점에서, 피해여성의 입장에서는 가해남편이 절대로 변화하지 않는다고 인식할 수 있다. Weiss는 어떤 조건하에서 가해자가 변화할 수 있는지를 제시하고 있다. 예를 들어, 현재 또는 과거 배우자에 대한 자신의 심리적, 성적 및 신체적 학대를 전적으로 인정하고 학대는 무조건적으로 잘못된 것임을 인정하는 것, 그의 행동은 통제를 상실한 것이 아니라 자신의 선택이었음을 인정하는 것, 학대가 피해여성과 자녀들에게 미치는 영향을 인정하고 공감하는 것, 자신의 통제적 행동패턴과 때릴 자격이 있다는 태도를 자세히 규명하는 것, 학대적 행동을 대체할 수 있는 상대방을 존중하는 행동과 태도를 발달시키는 것 등이다(Weiss, 2003: 56-59).

것이라고 생각하기도 한다. 그러나 이는 착각이다. 대다수 아동은 가정폭력을 목격한다. Hughes(1992)는 90%의 사례에서 아동은 가정폭력이 발생하는 방이나 옆방에 있었음을 발견하였고, Abrahams의 연구에서는 73%의 아동이 어머니에 대한 폭력을 직접 목격한 것으로 나타났다(Hughes, 1992; Abrahams, 1994: Radford & Hester, 2006: 61에서 재인용).

가해자뿐만 아니라 피해여성도 때로 잘못 생각한다. 피해여성은 가해남편이 아동을 학대하지 않는다는 것에 대해 안도하고 있다. 그러나 피해여성의 생각과는 달리, 아동은 가정폭력을 목격하는 것만으로도 여러 정서적 및 행동적 문제를 발생시킬 가능성이 높다.

*****

애 아빠는 애한테는 손을 안 대고 참 잘해요. 그거 하나는 마음이 놓여요.(축복)(2002년 4월 W쉼터 집단 2회).

Bancorft와 Siverman은 "가정폭력에 노출된" 이라는 표현만으로는 부족하다고 하면서, "가정폭력 가해자에게 노출된 아동" 이라는 표현이 보다 정확하다고 지적한다. 보다 구체적으로 집안에서 가해자의 존재는—대체적으로 부모의 역할에 있어서—가족 기능에 광범위하게 영향을 미친다. 아버지로서 가해자는 권위주의적이면서도 방임적인 경향이 있을 뿐 아니라, 어머니의 권위와 아동을 돌보는 능력을 잠식시킴으로써 어머니-자녀 관계에까지 영향을 미친다(Bancroft & Silverman, 2002: 2). 피해여성들은 자녀들이 매를 맞지 않는다고 하더라도 가정폭력을 눈치채고 있다는 것과 이로 인한 고통을 받는다는 것을 점차 이해하게 된다.

◉ 가정폭력과 더불어 아동학대가 일어나기도

가정폭력 가해자에게 노출된 아동은 신체적 학대의 표적이 될 위험이 높다고 밝혀져 왔다(Bancroft & Siverman, 2002: 1). 필자들이 진행한 집단프로그램에서 이루어진 논의도 이를 뒷받침한다. 상당수의 가해자들은 아내에게 폭력을 사용할 뿐 아니라 아동을 학대한다. 이 아동들은 가정폭력의 목격자일 뿐 아니라 스스로가 아동학대의 피해자이기도 하다. 한 여성은 자신의 아들이 매 맞을까 두려워 '항상 좇아 있다.'라고 표현한다.

*****

아들은 항상 좇아 있어요. 우리 애 아빠는 애들을 때리다가 화가 나잖아요, 그러면 흰 눈동자가 빨갛게 변하면서 어떻게 하지는 못하고……. 죽이고 싶은 거예요. 자기 분을 못 참아서 자기가 죽을 것 같은 그런 사람이에요(오뚝이)(2002년 4월 W쉼터 집단 2회).

Radford와 Hester에 의하면, ① 가정폭력 가해자는 직접적으로—신체적 그리고/또는 성적으로—아동을 학대한다. ② 어머니에 대한 폭력을 목격하는 것은 학대적이며 아동에게 치명적인 영향을 미친다. 그리고 ③ 가정폭력 가해자는 여성에 대한 폭력의 일환으로서 아동을 학대할 수도 있다(Radford & Hester, 2006: 52). 이에 따라 집단지도자는 아동이 가정폭력의 목격자이자 아동학대의 피해자일 수 있다는 것뿐 아니라, 가정폭력과 아동학대가 발생하는 메커니즘—가해자가 피해여성에게 고통을 주기 위한 수단으로 아동을 학대할 수도 있다— 에도 관심을 가져야 한다.

2) 그래도 아이들은 알아요

대체적으로 가해자들은 자녀들이 보건 말건, 이웃이 보건 말건 심지어는 행인들이 지켜보는 길거리에서도 폭력을 행하지만, 일부 가해자는 자녀들이 보는 데서는 폭력을 사용하지 않는다. 그러나 다음의 사례들에서와 같이, 폭력이 자녀들 면전에서 행해지건 아니건 간에 아이들은 엄마가 매를 맞고 산다는 것을 알고 있다.

*****

아이가 좀 크니까 눈치가 있어서 제가 마지막으로 집을 나올 때 엄마 핸드폰 가져오라고 시켰어요. 말수가 별로 없는데도 다 알더라고요. 엄마와 아빠의 관계를……. 집에 남아나는 게 없고 다 흉기가 되어서 유리조각이 집에 굴러다니니까(새싹).

큰애는 항상 놀란 토끼처럼 눈이 둥그레졌어요, 언성만 높아지면……. 큰애 때문에 가슴이 많이 아파요(사랑 받기 위해 태어난 사람).

(남편이) 때리려고 뛰쳐나오니까 아기가 놀래서 바깥으로 나왔어요. 아빠가 망치로 때리고 사랑하지 않는다고 나가라고 그러곤 했어요. (울음) 그래서 애를 데리고 나왔어요(안개꽃)(2002년 4월 W쉼터 집단 2회).

앞의 사례에서 심지어 두세 살 아동이 폭력이 일어나는 상황에서 무엇인가 이상함을 느끼고 '엄마 괜찮아?'라는 말을 반복하는 상황을 보았다. 그리고 다음에서 제시한 사례에서는 피해여성이 막내는 어려서 모른다고 이야기했지만, 항상 불만이고 아빠하고 말하지 않는다는 것으로 보아 폭력 상황을 눈치채고 있을 가능성이 높다. 흔히 부모들은 가정폭력을 아동에게 숨길 수 있다고 믿거나 가정폭력을 이해하기에는 너무 어리다고 믿고 있지만, 실제로는 모든 아동들이—설사 아주 어릴지라도—폭력을 인식하고 있음이 최근 연구에서 밝혀지고 있다(Radford & Hester, 2006: 69; Weiss, 2003: 27).

어린아이도 알아요

아주 어린 아동들은 그 당시에는 그것(가정폭력)이 무엇인지 이해하지 못하면서도, 폭력이 발생한다는 것을 인식하고 부정적인 영향을 받게 된다(Hester & Pearson, 1998; Radford & Hester, 2006: 69에서 재인용). 피해여성들과 전문가들은 2세 미만의 아동이 가정폭력에 영향을 받지 않을 것이라고 생각해 왔다. 즉, 피해여성들은 아동이 폭력을 목격하지 않도록 방패막이 되었다고 믿었다. 아동이 폭력이 발생하는 장소에 없었거나 밤에 발생하였을 경우, 피해여성들은 아동이 폭력을 깨닫지 못했을 것이라 믿고 폭력이 아동에게 미치는 영향을 과소평가해 왔다. 그러나 Hester와 Pearson은, 아동들은 그들이 아는 것이나 관찰한 것에 대해 침묵하는 경향이 있으며 (말하는 것이) 허용된다고 느껴야 이에 대해 언급한다는 것을 발견하였다(Hester & Radford, 1996; Hester & Pearson, 1998; Radford & Hester, 2006: 69에서 재인용).

◉ 아동들은 폭력에 여러 방식으로 반응해요

아동들은 폭력에 여러 가지 방식으로 반응한다. 다음의 사례에서 보는 바와 같이, 이런 상황이 싫고 마음이 아프지만 자신의 힘으로 어찌할 수 없으니까 외면하는 자녀들도 있다.[4] 그리고 심한 폭력 속에서 자신의 상처를 숨기고 무표정해지기도 한다. 때로 자녀들은 아버지에게 불만을 표현하거나 말을 하지 않는 등 소극적인 태도로 폭력에 반대한다는 의사를 표명하기도 한다.

설사 매를 맞지 않는다고 할지라도 아이들에게 있어서 가해 아버지는 두

4) 매 맞는 여성의 자녀들은 정서적으로 어머니와 거리를 두고자 하기도 하며, 특히 남자아이들은 더욱 그러하다. Bancroft와 Siverman은 남자아이와 여자아이 모두가 매 맞는 어머니와 거리를 두고자 하는 것을 관찰하였다. 심지어는 다섯 살짜리 어린아이에게서도 이런 경향이 나타났으며, 여덟 살 이상의 남자아이 및 10대의 남자아이와 여자아이에게서 강하게 나타났다고 지적한다. 아동들은 점차 가해 아버지가 어머니를 대하는 태도를 받아들이게 되며, 자신들이 어머니보다 우월하다고 느끼게 되고 어머니와 연관되어 있다는 데 수치심을 느낀다. 더구나 아동들은 어머니와 동맹하는 것을 가해 아버지가 보게 되면 언어적 및 신체적 폭력으로 보복할 것이라는 두려움을 느낀다(Bancroft & Siverman, 2002: 70).

려운 존재일 수밖에 없다. 일부 아동은 아버지 앞에서는 자신의 안전을 위해 비위를 맞추려고 한다.[5] 그러나 아버지가 없을 때는 매를 맞는 어머니를 동정하고 자신들의 의견("엄마, 왜 그러고 살아?")을 분명하게 이야기하기도 한다.

*****

작은애는 항상 불만이에요. 아빠하고 말을 안 해요. 한마디도 안 해요. 막내는 아직 아무것도 몰라요. 큰애는 뭘 좀 아니까 듣기 싫어서 컴퓨터 음악 크게 틀어 놓고, 친구들끼리 대화하고 그래서 모르는 줄 알았어요. 근데, 큰애가 다 알고, "엄마 왜 그러고 사냐? 살지 마라." 이제 6학년인데 그런 소리를 하더라고요. 그때 많이 좀 위로를 받았어요(2004년 4월 N쉼터 집단 2회).

애 아빠 들어올 시간만 되면 초긴장 상태예요. 큰애는 방에서 나오지도 않고 아들은 일부러 애교를 떨어요. 큰애한테 아빠 오시면 억지로라도 인사하게끔 시켜요. 그러면 인사 한 번 하고 다시 방에 들어가 공부하는 척하죠(오뚝이)(2002년 4월 W쉼터 집단 2회).

애들은 무표정이에요. (가해자가) 하루에도 몇 번씩 좋았다 나빴다 변하고요. 술 먹으면 팍 돌아 버려요. 맞으면서 제일 기억에 남는 건, 벨트를 목에다 묶고 홀라당 벗기고 끌고 다니던 것과 쇠파이프로 맞아서 경찰서로 끌려갔던 것인데, 그때 누군가가 신고 안 해 줬으면 진짜 병신이 되었을 거예요(2004년 4월 N쉼터 집단 2회).

5) 심한 경우, 가정폭력을 목격하는 아동들은 가해자와의 결속을 유지하는 것이 자신들의 안전을 확보하는 방법이라고 생각한다. 때로 이들은 어머니와 동맹을 맺는다고 가해자에게 인식되면 그들 자신이 위험에 처하게 될 것이라고 느낀다(Bancroft & Silverman, 2002: 41).

◉ 자녀들이 개입을 시도하기도 해요

가해 아버지에게 맞선다는 것은 무척이나 두려운 일이지만, 때로 자녀들은 직접적으로 개입을 시도하기도 한다. 특히 자녀가 청소년기에 이르러 아버지에게 신체적으로 맞설 만큼 성장하면 매를 맞는 어머니를 보호하기 위해 직접적인 행동을 취하기도 한다.

*****

식구가 4명인데, 내가 제일 작아요. 큰애도 크고 작은애도 덩치가 커요. 특히 작은애가 운동을 하다 보니까, 항상 나를 지켜 줬어요. 중2까지만 해도 몰랐는데, 중3이 되다 보니까 나를 방어해 주더라고요. 예전에는 싸우나 보다 하면서 자기 방에서 안 나오더니, 언제부턴가 나를 방어해 줬어요.

아들이 항상 막아 줘서……. 아들이 아무 표정 없이 만날 엄마를 위해서 막아 줘요. 저하고 딸은 꼼짝도 못하고 뒤에 서 있어요.

애들에게 싸우는 모습을 보이지 않으려고 도망을 가면 저를 어느새 낚아채서 질질 끌고 와요. 끌고 와서 밤에 더 패는 거예요. 너무 심해지면 아들이 와서 아빠를 잡고 그 순간에 제가 도망치는 거예요(2004년 4월 N쉼터 집단 2회).

자녀가 가해 아버지에게 저항하는 것에 대한 연구는 극히 드물지만, Bancroft와 Silverman은 피해여성과 자녀가 함께 탈출계획을 수립하고, 서로의 자유와 안전을 보호하기 위해 가해자에게 거짓말을 해 주며, 폭력 사건이 발생할 때 경찰에 신고해 주는 사례들을 접하였다고 지적한다. 또한 이들은 어머니와 자녀들이 가해자에게 저항하고, 자기비난을 하지 않으며, 무서운 사건에서 회복되도록 서로를 지지하는 많은 사례들을 만났다고 보고한다. 이들에 의하면, 가정폭력 상황에도 또한 피해여성과 자녀들의 관계를 잠식시키는 가해자의 전략에도 상당수의 피해여성들이 자녀와의 관계를 잘 유지하는 데 성공하며, 이는 어머니-자녀 관계의 탄력성 측면에서 관심을 가질 필요가 있다(Bancroft & Siverman, 2002: 81).

3) 폭력이 아동에게 미치는 부정적 영향을 인식하게 돼요

가정폭력이 자녀들에게 나쁠 것이라고 막연하게 생각해 왔던 피해여성들은 집단 논의를 통하여 이에 대해 확실하게 깨닫게 된다. 무엇보다도 자녀를 위해 가정폭력을 참고 살아온 피해여성들은 자신들이 생각했던 것보다 가정폭력이 아동에게 훨씬 더 부정적 영향을 미친다는 사실을 깨닫고 마음 아파한다.

*****

> 이 프로그램을 통해 폭력에 대해 느낀 것이 있어요. 그동안 아이들이 폭력으로 인해 아플 것이라는 생각을 못했거든요. (중략) 아이들이 정말 힘들었겠구나 하는 것을 정말 늦게 깨달았어요(2004년 4월 N쉼터 집단 2회).

집단에서 논의된 구체적 상황들을 거론하면서 폭력이 아동에게 미치는 영향을 정리해 주면 효과적이다. 피해여성들은 자녀에 대한 걱정이 많으므로 이에 대해서 다시 논의하게 될 것임을 알려 주도록 한다.

*****

> 가정폭력이 있으면 배우자뿐만 아니라 아이들도 매를 맞는 경우가 많지요. ○○네 가족에서처럼 아내는 때리지만 아이는 때리지 않는 경우도 있고요. 자칫 아이들이 직접 매를 맞지 않으면 괜찮을 것이라고 생각하고 싶지요. 그러나 매를 맞지 않는 아이들에게도 폭력을 목격한다는 것 자체가

상처가 돼요. 비행기(별칭)의 아이들은 두려워하면서 방에 숨어 있지요. 그런가 하면 나리꽃(별칭)의 아이들은 컴퓨터를 하면서 폭력을 피하고 있지요. 이런 것들이 이미 아이들이 상처를 받고 있음을 보여 주는 것이지요. 그리고 아이들이 성장하면 엄마를 보호하기 위해 폭력에 직접 개입하고자 시도하는 경우도 있지요. 아버지와 맞서 싸우다가 다치는 경우가 보고되기도 합니다. 자녀들에 대해 걱정이 많은 것을 잘 알고 있습니다. 자녀에 대해서는 차후에 좀 더 자세히 논의할 것입니다(2004년 4월 N쉼터 집단 2회).

3. 가해자의 특성과 전략에 대한 통찰력이 생기기도 해요

흔히 피해여성들은 가해자의 통제 전략 패턴을 보지 못한다(Weiss, 2002: 21). 이는 숲에 있으면 숲을 볼 수 없는 것과 마찬가지다. 신체적 폭력은 가장 명백한 전략이다. 그러나 가해자는 신체적 폭력 이외에도 피해여성을 통제하기 위해 여러 가지 전략을 사용한다. 가해자는 피해여성을 비난함으로써, 피해여성을 고립시킴으로써, 돈을 통제함으로써, 마인드 게임을 통해서,[6] 의사결정을 통해서,[7] 질투를 통해서, 자녀를 통해서, 비난을 통해서, 언어적 위협을 통해서, 섹스를 통해서, 신체적 위협을 통해서 피해여성을 통제한다(Weiss, 2003: 17-19).

집단에서 폭력의 이유에 대해 논의하면, 가해자의 특성과 전략을 쉽게 파악할 수 있다. 보다 구체적으로, 피해여성들은 가해남편들이 정당한 근거 없이 폭력을 쓴다는 것, 피해여성의 성격이나 능력을 비난한다는 것, 피해여성을 고립시킨다는 것, 피해여성에게 폭력의 책임을 전가한다는 것 등을 깨닫게 된다.[8] 그뿐 아니라 가해남편들이 '아무것도 할 수 없는 사람'

---

6) 가해자는 잔인한 말을 하고 나서 피해여성에게 너무 예민해서 농담도 받아들이지 못한다고 말한다.
7) 가해자는 피해여성에게 너무 어리석어서 식료품을 제대로 고르지 못한다고 말하고 모든 것을 자신이 구입한다.

이라는 의존성을 각인시키려고 한다는 것을 알게 된다. 이들은 설사 능력이 부족하다고 해도(예: 요리를 못하는 것) 그것이 폭력의 이유는 될 수 없다는 것을 자각하게 된다.

지 도 자: 지금까지 여러분이 하신 이야기를 들으니까 (남편이) 특별히 이유가 있어서 때리는 것 같지는 않군요. 여러분들은 어떻게 느끼셨나요?

피해여성: 한 번은 내가 왜 때리냐고 하니까, 뭐 때문에 고쳐야 된다, 성질이 못됐다, 성격을 고쳐야 된다, 그렇게 해선 다른 데서도 못 산다는 식으로 말하면서 때리더라고요. 무조건 나한테 잘못이 있다고 비난하고 때리는 거지요.

피해여성: 저도 많이 비슷한 것 같아요. 요리 못한다고 트집을 잡으면서 때렸어요.

지 도 자: 살림 못하면 매를 맞아야 하나요?

피해여성: 그런 거 아니죠. 국을 제대로 못 끓여도 사랑받고 사는 여자들도 많잖아요. 그건 핑계이지요.

피해여성: 저는 막내예요. 어머니가 혼자 계시는데 친정에 신혼 초에 가 보고 여태 가 본 적이 없어요. 신랑은 우리 엄마한테 전화 한 통도 하지 않고요. 근데, 시댁에는 일이 있으면 제가 일주일 먼저 가서 음식 장만하고 밥을 지어야 해요. 그것도 시댁이 재래식이라 몸빼 바지를 입고서……. 그런데도 신랑은 저한테 살림을 못한다고 해요. 너는 이것도 저것도 못하고, 제대로 하는 것이 아무것도 없다며 일만 그르친다고 해요(2004년 4월 N쉼터 집단 2회).

---

8) Bancroft와 Siverman에 의하면, 책임을 전가하는 것은 가해자의 대표적 특성의 하나다. 가해자는 파트너의 행동을 비난하거나(그 여자는 정말로 내 성질을 건드린다) 다른 원인들(스트레스, 약물남용, 아동기 이슈, 견디기 어려운 정서적 상태) 탓으로 돌린다(Bancroft & Siverman, 2002: 17).

4. 대처노력에 대한 긍정적 인식전환을 가져와요

집단에서 피해여성들의 대처노력에 대해 논의하는 기회를 갖는 것이 바람직하다. 피해여성들이 폭력에 어떻게 대처해 왔는지 규명하고, 대처노력을 긍정적으로 이해하도록 도울 필요가 있다.

◉ 대개는 소극적 방법으로 대처한답니다

아래 사례에서 보는 바와 같이 대체적으로 피해여성들은 가해남편에게 빌거나, 도망치고 혹은 수동적으로 맞서는 소극적 방법으로 폭력에 대처한다.

안개꽃: (다른 여성이 심하게 매 맞은 이야기를 듣다가) 맞으면 얼른 도망가야지.

축 복: 난 고집이 있어서 안 도망가.

안개꽃: 난 내 몸이 아프면 막 도망가는 거야.

지도자: 폭력이 있을 때 어떻게 반응하는지 잠시 이야기를 나눠 볼까요?

축 복: 저는 말대꾸해요. 잘못한 게 없으니까 말로 하면 내가 이기거든요. 그러면 애 아빠는 그때부터 기물을 부숴요. 그러면 나는 옆에서 "그래, 부숴라. 부숴."라고 말해요.

안개꽃: 난 도망하기보다 미리 내가 잘못했다고 해요. 그리고 애를 업고 화장실로 숨는 거야. 안에서 잠그니까 망치로 (화장실 문을) 부수더라고요. 나는 때리려고 하면 미리 선수치고 나가요.

오뚝이: 저는 막 빌고 살려 달라고 하면, 이불로 (나를) 덮고 베개를 올리고 그 위에서 해요(때려요). 그래서 차라리 입 다물고 가만히 맞고 있으면 (이불을 들추고) 또 (살아 있는지) 봐요.

지도자: 사랑은 어떠셨어요?

사 랑: "여보, 왜 이래. 그러지 말자. 내가 잘못했어." 그러지요.

지도자: 주로 빌거나 도망가거나 비교적 소극적인 방법들이 많았던 것 같네요. (축복을 가리키며) 축복은 좀 예외적이었던 것 같네요. 말대꾸를 해도 기물만 부수고 폭력은 없었나요?

축 복: 용감해 보았자 항상 피를 보니까 결국은 병원 신세를 지게 되죠. 그러니 도망 나오게 돼요. 한증막을 하는 친구가 있어 그곳에 가곤 했어요(2002년 4월 W쉼터 집단 2회).

◉ 그러나 처음부터 소극적으로 대처하진 않았어요

개인차가 있겠지만, 피해여성들이 처음부터 소극적인 방법으로 대처한 것은 아니다. 다음의 사례에서처럼, 말대꾸를 하거나 대항을 하면 더 심한 폭력이 유발되고, 대항을 할수록 폭력이 심해지는 것을 경험한 피해여성은 점차 매를 덜 맞는 소극적인 방법을 찾게 되는 것이다.

*****

처음 남편에게 맞았을 때는 내가 무엇을 잘못했나 싶어서 대들었어요. 같이 물건을 던지기도 하고 대응도 했지만 갈수록 폭력만 심해졌어요. 그래서 나중에는 덜 맞는 방법을 찾게 되었지요. 애들이 잘못하면 내가 잘못 가르친 거고, 아이가 울어도 내 잘못이고, 은연중에 모든 것이 내 탓이 되어 버렸어요. 더 이상 대꾸하지 못하고 나름대로 해소하는 방법을 찾았어요. 궁시렁거리면서 설거지를 하거나 물건을 거칠게 다룬다거나 하는 방식으로 화를 삭였지요. 시끄럽게 집안 정리를 해서 어떻게든 남편을 빨리 출근하게 만드는 것이 집안을 편하게 하는 것이었어요(대나무)(2007년 4월 W쉼터 집단 4회).

모든 가정폭력 피해여성이 그렇지는 않지만, 일부 여성들은 심한 상해를 입거나 살해되기도 한다(Weiss, 2003: 83). 생명을 위협하는 이러한 현실을 감안할 때, 단순히 피해여성들이 약하고 무력해서 소극적인 저항을 한다고 해석할 수는 없다. 역설적으로 이는 더 심한 폭력을 피함으로써 피해를 최소화하고 자신과 자녀들을 보호하기 위한 적극적인 대처였을 수 있다. 이런 인식의 전환은 스스로를 무력하다고 느끼는 피해여성들이 자신들의 대처노력을 긍정적인 시각에서 볼 수 있도록 돕는다.

◉ 드물게는 폭력에 맞서기도 해요

앞서 살펴본 바와 같이 피해여성들은 처음에는 폭력에 폭력으로 대항해 보기도 하지만, 폭력에 대항하면 더 심한 폭력이 발생한다는 것을 경험하면서 저항할 것을 포기하는 경향이 있다. 그러나 예외적으로 폭력에 대항하는 여성이 전혀 없는 것은 아니다. 이 경우, 가해남편의 폭력에 맞서는 것은 어려운 일이라는 것을 지적해 주고, 이들이 가해남편에게 맞설 수 있었던 힘과 용기에 대해 인정해 주면 피해여성들에게 힘이 된다.

*****

남편은 놀고 내가 돈을 버니까 나는 할 말은 다 했어요. 나에게 (남편이) "네가 맞을 짓을 했다."라고 말하면, 나는 "네가 나에게 해 준 게 뭐냐?"라고 따졌다가 더 맞은 것 같아요. 나에게 열등감을 느끼는 것 같아요(써니)(2007년 4월 W쉼터 집단 4회).

이상 살펴본 바와 같이 극소수의 피해여성을 제외하고 대다수 피해여성들은 소극적으로 대처하거나 저항을 포기한다. 집단지도자는 이들이 생명을 위협받는 상황에서 무기력했던 것이 아니라 피해를 최소화하고 아동과 자신을 보호하는 등 최선을 다해 대처한 것이라는 긍정적 시각을 갖도록 도와야 한다. 이와 같은 긍정적인 인식의 전환은 자아존중감을 향상시키며 앞으로의 삶을 설계해 나갈 수 있는 힘과 용기를 얻도록 도울 것이다.

제4장

왜 머무는가, 왜 떠나는가

앞 장에서 언급한 바와 같이, 가정폭력 연구 초기에서부터 '왜 머무는가?'는 커다란 관심을 받아 왔다. 그러나 최근에 와서는 '왜 떠나는가?'에 대한 관심이 증대하고 있다. 왜 머무는가와 왜 떠나는가를 이해하는 것은 피해여성이 폭력에서 벗어나도록 돕는 데 도움이 된다. 따라서 이 장에서는 피해여성들이 머무는 이유와 떠나는 이유를 집중적으로 고찰해 보고자 한다.

한편, 폭력에서 벗어나는 데 현실적으로 가장 장애가 되는 것이 경제적인 문제란 점에서 집단에서 이 이슈를 다루게 되면 피해여성들에게 도움이 될 수 있다. 여기에서는 피해여성과 가해남편이 성장한 환경과 이들의 경제활동 경험을 조명해 보고자 한다.

제1절 왜 머무는가

1. 머무는 이유들

'왜 피해여성들이 폭력에 머무는가?'가 학문적 관심을 받게 되면서 피해여성을 위한 집단프로그램에서도 이 주제가 빈번하게 다루어져 왔다. Weiss는 피해여성들이 머무는 이유로 두려움, 자녀, 종교, 고립 및 기타 현실적 여건들을 제시하고 있다(Weiss, 2003: 25-34). 여기에서는 사례를 토대로 피해여성들이 왜 머물렀는지를 살펴보면서 집단지도자의 역할에 대해 모색해 보고자 한다.

◉ 나아질 것이라는 희망 때문에

피해여성들은 폭력이 멈출 것이며 남편이 변화될 것이라는 희망을 가진다. 이런 희망 때문에 피해여성은 가정폭력에 머무르게 된다. '다음엔 그러지 않겠지.'라고 믿으면서 가정폭력을 참았다고 이야기하고 있다.

*****

결혼 초에는 괜찮았어요. 부부 사이도 좋았고. 그 사람이 포커를 하면서 점점 사이가 벌어지더라고요. 점점 포커에 빠져서 외박과 술이 잦아져 난 그런 사람이 싫다고 하니까 그게 잔소리가 되는 거죠. 잔소리가 되면서 구타가 시작되는 거예요. 처음에는 몇 번 참았어요. 처음엔 엄청 심해서 왼쪽이 다 멍이 들었는데도 다음엔 그러지 않겠지 하며 참았더니, 그게 아니더라고요(사람)(2002년 4월 W쉼터 집단 2회).

◉ 결혼에 대한 책임감 때문에

피해여성들은 결혼에 대한 책임감 때문에, 가정폭력에도 자신이 좀 더 노력한다면 남편이 변화할 것이며, 결혼을 유지할 수 있을 것이라 믿고자 한다.

*****

(폭력에도 머물렀던 것은) 결혼에 대해서 책임을 져야겠다는 생각 때문에 조금 지나면 나아지겠지, 내가 좀 더 잘하면 달라질 거야라고 생각했는데 시간이 지나도 변하지 않으니까……(오뚝이)(2002년 4월 W쉼터 집단 2회).

◉ 아직도 남아 있는 남편에 대한 애정 때문에

일부 피해여성들은 쉼터에 머무르다가 남편에게 돌아간다. 자녀문제나 경제적인 이유 등 다른 이유도 있겠지만, 이들이 남편을 떠나지 못하는 이유 중 하나는 아직까지 남편에 대한 애정이 남아 있기 때문이다.

*****

저는 애 아빠를 너무너무 사랑했어요. 사랑했기 때문에 이 사람 아니면 내가 살 수 없을 거라고 생각했어요. 22세에 만나서 다른 데 눈 한 번 안 팔고, 구두도 닦아 주고……. 맞고 나서도 그랬거든요(2002년 4월 W쉼터 집단 2회).

"학대는 사랑이 아니다(ABUSE IS NOT LOVE)."(Weiss, 2003: 11)라는 것은 자명한 사실이다. 그럼에도 가정폭력은 사랑과 학대에 대한 혼동을 초래한다. 가해자들은 흔히 폭력이 배우자에 대한 애정에서 나온 것이라고 주장한다(Bancroft & Siverman, 2002: 13).[1] 이에 따라 피해여성들이 가지

---

1) 특히 사랑과 학대에 대한 혼동은 아동들을 혼란케 한다. 예를 들어, 그들은 가해자가 소리를 지르

사랑해서 때린다

집단프로그램을 진행하다 보면, 간혹 '사랑해서 때린다.'는 가해자의 논리를 받아들이고 여기에서 벗어나지 못하는 피해여성을 보게 된다. 이들은 쉼터에 입소하더라도 잠시 머물다가 퇴소하는 경우가 많다.

일반적으로 피해여성들은 쉼터에 거주하면서 여러 서비스와 지원을 받고 외상을 치유하며, 남편을 떠나 홀로서기를 하거나 남편에게 돌아가게 된다. 남편에게 돌아가는 경우에도, 실무자의 도움을 받으면서 남편으로부터 폭력 재발 방지를 위한 약속을 받는 등 최대한의 안전조치를 취하게 된다. 그러나 때로 남편에 대한 애정이 왜곡되어서 이런 과정을 거치지 못하고 조기퇴소를 하는 안타까운 경우도 있다. 예를 들어, 심하게 매를 맞아서 온몸에 상처가 생기고 심지어는 뼈가 부러지는 골절 등의 상해를 입었으면서도 자신에 대해서는 걱정을 하지 않고 남편이 혼자서 힘들 것이라고 걱정하고 안절부절못하면서 내일이라도 당장 돌아가겠다고 하는 피해여성도 있다.

물론 남편에게 돌아가는 것은 피해여성 자신의 결정이므로 본인의 의사를 존중해야 하지만, 이들이 쉼터에 체류하는 기간 동안이라도 자신의 상황을 좀 더 객관적으로 볼 수 있게 도와준다. 특히 집단에서는 피해여성이 남편에 대한 걱정을 이야기해 보도록 하고, 다른 피해여성들로부터 피드백을 받는 과정에서 지금은 피해여성 자신의 몸을 돌보는 것이 우선이라는 점을 깨닫도록 한다. 위의 피해여성의 경우 유복한 가정환경에서 자랐지만 학업 등 삶의 모든 면에서 실패한 경험을 가지고 결혼하였고, 부모에게 결혼을 유지해 나가고 있다는 것을 보여 주는 데 과도하게 집착하고 있었다. 물론 한두 번의 집단프로그램으로 피해여성의 생각에 변화가 오기는 어렵겠지만, 가정폭력을 떠나는 것은 하나의 과정이라는 점에서 다른 피해여성들의 의견을 들어 보는 기회를 주도록 한다. 이와 더불어 개별상담을 통해 퇴소 후에 집으로 돌아가면 상황이 어떨지, 어떻게 대처할 예정인지 그리고 폭력이 너무 심하면 어떻게 다시 입소할 수 있는지 등 예견적 위기상담을 제공하도록 한다.

고 종국에는 어머니를 때리는 것을 듣거나 목격하게 될 것이다. 그리고 한 시간이 지난 후에 아동들은 가해 아버지가 어머니에게 울면서 사랑한다고 이야기하는 것을 듣게 될 것이다. 거기다가 가해자는 아이들에게 자신이 아내를 얼마나 아끼는지 직접 이야기할 수도 있다. 그러면서 그는 아이들에게 어머니가 무능력한 부모라거나 술중독자라고 비난할 것이다. 이런 상반된 메시지를 통해서, 아동들은 친절함과 잔인함이 상호 연관된다고 이해하게 되고, 이는 그들의 현재 또는 미래의 인간관계에 문제를 가져오게 될 것이다. 가정폭력에 노출된 어린 아동의 경우, 학대를 하지 않는 사람은 진짜로 그 사람을 사랑하지 않는 것이라는 잘못된 믿음을 가지게 되기도 한다(Bancroft & Siverman, 2002: 14).

고 있을 수 있는 사랑과 학대에 대한 혼동을 정리하도록 도와야 할 것이다.(Box 참조) 이와 동시에 피해여성들의 노력이 실패하긴 하였지만, 적어도 남편을 진심으로 사랑하고 이를 위해 노력했다는 것 자체를 긍정적으로 평가하도록 도울 필요가 있다.

*****

처음 아기 아빠가 절 때렸을 때 내가 널 사랑하기 때문에 때린다고 그랬어요. 내가 널 사랑하지 않으면 손을 안 댄다고 늘 그래 왔어요. 그래서 모든 여자들이 나 정도는 맞고 사는구나 생각했어요. 근데 강도가 점점 강해지는 거예요. 아무리 사랑해도 유분수지 여자를 목을 조를 정도로 때리면서 사랑한다는 게……, 이게 아니구나 싶더라고요. (중략) 그런데 나중에 점점 더 강도가 강해지고 내가 망가지는 걸 느끼면서 '이건 잘못된 사랑이고 건강하지 못한 사랑이구나.' 라고 느꼈죠. 나처럼 다 맞고 사는 게 아니더라고요. (중략) 지금은 절대로 때린다는 것이 사랑의 표현이 아니라는 것을 알겠어요(사랑)(2002년 4월 W쉼터 집단 2회).

◉ 자녀 때문에

피해여성은 자녀 때문에 가정폭력에 머물기도 하고 자녀 때문에 가정폭력을 떠나기도 한다. Weiss에 의하면, 피해여성들은 '가해자로부터 아동을 보호하기 위해 떠나야 하는가? 혹은 가족해체라는 고통으로부터 아동을 보호하기 위해 머물러야 하는가?' 라는 상충되는 상황에 처하게 된다(Weiss, 2003: 26).[2] 이와 같은 맥락에서 Radford와 Hester는 자녀의 안녕에 대한

2) 피해여성이 어떻게 자녀를 잘 돌볼 수 있을까 고심할 때 가해자에게 머무는 것이 보다 바람직한 선택으로 보일 수도 있다. 만약 그녀가 떠나면, 아동의 삶의 안정성이 크게 훼손될 것이다. 그리고 삶의 수준도 떨어질 것이다. 자녀들은 이사를 해야 할 것이고, 학교를 옮겨야 할 것이며, 이로 인해 가까운 친구를 잃을 것이다. 이는 아동들에게 쉽지 않은 일이다. 심지어 남편은 그녀가 떠나

관심은 피해여성이 학대적 배우자에게 머물거나 떠나는 결정을 내리는 데 주요한 역할을 한다고 지적한다. 자녀를 잃게 될 것이라는 두려움은 많은 피해여성들을 폭력적인 남성에게 묶어 놓는다. 특히 그들은 낮은 자아존중감이나 우울증으로 인해 어머니 역할을 잘 해내기 어렵고, 가해남편으로부터 이에 대한 비난을 받을 때 아주 취약해진다(Radford & Hester, 2006: 44).

필자들의 경험에서도 머무는 이유로 가장 빈번하게 지적되는 것이 '아이 때문에'다. 많은 피해여성은 아버지 없이 자녀를 키우는 것을 두려워하고 '아이 때문에' 혹은 '아이가 클 때까지' 머무르고자 노력한다. 아이러니하게 아이가 있으면 폭력이 없어질 것이라고 생각하고 아이를 낳고, 또 낳은 다음에는 아이가 클 때까지 기다리면서 오랜 세월을 폭력에 머무르기도 한다.

*****

애들 때문에 참고 또 참고 살았지요(강물).

애들이 특히 우리 ○○가 너무 불쌍하더라고요(오뚝이).

저는 아들을 가졌을 때부터 그런 행동(폭력)들이 나오더라고요. 집어 던지고 운전하면서 (겁주기 위해서) 중앙선을 왔다 갔다 해요. 애 낳으면 괜찮아지겠지 했는데, 낳고 나니까 애가 눈에 밟혀서 못 나오겠더라고요. 버릇 고치려고 경찰도 불러보았지만 '시댁 먹칠했다, 동네 창피하게 만들었다.' 라고 책만 잡혔어요. 애가 여럿이면 어떻게 못하겠지 하고 (애를) 하나 더 낳자고 맘먹었어요. 그다음에는 애들이 크면 나오자고 맘먹고 살았지

면 아이 양육권을 뺏을 것이라고 위협하기도 한다. 이런 상황에서 피해여성은 '내가 참으면 되지, 그 사람은 애들은 때리지 않으니까.'라고 생각할 수 있다(Weiss, 2003: 26).

요. 근데 커도 마찬가지예요. 그래서 애들 클 때까지 기다렸다 나왔어요(새싹)(2002년 4월 W쉼터 집단 2회).

(폭력이 너무 견디기 힘들어서) 내 마음을 비우지 않고서는 정신병원에 갈 정도로 힘들더라고요. 하지만 '내가 자식을 위해선 내 맘을 비워야겠다.' 라는 생각을 했어요(2004년 10월 N쉼터 집단 2회).[3]

우리 사회에서 피해여성이 자녀 때문에 폭력에 머무르는 데는 문화적 영향도 간과할 수 없다. '아이 때문에' 라는 생각의 저변에는 바로 '아비 없는 자식' 으로 만들지 않겠다는 생각이 강하게 자리 잡고 있다. 과거 우리 사회에서 '아비 없는 후레자식' 이라는 말은 커다란 욕이었다. 아비 없는 자식은 가정교육을 제대로 받지 못한 못된 자식으로 자라기 때문에 자식에게는 반드시 아버지가 있어야 한다는 이 통념은, 이혼이 증가하고 한부모 가족이 증가하는 이 시점에서도 여전히 강력한 영향을 미치는 것으로 보인다. 이런 통념은 피해여성을 머무르게 하기 위해(또는 떠나간 이후에는 피해여성이 돌아오도록 하기 위해) 자녀를 도구로 이용하는 가해자의 전략으로 인해 더욱 강화되었을 가능성도 배제할 수 없다(자세한 내용은 Bancorft & Siverman, 2002: 72-76 참조할 것).

◉ 부모 없이 자라는 것 대물림하기 싫어서

문헌에서는 거의 언급되지 않지만, 일부 피해여성들은 힘든 성장과정을 겪었고 자신이 겪은 것을 자식이 겪지 않도록 하기 위해서 가정폭력에 머무르기도 한다. 다음의 사례에서 축복(별칭)은 '두 살 때 엄마를 잃고 자라면

3) 여기에서 피해여성이 내 맘을 비우겠다는 것은 자식을 위해 모든 것을 체념하고 때리는 대로 매를 맞겠다는 의미다.

서 엄마 없는 게 한이 되어서' 아이에게는 자신의 경험을 대물림하기 싫어서 머물렀다고 이야기한다. 흥미로운 사실은 집단에서 논의가 한참 진행된 후에 강물(별칭)이 자신도 동일한 경험을 했다고 불쑥 털어놓았다. 강물은 축복의 이야기를 듣고 나서 자신도 같은 이유에서 폭력에 머물렀다는 것을 깨닫게 되었던 것으로 보인다. 이는 많은 피해여성들이 공유하고 있는 경험은 아니지만, 본인들에게는 중요한 이유이므로 피해여성들의 경험을 연계시키고 이들이 폭력에 머물렀던 이유를 정리하도록 도울 필요가 있다.

축 복: 저는 엄마를 두 살 때 잃었어요. 그래서 사춘기 때도 항상 엄마를 그리워하면서 성장을 했거든요. 그런 슬픔을 아이한테는 안 주려고……. (울음) 그래서 버틴 것 같아요. 사춘기 때 엄마 없는 게 한이 돼 가지고…….

강 물: (집단에서 한참 다른 논의가 있은 후에 불쑥 이에 대해 언급하면서) 저도 엄마가 일찍 돌아가셨어요, 일곱 살 때. 어린 걸 떼어 놓고 나가면 고생할까 봐 참고 살았어요.

지도자: 축복하고 비슷하네요.

축 복: 네. 저도 사춘기 때 계모 밑에서 자랐어요(2002년 4월 W쉼터 집단 2회).

◉ 신앙 때문에

종교가 학대를 유발하는 것은 아니다. 그러나 불행히도 종교가 피해여성을 학대적인 결혼관계에 가둬 둘 수는 있다(Weiss, 2003: 28). 일부 가해자는 종교적인 논리를 왜곡시킴으로써 피해여성이 머물도록 한다. 피해여성의 신앙이 깊다면, 가해남편을 거스르는 것이 자신의 종교적 성장에 반하는 것이기 때문에 주저할 것이다. 종교적 여성이 그렇지 않은 여성보다 학대적 관계에 오래 머문다는 연구결과가 있다. 어느 기독교 여성에 의하면,

"나는 기독교 신자다. 나는 종교를 가진 여성이 학대적 결혼에 더 머문다고 믿는다. 이는 하나님에 대한 헌신 때문이며 하나님을 실망시키지 않으려고 하기 때문이다. 그리고 우리는 아내와 어머니의 의무를 매우 진지하게 받아들인다. 종교를 가지지 않은 여성이 그렇지 않다고 말하는 것은 아니다. 단지 우리가 가정의 영광이라고 느끼도록 배웠기 때문이다."(Weiss, 2003: 29)

이와 같이 사랑과 자비를 강조하는 종교가 학대를 유발하는 것은 불가능하지만, 불행히도 피해여성을 학대적 결혼에 머무르게 한다. 아래 사례에서 보는 바와 같이 이런 현상은 우리나라에서도 예외가 아니다.

*****

가정을 해체할 마음이 없었고 제가 나간다 해도 애들이 내 마음에 있었기 때문에 더 못 나갔어요. 그리고 지금까지 제가 여기 있는 것은 하나님 때문에 한 번의 기회를 주고 싶어서예요. 조금이나마 그쪽(남편)에서 깨닫는다면, 이것이 세상 사는 법이 아니라는 것만 깨닫는다면……(새벽별)(2004년 10월 N쉼터 집단 3회).

아마 저도 교회를 안 다녔으면 일찍 갈라섰을 거예요. 첫애 돌 때부터 신앙을 갖고 열심히 신앙생활을 했거든요. 5~6년 정도를 애정 없이 살았는데 제가 이혼 안 하고 그냥 산 것은 신앙하고 돈을 버는 재미, 오직 그거에만 매달렸기 때문인 것 같아요(푸른하늘)(2004년 10월 N쉼터 집단 3회).

◉ 기타 이유들

Weiss는 재정적 문제, 주거 문제 등 삶의 현실적 문제들이 가정폭력에 머무르는 이유가 된다고 지적한다(Weiss, 2003: 32). 필자들의 경험으로도 당장 자녀들과 살아가야 하는 문제와 주거 문제는 피해여성들이 직면하고 있는 가장 시급한 문제다.

*****

피할 수 있는 곳, 거처할 수 있는 곳이 없어서. 식구들한테 피해를 주지 않고 어떻게든 해결하려고 했는데 그게 안 되더라고요. 갈 곳도 없었고 해결하는 방법도 없었고……(새벽별)(2004년 10월 N쉼터 집단 3회).

앞서 '자녀 때문에'에서 문화적 영향에 대해 논의하였는데, 이와 같은 맥락에서 우리 사회에서 이혼에 대한 사회적 통념 때문에 가정폭력에 머무르는 여성들이 있다. 특히 이런 영향은 피해여성의 연령이 높을수록 강하게 나타나서, 이혼녀 소리가 듣기 싫어서 수십 년을 폭력에 머무는 경우도 있다. 아래 사례에서는 재혼을 했는데 또 헤어진다는 것을 감당하기 힘들어서 폭력에 머물렀다고 하고 있다.

*****

두 번째 갔으니까 때려도 나이 먹으면 괜찮아지리라 생각해서 참고 살았어요. 그런데 폭력이 더 세져서 4년 만에 포기를 했어요(안개꽃)(2002년 4월 W쉼터 집단 2회).

2. 머물렀던 이유 정리하고 의미 찾아내기

피해여성들이 머물렀던 이유를 정리하도록 돕는 것은 커다란 의미가 있다. 이들은 적게는 몇 년, 길게는 수십 년 동안 폭력에 머물렀다. 그동안 살아온 시간이 의미가 없다고 느끼는 것은 이들을 공허하게 만든다. 이에 따라 설사 자신들의 노력이 실패했다고 할지라도, 적어도 가치 있는 것을 위해서 노력해 왔음을 인식하도록 도울 필요가 있다. 이런 인식은 피해여성들이 자신의 삶을 긍정적으로 바라볼 수 있도록 한다는 점에서, 이들의 회복과 앞으로의 삶을 선택하는 데 도움이 된다. 이에 따라 집단지도자는 피해여성들이 '자녀를 위해서' '결혼과 가족을 지키기 위해서' '아이에게 아빠를 주고 싶어서' 등의 이유로 폭력을 참고 견디어 왔음을 깨닫도록 도울 필요가 있다. 이런 가치들은 모든 사람에게 의미가 있는 소중한 것이며 모든 사람들도 이를 위해서 노력한다는 것, 단지 차이가 있다면 피해여성들은 폭력 때문에 성공하지 못했을 뿐이라는 사실을 인식하도록 돕는다.

지 도 자: 지금까지 폭력 속에서 머물렀던 이유들에 대해 이야기가 많이 나온 것 같군요. 우리 한번 정리를 해 보면 어떨까요? 제일 많이 나온 것은 가정을 지키는 것, 자녀를 지키는 것이었던 것 같군요. 또 다른 이유에는 어떤 것들이 있었지요?

스물일곱: 대책이 없어서.

지 도 자: 대책이 없어서 머물렀던 분들도 계셨지요.

푸른하늘: 신앙 때문에.

지 도 자: 신앙은 여자와 남자에게 다르게 작용하였던 것 같아 보이는군요. 여성들의 입장에서는 신앙이 폭력을 견디도록 했던 것 같네요. 그러나 남편은 아내가 신앙에 빠지면 빠질수록 자기가 통제하는 힘이 약화된다고 생각해서 더 폭력을 쓰고 괴롭혔던 것 같아요. 또 어떤 것들이 있나요?

새 벽 별: 아이들이 어렸을 때는 키워 줘야 된다는 생각에.

지 도 자: 여러분들은 가정을 지키고, 자녀를 지키고, 자신의 신앙을 지키기 위해서 머무르셨던 것 같군요. 이런 것들은 우리 모두가 소중히 여기는 가치들이지요. 물론 여러분의 노력이 좋은 결과를 가져오지 못한 것은 안타까운 일이지만, 적어도 여러분들이 그런 노력을 해 왔던 것 자체는 소중하다고 생각합니다(2004년 10월 N쉼터 집단 3회).

제2절 왜 떠나는가

가정폭력 피해여성들이 폭력에도 불구하고 머물렀던 이유와 더불어 가장 많이 논의되는 것이 떠나는 이유다. 최근 피해여성들의 떠나는 과정에 대한 관심이 증대되고 있는데, 이는 보다 효과적으로 폭력에서 벗어나도록 도울 수 있을 것이라는 잠재적 가능성 때문이다. 필자들의 경험에 의하면, 피해여성들이 가해남편을 떠나는 것은 무척 어려운 일이다. 이미 결단을 내렸을 뿐 아니라 쉼터에 입소함으로써 이를 실행에 옮겼음에도 많은 피해여성들은 쉼터에 있는 동안 이 문제를 놓고 심각하게 고민한다.

이에 따라 피해여성들이 떠나야 했던 이유를 명료화하면, 이혼을 하고 홀로서기를 선택할지 아니면 남편에게 돌아갈지에 대한 객관적 판단을 내리는 데 도움이 된다. 그리고 다른 여성들로부터 (단지 일시적일지라도) 남편을 떠나야 할 충분하고 타당한 이유가 있음을 인정받음으로써, 피해여성은 자신의 결정에 대한 확신을 가지게 된다. 또한 이는 이혼절차를 밟아 나가는 데 필요한 힘과 용기를 북돋아 주고 자립의지를 다지는 데 기여한다. 나아가서 피해여성은 쉼터 입소기간을 자신의 생각을 정리하고 폭력에 대처할 힘을 키우는 시간으로 적극 활용하게 될 것이다. 한편, 집단지도자의 입장에서도 피해여성들이 어떤 과정을 거쳐 떠나게 되었는지, 떠나게 된 계기가 무엇인지 그리고 떠나는 이유가 무엇인지를 파악할 수 있고, 이를 토대로 도움을 제공할 수 있다.

1. 어떻게 떠나는가

1) 떠나는 것은 '과정'이다

Weiss는 피해여성들로부터 가정폭력으로부터 벗어나는 것은 결코 하나의 행위(a single act)가 아니라 과정(process)이라는 것을 배웠다고 지적한다. 어느 시점에선가 균형이 깨지면서, 머무는 것보다 떠나는 것이 나은 선택이 된다(Weiss, 2003: 35). 다음의 사례에서 보는 바와 같이, 피해여성들은 처음에 다시는 때리지 않겠다는 남편의 약속을 믿거나 나이가 들면서 나아질 거라는 희망을 갖는다. 그러나 폭력이 지속됨에 따라 서서히 남편이 변화하거나 폭력이 중단될 것이라는 희망이 사라지면서 마침내 떠날 결정을 내리게 된다.

*****

생각이 조금씩 달라지더라고요. 처음엔 이 사람이 나한테 폭력을 가하고 난 다음엔 미안해서 쩔쩔매고 그랬는데 최근에는 그런 소리도 안 하고 오히려 더 당당한 거예요. 그걸 보면서 '이건 아니다.' 라고 생각했어요(2002년 4월 W쉼터 집단 2회).

이와 같이 떠나는 것은 과정이기 때문에, 한 번에 남편을 떠나는 피해여성도 있지만, 떠나고 돌아가는 것을 반복하는 여성도 있음을 기억해야 한다. 이런 맥락에서 피해여성의 자기결정을 최대한 존중하는 태도를 고수하는 것은 중요하다. 이는 떠나야 할지 아니면 머물러야 할지를 두고 갈등하는 피해여성들이 자신들에게 최선이라고 생각하는 결정을 내릴 수 있도록 허용하기 때문이다. 쉼터는 공동생활 공간이기 때문에 간혹 집단 분위기가 피해여성들에게 영향을 미치기도 한다. 보다 구체적으로 어떤 집단에서는 이혼을 선택한 피해여성들이 다수를 차지하고 이들이 집단 분위기를 지배한다. 이럴 때 자기결정의 원칙이 확고하지 않으면, 남편에게 돌아갈 것을 고민하는 피해여성들은 분위기 때문에 자신의 생각을 드러내기 어려울 것이다.

2) 떠나는 계기가 있다

가정폭력 피해여성은 짧게는 몇 년, 길게는 수십 년 동안 폭력을 견디면서 산다. 그런 점에서 볼 때 이들에게 폭력 자체가 새로운 것은 아니다. 그럼에도 지금 이 시점에 남편을 떠난 것은 특별한 계기가 되는 사건(들)이 있었기 때문이다. 이런 위기를 촉발한 사건은 피해여성을 이해하고 돕는 데 중요하다. 오뚝이(별칭) 사례에서는 남편이 아들 보는 앞에서 자신을 때리고, 이를 본 아들이 흉내 낸 것이 결정적인 계기가 되었다. 그리고 두 번째 사례에서는 자녀를 출산할 때와 아팠을 때 남편의 이기적이고 비인간적인 처사가 결정적인 계기가 되었다.

지도자: 폭력이 있어도 많이 망설이고 주저하면서 쉽게 떠나기 어렵습니다. 대개는 결정적으로 떠나게 된 사건이 있지요. 그것에 대해서 이야기를 나누면 좋겠습니다.

오뚝이: 작년 추석 전에 작은애 방에 저를 가두어 놓고 아들이 있는 데서 저를 때렸거든요. 이때 아들이 남편이 제 머리를 잡고 마구 흔드는 거를 봤어요. 그런데 아들이 저한테 똑같이 하는 거예요. 이것을 보고 (폭력이 있는 가정에서는) 보고 배울 게 없고 (폭력이) 대물림이 되겠구나 생각했어요.

사　랑: 무진장 많아서요. 늘 결심을 했다가도 주저앉고 말았어요. 제일 기억나는 건 둘째를 수술로 낳았을 때예요. 예정일이 보름 남았는데 애 아빠가 지방에 오디션 심사를 가야 된다고 아기를 빨리 낳자고 하더라고요. 난 의사 말대로 그 날짜에 낳겠다고 했더니 어차피 수술해서 낳을 거니까 일찍 낳으라고 했어요. 심사 가지 말라고 해도 부득불 우겨서 일찍 낳았어요. 그때 처음 '이건 아니다.'라고 느꼈죠. 그 후 아기를 낳고 잊어버리고 살았는데 7월에 제가 아팠어요. 애들도 아파서 병원에 가는데 처음에는 남편이 운전을 했어요. 그런데 운전하고 가다가 갑자기 자기는 기분이 내키지 않는다고 나보고 운전하고 가라고 하면서 나와 애들을 놔두고 혼자 집으로 가더라고요. 그래서 아픈 몸으로 운전하고 병원에 가서 진료를 받고 왔어요. 그때 이건 부부의 모습이 아니다. 결정적으로 이 두 사건이 저에게 가장 큰 사건이었어요(2002년 4월 W쉼터 집단 2회).

2. 떠나는 이유들

Weiss는 "피해여성들이 직면한 모든 장애를 감안할 때, 그들이 탈출할 수 있다는 것은 경이롭다."라고 지적한다(Weiss, 2003: 35). 그렇게 때문에 무엇보다도 떠나는 데 많은 장애가 있었다는 것을 인정해 주고 이를 결심하고 실행에 옮긴 그들의 용기를 칭찬할 필요가 있다.

◉ 더 이상 견딜 수 없어서

앞서 머무는 이유에서 살펴보았던 것처럼, 피해여성들이 떠나는 것을 가로막는 장벽은 매우 높다. 그렇지만 가해남편에 대한 두려움이나 자녀에게 가족해체의 아픔을 주지 않으려는 안간힘으로도 더 이상 참을 수 없는 순간이 다가온다. 아래 사례에서 피해여성들은 더 이상 견딜 수 없어서 떠나게 되었다고 토로한다.

*****

누워서 자는 척하면 이불을 치우면서 얼굴 좀 보라 하고, 얘기를 안 하면 말 안 한다고 구타를 하며, 혁대를 풀러 머리를 내려치더라고요. 순간 '이건 아니다. 날이 갈수록 강도가 더 심해지는구나.' 싶었는데, 그 사람이 마음 약한 내 성격을 알기에 그걸 조종하는 거예요. 이러고 있다가는 제가 언제 바보가 될지 모르겠다 싶고 더 이상 맞고는 못 살겠더라고요. 그래서 마음을 단단히 먹고 법률상담소 가서 상담을 받아 들어오게 됐어요(2004년 4월 N쉼터 집단 2회).

남편은 (저를) 욕하고 짓밟고 나면 자기는 자거나 나가 버려요. 그러면 저는 혼자 아픔을 삭이지요. 남편 앞에서 웃고 연극을 할 수 있었던 것은 아이가 크면 그게 보상이 되니까 아이가 클 때까지 참아야 한다는 것이었지요. 그런데 어느 순간 자지도 먹지도 못하니까 거의 죽도록 지쳐서 기어 나오다시피 했어요. 이렇게 살면 50세까지도 못 살 것 같더라고요. 그래서 그 순간에 뛰쳐나왔던 것이지요. 긴 세월을 그렇게 사니까 나중에는 정신적으로 망가져요. 그 후부터는 아이가 무슨 말을 할 것인지에 대해서 두렵지만 문제가 되진 않더군요. 아이가 나중에 커서 어떤 방식으로 원망을 하든(아빠 없는 것에 대해), 우선 내가 숨 쉬고 살아야 하니까, 그러니까 나온 것이지요(청솔)(2000년 11월 N쉼터 집단 2회).

◉ 죽을까 두려워서

가정폭력 피해여성이 가해남편에 의해 살해되는 사건들이 매년 발생한다. 세계적으로 가정폭력은 여성 살인죄의 주요한 요인이다. 영국과 미국에서 여성은 다른 어떤 사람보다도 현재 혹은 전 파트너에 의해 살해당할 위험이 크다. 그리고 미국과 영국에서 50% 이상의 여성 살인죄는 남성이 자신의 파트너나 아내를 살해한 케이스들이다. 한 연구에서는 65명의 가정폭력 피해여성 중 절반(33명)이 파트너가 그들을 살해하고자 시도했다고 응답했으며 가장 흔한 것은 목을 조르는 것이었다(Daly & Wilson, 1988; Dominy & Radford, 1996; Hampton et al., 1999; Home Office, 1999; Hester & Radford, 1996; Radford & Hester, 2006: 23에서 재인용). 따라서 일부 피해여성에게 남편이 자신을 죽일 것이라는 것은 단순한 위협이 아니라 현실이다. 특히 단순히 때리는 것이 아니라 칼이나 흉기를 사용하는 경우 살해될까 두려움을 느끼는 것은 당연하다.

*****

술 먹고 오면 싱크대로 칼을 가지러 갔어요. 자식들이 있을 때는 몰라도 자식이 곁에 없으면 이 사람한테 죽겠다는 생각이 들었어요(왕언니)(2000년 11월 N쉼터 집단 1회).

아무 이유 없이 술만 먹으면 때리고, 또 술을 안 먹어도 아이들이 조금 뭐라 하면 어디서 말대꾸하냐고 때리고, 자기 혁대까지 풀어서 때렸어요. 부부동반 모임에 잘 갔다 오다가도 그냥 자기 성에 안 차면 들어오자마자 제 목을 졸라서 거의 죽음 직전까지 갔는데, 이때 아들이 못 참고 구해 줬다고 아들하고 싸움이 붙고……. 또 아침에 가만히 설거지하고 있는 사람한테 말대꾸했다고 때리고. 한 번은 용돈 다 썼느냐는 말 한 마디에 말대꾸했다고 압력밥솥을 던져 머리가 깨져서 아들하고 병원에 가서 꿰맨 적이 있어요. 평소에도 밤새 괴롭히곤 하지요. 아무튼, 이렇게 20년 동안 살아왔는데 더 이상은 맞아 죽지 않고 아이들 지키고 잘 살기 위해 이렇게 나오게 됐어요(2004년 4월 N쉼터 집단 2회).

흔히 피해여성들은 죽임을 당할까 두려워하고, 이렇게 폭력을 당하면서 사느니 차라리 죽어 버렸으면 한다. 반대로 피해여성들의 마음속에는 가해남편이 죽어 버렸으면 하는 생각이 들기도 하고, 드물기는 하지만 살해하려는 생각을 품기도 한다. 폭력에 시달리다 못해, 남아 있으면 남편을 살해하고 싶은 생각이 들 것 같아서 쉼터로 나왔다고 이야기하는 피해여성도 있다. 극도의 가정폭력을 견디다 못해 남편을 살해하고 싶은 충동을 느끼는 것은 충분히 상상이 가는 일이지만, 집단에서조차 이런 이야기는 쉽게 드러나지 않는다. 아래 사례에서 살해하고 싶은 충동이 적나라하게 드러난 것은 남편에 대한 감정표현을 하는 세션이었기 때문에 가능하였을 것이다.

*****

내가 너한테 못해 준 게 뭐 있냐! 네 새끼(전처와의 자식) 다 키워 주고 먹여 살려 주고. 그래 네가 한 달에 7일이라도 일했냐? 한 달이라도 일했냐? 다 내가 했지. 먹여 살려 놓으니까, 내가 없다고 내 새끼를 내쫓아? 싸가지 없는 놈아. 너 나한테 지랄했지. 그래 놓고 찾기는 뭐 하러 찾아. 이 썩을 놈아. 내가 너 몇 번 죽이고 싶어 환장을 했는지 알아. 가만 있으면 죽여 버릴 것 같아 뛰쳐나오고 또 뛰쳐나오고 그런 거야. 너 3~4시까지 사람 재웠냐! 싸가지 없는 놈아. (중략) 하루에 열두 번도 더 죽이고 싶은 놈아. 소리 안 나는 총만 있었으면 벌써 죽였어. 나 감방 가기 싫어 너 안 죽인 줄 알아. 네 숨소리도 듣기 싫었어. 밤새도록 들볶고. 동네 사람한테 창피해서 참았다(살구)(2000년 11월 N쉼터 집단 4회).

생명위협에 대한 두려움은 피해여성 자신에게 국한되는 것만은 아니다. 피해여성들은 자녀들의 안전을 두려워한다. 가정폭력 상황에서 자녀는 여러 위험에 처하게 된다. 어린 아동은 엄마가 매를 맞을 때 안겨 있다가 다치기도 하고, 큰 아동들은 폭력 상황에서 엄마를 위해 개입하다가 다치기도 한다. 일부 가해자는 파트너를 처벌하기 위해 아동에게 의도적으로 상처를 입히기도 한다(Bancroft & Silverman, 2002; Weiss, 2003: 26). 놀라운 사실은 가정폭력으로 인한 살인사건 또는 살인미수사건 5건 중 1건에서 아동이 살해되었음이 밝혀졌다(Langford, Isaac, & Kabat, 1999; Websdale, 1999; Bancroft & Silverman, 2002: 1에서 재인용). 이런 상황에서 피해여성들은 자녀가 자신을 보호하려다가 아버지를 살해하는 일이 발생할까 혹은 반대로 아버지한테 자식이 살해당할까 두려워한다.

*****

작은애가 중3이 되니까, 나를 방어해 주더라고요. 작은애가 방어를 해 주다가 마지막 순간에 자기 아빠를 때리는 상황에까지 이르렀어요. 이 지경에 이르니까 내 자식이 패륜아가 되기 전에 결단을 내리지 않으면, 내가 남편을 죽이거나, 남편이 자식을 죽이거나 아니면 자식이 남편을 죽이는 경우까지 생길 것 같아서 두려웠어요(2004년 4월 N쉼터 집단 2회).

◉ 아이에게 폭력이 학습될까 봐

앞서 살펴본 바와 같이, 자녀는 피해여성들이 폭력에도 머무르는 가장 대표적인 이유 중 하나다. 반대로 피해여성들은 자녀 때문에 떠날 결심을 굳히기도 한다. 피해여성들이 자녀 때문에 떠날 결심을 하는 저변에는 폭력의 대물림에 대한 우려가 깔려 있다. 어느 여성은 "폭력은 또 다른 폭력을 낳고, 패륜은 또 다른 패륜을 낳는다."라고 우려를 표명하였다.

*****

작은애가 아빠가 하는 행동을 나한테 똑같이 하는 거예요. 그걸 보면서 정말 애들한테 보여 줄 게 없구나 하는 생각이 들어서 정신이 났어요. 애들을 데리고 나오려니 금전적으로 어떻게 할 수 없는 거예요. 아이들의 양육권이 아빠한테 갈 것 같은데 나는 아이 없인 살 수 없을 거 같았거든요. 그래서 고심하던 차에 남편이 애를 심하게 때려서 제가 (나오기로) 결정을 한 거예요. 아동학대로 양육권과 친권까지 내가 빼앗자 그런 생각을 한 거예요(오뚝이)(2002년 4월 N쉼터 집단 2회).

폭력이란 것이 한번 시작하면 수위가 높아지고, 빈도도 잦아지며, 결국에는 폭력적인 아이를 키우거나 패륜으로 치닫는 상황까지 생기지 않을까 라는 생각을 했어요. 제가 직접 겪은 건데, 시아버님과 시어머님이 싸우면

신랑이 보다 못해 아버님 멱살을 잡고 "에이씨!~." 하면서 아버지를 때려요. 제 아들은 자기 아버지가 나를 때리는 것을 보고 자라는데, 이런 패륜아는 안 만들려고……(2004년 4월 N쉼터 집단 2회).

애 아빠가 굉장히 기분 좋을 때, 왜 그렇게 폭력이 나오는 건지……. 내가 때릴 정도로 그렇게 밉냐고 물었더니, 사실 때리지 않을 때는 그렇지 않대요. 그러면 왜 때리느냐고 물어봤더니, 자기 아버지 때문에 그렇다네요. 아버지가 무능력자로 있을 때 엄마를 때리고, 또 자식들이 학교에서 장학생이 못 되었다고 때리고, 아버지가 욕구불만이 있을 때마다 엄마 때리는 것을 보고 나도 어른이 되면 미치고 환장할 때는 그렇게 하면(때리면) 되겠구나 생각했대요. 그래서 그런다고(때리는 거라고) 하더라고요. 그것을 보고 '아, 이 사람은 (폭력이) 교육이 됐구나.' 라는 생각이 들면서 겁나더라고요. 그런데 내 아이가 말을 안 들으면 때렸는데, 그게 점점 더 세지더라고요. 그런 것을 보면서 '아, 안 되겠다. (폭력은) 교육이구나.' 라는 생각이 들었어요(2004년 4월 N쉼터 집단 2회).

Weiss에 의하면, 가정폭력 피해여성들은 바보가 아니다. 이들은 폭력적인 가정이 자녀를 양육할 만한 장소가 아니라는 것을 알고 있다. 그러나 이들은 흔히 가정폭력이 자녀에게 끼칠 수 있는 부정적 영향을 충분히 이해하지 못한다. 많은 피해여성들이 가해자가 자녀를 때리지 않고, 가끔 자녀들에게 아이스크림을 사 주거나 잠자리에 들 때 동화책을 읽어 주면 착한 아버지라고 착각한다. 그러나 이들은 가해자가 결코 좋은 아버지가 될 수 없음을 깨닫는다. 다만, 시간이 좀 걸릴 뿐이다. 가정폭력이 자녀들에게 미치는 부정적인 영향에 대한 깨달음은 가해남편을 떠나도록 하는 동기를 부여한다(Weiss, 2003: 27).

안타깝게도 폭력의 대물림에 대한 우려는 남편을 떠나는 것으로 완전히 해결되는 것은 아니다. 일단 아동을 폭력적 환경에서 분리시킴으로써 폭력을 학습할 가능성이 감소되었으므로, 이런 노력을 인정하고 칭찬해 주도록 한다. 그리고 피해여성들이 아동의 공격적 행동 등에 대처해 나가도록 돕는다. 이와 더불어 폭력적 환경에서 성장하는 모든 아동이 폭력을 학습하는 것이 아님을 설명해 주면 도움이 될 것이다. 탄력성에 대한 연구에 의하면, 자질이나 관심(운동, 학문, 예술적 능력)의 개발, 신뢰할 만한 성인과의 관계, 자기비난을 하지 않는 능력, 또래와의 긍정적 관계 등이 가정폭력에 노출된 아동에게 도움이 된다. 무엇보다도 아동의 삶에서 좋은 부모 혹은 부모 같은 사람의 존재는 탄력성과 커다란 연관이 있다. 이런 점에서 가정폭력에 노출된 아동은 어머니와의 관계가 무엇보다도 중요하다(Bancroft & Silverman, 2002: 41-42). 따라서 집단지도자는 피해여성들이 탄력성 요인을 강화시키는 데 관심을 가지도록 도울 필요가 있다.

제3절 성장 환경과 경제활동 분석하기

쉼터에서 실시되는 집단프로그램은 대체적으로 8회 정도 진행된다. 이 경우 집단프로그램에서 기본적으로 다루어야 하는 이슈들을 다루기에도 시간이 부족하다 보니, 폭력 이슈를 좀 더 깊이 있게 다룰 기회는 많지 않다. 그러나 집단프로그램의 회기가 충분할 경우, 피해여성 자신과 가해남편의 성장과정과 경제활동 경험에 대하여 살펴보면 폭력과 남편 그리고 자신을 돌아보고 정리하는 데 도움이 된다.

1. 성장 환경 이해하기

1) 가계도 그리기

가계도 그리기는 피해여성들이 남편과 자신의 성장 환경에 대한 통찰력을 얻을 수 있는 효과적인 집단 활동이다. 집단지도자는 피해여성들에게 가계도 그리는 방법을 소개한다. 즉, 남성은 네모, 여성은 원으로 표시한다는 것, 결혼은 남성과 여성을 연결하는 선으로 표시하고 그 위에 결혼 연도를 기재한다는 것, 아동은 출생 순서에 따라 왼쪽에서 오른쪽으로 표시해 나간다는 것 등을 설명하면 된다.

2) 남편은 이렇게 자랐어요

가계도는 가족나무와 비슷해서 세대 간에 걸친 가족들의 모습을 살펴보는 데 유용한 도구다. 집단지도자는 "가계도를 그리면서 때로는 일정한 패턴을 발견할 수 있습니다. 소위 집안 내력이라고 말할 수 있지요. 알코올중독이나 폭력도 그런 것 중의 하나입니다. 남편의 가족 혹은 여러분의 가족에게서 이런 특징이 발견되는지요?"라고 질문할 수 있다.

이때 가해남편들의 성장 환경에 대한 정보를 가지고 있을 경우 이에 대해 언급해 주면 집단토론이 보다 활성화될 것이다. 예를 들어, "기억하실지 모르겠지만, 지난 번 모임에서 ○○와 ○○의 남편이 매를 맞고 자랐다는 이야기가 나왔었지요. 오늘은 여러분과 같이 남편과 나의 성장 환경에 대한 이야기를 해 보고자 합니다."

아래 사례에서 피해여성들은 남편들이 어릴 때 학대를 받으면서 자랐을 뿐 아니라, 자신들이 학대받은 방식 그대로 자녀를 학대한다고 지적한다.

피카츄: 요즘 남편이 폭력을 쓸 때마다 아이가 닮을 수 있겠구나 하고 걱정이 돼요. 시아버님이 어렸을 때 남편을 괴롭히고 때리곤 하였대요. 남편이 자는 애를 깨워서 뺨을 때려 놓고 내가 쳐다보니까 남편도 (자기가 무슨 짓을 했는지) 알더라고요, 자기가 어렸을 때 자기 아버지가 했던 행동을 그대로 했다는 것을요. 그래서 폭력의 연결고리라는 것을 느꼈어요.

지도자: 자신도 모르게 아버지가 했던 행동을 그대로 한 것이네요. 폭력을 휘두르는 남편들의 상당수가 어렸을 때 폭력을 경험하였다는 연구결과가 있어요. 다른 분들은 어떠세요?

사　랑: (중략) 시어머니가 큰아들은 큰아들이라 위하고 막내는 막내라고 위하고 우리 애들 아빠만 구박을 했다고 해요. 그리고 시아버지가 "무릎 꿇어." 그러면 모두 무릎을 꿇고 그러면서 살았대요. 근데 (남편이) 우리 애들한테도 똑같이 그러더라고요. 무릎 꿇려 앉혀 놓고는 한 얘기를 하고 또 하고, 오줌도 못 싸러 가게 해요. 우리 애들 아빠도 자기 아버지 행동을 똑같이 하는 거예요. 큰애는 큰애라고 막내는 막내라고 예뻐하는데 둘째는 괴롭히는 거예요, 자기도 둘째로 구박받았으면서. 술이라도 먹으면 쌍년들, 개 같은 년들 하면서 괴롭혀서 애가 살이 안 쪄요. 불안해하고(2000년 11월 N쉼터 집단 5회).

남편의 성장 환경에 대한 논의는 폭력의 세대 간 전이 가능성을 구체적으로 살펴보는 데 도움이 된다. 이런 논의를 통해서 피해여성들은 자녀들이 폭력을 학습할 가능성이 높다는 것을 깨닫고, 자신들이 폭력의 고리를 끊어 내는 역할을 해야 한다는 인식에 도달한다.

3) 난 이렇게 자랐어요

Weiss에 의하면, 많은 사람들이 가정폭력 피해여성들은 폭력적 가정에서 자랐다고 오해한다. 사실상 가정폭력을 경험한 여성들도 있지만 집안에서 화난 목소리조차 듣지 않고 자라난 여성들도 있다. 그리고 가정폭력을 목격하면서 성장한 피해여성들 중에서도 성인이 되어 그 패턴을 반복하는 여성들도 있지만 그렇지 않은 여성들도 많다(Weiss, 2003: 23). 필자들의 경험도 이와 유사하다. 즉, 피해여성들은 폭력을 경험하면서 성장한 경우도 있었지만 그렇지 않은 경우도 많았다.

*****

저희 집은 8남매였는데 아버지가 공부를 많이 하셨고 순하셔서, 아들 넷 딸 넷인데 그 많은 농사일과 직장생활을 하면서 큰 소리 한마디를 안 하고 아이들을 키우셨어요. 엄마와 아버지가 싸우지도 않았고요(왕언니)(2000년 11월 N쉼터 집단 5회).

그러나 일부 피해여성들은 아동기에 신체적 및 정서적 학대를 경험하였다. 다음의 사례에서는 학대를 받았을 뿐 아니라 여기에서 벗어나기 위해 성급하게 결혼을 하였다고 토로하고 있다. 문헌에서도 일부 피해여성들이 학대적 가정환경에서 벗어나기 위해 도피성 결혼을 하지만, 안타깝게도 이는 다시 가정폭력의 굴레로 들어가는 결과를 가져온다고 지적한다.[4)]

*****

친정엄마한테 많이 맞고 신체적, 정신적으로 학대를 받고 자랐어요. 고통스럽게 컸어요. 항상 두려웠어요. 잘 보이기 위해 노력했는데 잘 안 되었지요. 그로 인해서 도피성 결혼을 하게 되었어요(사랑)(2002년 4월 N쉼터 집단 5회).

심지어 피해여성들 중에는 불우한 환경에서 성장하면서 심한 마음의 상처를 받은 경우도 있다.

---

4) Deaton과 Hertica에 의하면, 아동기에 학대, 방임, 거부를 경험한 경우 피해여성은 다른 사람으로부터의 부정적인 것을 정상적이고 자연스러운 것으로 받아들이게 된다. 결국 성인이 되어서도 아동기에 자신을 방임하거나 학대하였던 사람과 유사한 특징을 지닌 사람에게 이끌리고 편안함을 느끼게 된다(Deaton & Hertica, 2001: 39-40 참조).

*****

부모님은 자식을 때리진 않으셨어요. 새엄마가 어려워서, 시집을 열여덟 살에 일찍 갔어요. 암만해도 내 자식하고는 다르지요. 그러니까 공부도 안 시키고, 자기 자식들만 고등학교까지 보냈어요. 지금 생각하면 떼를 써서라도 학교에 갈 걸 하고 후회가 돼요. 어려서부터 집안일하고 심부름하면서 자랐어요(강물)(2002년 4월 N쉼터 집단 5회).

집단프로그램은 피해여성이 성장과정에서 받은 상처를 충분히 다룰 수는 없다는 한계점을 지닌다. 집단에서는 가정폭력 이슈가 중심이 되기 때문에 피해여성의 개인적 이슈를 다루기 어렵다. 단지 건강한 삶을 살아가기 위해서 가정폭력의 상처뿐 아니라, 성장하면서 받은 상처가 있다면 이를 치유해 나가야 한다고 인식시킬 뿐이다. 이런 측면에서 집단프로그램과 더불어 개별상담이 병행되면 시너지 효과를 거둘 수 있다.

2. 경제활동 경험 나누기

가정폭력에도 불구하고 피해여성들이 폭력에 머무는 이유의 하나로서 경제적 의존성이 거론되어 왔다. 그리고 경제적 자립은 남편을 떠나 홀로 서기를 원하는 여성들의 주요한 당면 이슈이기도 하다. 이에 따라 집단에서 경제적 의존성의 이슈를 다루고, 피해여성들이 가지고 있거나 개발할 수 있는 경제적 능력을 임파워먼트시킬 필요가 있다.

집단지도자는 "흔히 여성들이 폭력에도 불구하고 경제적인 이유 때문에 남편을 떠나지 못한다고 생각합니다. 그래서 이 문제에 대해 여러분과 함께 이야기를 나누고 싶습니다."라고 논의를 시작할 수 있다. 그동안 집단에서 남편이나 자신의 경제적 능력에 대해 논의된 바가 있다면, 이는 대화를 여는 데 도움이 된다. 보다 구체적으로 "흔히 가정폭력 피해여성들이 경제적으로 무능력하다고 생각하지만 그동안 집단에서 느낀 점은 남편들이 경제적으로 무능력했던 경우도 많았고, 반면에 여성들이 경제적인 능력을 갖춘 경우도 상당수 있었습니다. 여러분들은 어떠한지 궁금합니다."와 같이 대화의 장으로 초대할 수 있다. 아래 사례에서 보는 바와 같이, 예상 외로 가해남편이 무능력하고 피해여성들이 주도적인 경제활동을 하였던 경우도 상당수 있다.

사 람: 남편하고 살다 보니까 정말 열심히 산다는 것이 어떤 것인지 알겠어요. 옛날에는 청소부 같은 사람 무시했는데, 청소부라도 한다는 것이 얼마나 열심히 사는 것인지 알게 되었어요. 그 사람(남편)은 다른 사람과 관계 맺는 것을 못하지요. 하루 (일하러) 갔다 오면 그다음 날은 투덜대고 일하지 않아요. 버는 것보다 쓰는 것이 더 많아요. 200만 원 벌어 오면 400만 원을 써요. 치장하고 겉치레하느라고 다 써요.

지도자: (왕언니에게) 지난번에 남편이 무능력하다고 이야기했던 것 같네요.

왕언니: 기가 막히지요. 자기(남편) 책임은 하나도 안 지고, 말로만 다해요. 행동은 못하면서 받으려고만 해요. 말로는 돈을 무더기로 벌지요. 그리고는 만날 노는 거야, 화투나 하고. 10원 하나 안 가지고 들어오는데 뭘 먹고 삽니까. 애들 하고 살려니, 이 일 저 일 허드렛일해서 돈을 조금 모으고 그 돈으로 일수해서 750만 원을 모은 후 시장에 집을 하나 샀어요. 그것을 밑천으로 돈을 벌어서 살았지요.

살 구: 저도 남편이 일을 안 해서 집에서 미싱을 했어요. (남편이) 나가지 못하게 해서 집에서 하다가 나중에는 직장에 잠깐 나갔어요.

사 랑: 그 사람 술을 마시면 내리 삼 일을 마시고 돈을 안 벌었어요. 식구들이 주눅 들게 소리를 지르고 술이 깨면 또 밥을 계속 먹어 대

요. 내가 옛날에는 지금보다 다리를 더 심하게 절었는데 사람들이 불쌍하게 생각해서 돈도 주고 그랬지요. 그런데 남한테 너무 의지하는 것 같아 내가 벌기 시작했어요.

지도자: 무엇을 하였나요?

사　랑: (조금 쑥스러운 듯이) 아이 업고 박스 주어다가 돈을 모았어요. 구걸도 하고……. 그래도 제가 먹는 것은 잘해 놓고 살았어요. 내가 아이들 먹으라고 해 놓으면 (남편이) 다 먹어서 애들은 하나도 먹지 못했어요. 먹고 화장실 가고 먹고 또 싸러 가고……. 그런데 아이들이 그러면(밥 먹다가 화장실 가면) 야단을 쳐요.

피카츄: 저는 (돈을) 벌지 않았어요. 제가 벌면 그 사람이 더 안 벌 것 같아서요. 그런데 그 사람 (택시)손님이 기분 나쁘게 한다고 차 세워 놓고 싸우고 그랬어요.

지도자: 흔히 여성들이 경제적으로 의존하기 때문에 매를 맞으면서 사는 것처럼 생각하지만, 실제로 그렇지만은 않은 것 같습니다. 여러분들 중에도 생활력이 강한 분들이 많은 것 같네요. 여러분들은 이야기를 나누면서 무엇을 깨달으셨나요?(2000년 11월 N쉼터 집단 5회)

남편과 자신의 경제활동 경험을 나누면서, 피해여성들은 사회적 통념과는 달리 경제적 능력을 가진 여성도 있다는 것을 깨닫게 된다. 이런 논의를 통해서 경제활동 경험이 있는 여성들은 자립에 대한 자신감을 재확인하게 된다. 필요시 쉼터에서 퇴소하여 자립한 피해여성들의 사례를 들어 주고, 지금은 막막하게 느껴져도 이혼 후 숨어 있던 능력을 개발하는 여성들도 있다는 점 그리고 경제적 의존성은 남편을 떠나는 데 장애가 되긴 하지만 극복할 수 있다는 점을 인식시키도록 한다.

경제적 문제와 관련하여 한 가지 지적할 것은 저소득층이나 빈곤층 피해여성과 중산층 피해여성들의 반응에 차이가 있다는 점이다. 보다 구체적으로, 저소득층이나 빈곤층의 피해여성들은 가해남편들이 실직 중이었거나 경제적 무능력자였던 경우가 많았다. 이런 상황에서 오히려 피해여성들이 경제활동에 주도적으로 참여해 왔다. 이들은 경제활동 경험을 가지고 있기 때문에 남편을 떠나 자립하는 데 대한 자신감을 가지고 있으며, 실제로 성공적으로 자립하는 경우가 많다. 예외적으로 심한 폭력으로 건강을 상실한 피해여성들은 경제활동에 어려움이 따른다. 반면, 중산층의 피해여성들은 폭력은 있었지만 경제적 여유를 누리고 살아왔다. 이에 따라 남편을 떠나 자립을 해야 할 경우 급격하게 낮아지는 경제적 여건을 견디기 어려워하는 여성들도 있다. 경제활동 경험이 없는 피해여성은 더욱 그러하다.

제5장

가정폭력과 스트레스

*****

하루에도 몇 번씩 남편의 기분에 맞춰 움직여야 하고 저는 그런 상황을 견디기 어려워서인지 배가 아파서 화장실을 자주 다녀요. 남편은 겉으로는 완벽해서 때리려고 하다가도 남 앞에서는 껴안아 주는 타입이지요. 나도 여기에 맞추어 사니까 멍이 들어도 나을 때까지 집 안에 있고 화장을 해서 감추거나 선글라스를 껴서 남들이 잘 몰랐어요. 어렸을 때 엄마가 맞는 것 보고 자라서 나는 맞고 살지 말아야지 하고 결심을 하였지요. 그래서 한 번 때리면 두 대 맞지 않으려고 말대꾸 안 하고 참았는데, 참다가 도저히 못 참아 반발하면 정신교육에 들어가고 욕설과 폭력을 퍼붓다가 친정식구까지 들먹이죠. 지금 자기 기분이 어떻다는 것까지 퍼붓고 나서는 나를 욕하고 때린 다음, 맞을 짓 하지 말라고 해요. 싸움이 끝나고 내가 음식이나 성적 요구를 안 들어 주면 침묵, 욕설 등으로 다시 시작해요. 억지로 웃으라고 하면 억지로 웃어야 했어요. 사람이 아니라 꼭두각시처럼 살았어요. 이런 식으로 살다보니까 우울증, 불면증은 물론 마음의 병이 생겼어요(청솔)(2000년 11월 N쉼터 집단 2회).

가정폭력 속에서 산다는 것은 어떤 것일까? 위의 사례는 가정폭력 상황에서 살아가는 피해여성의 고통스러운 일상을 생생하게 보여 주고 있다. 그런데 사회적 통념처럼 피해여성은 가해남편을 떠나기만 하면 스트레스가 없어지고 아무 일 없는 것처럼 살아갈 수 있을까? 만약 그러하다면 가정폭력에 대한 처방은 간단하다. 피해여성이 가해남편을 떠나면 모든 문제가 해결될 테니 말이다. 그러나 위의 사례에서 보는 바와 같이 피해여성은 가해남편을 떠나도 우울증, 불면증, 마음의 병 등 가정폭력의 후유증으로 심하게 고통 받고 있다. 이와 같이 피해여성들은 가정폭력 속에서 살면서 심한 스트레스를 받을 뿐만 아니라, 가해남편을 떠난 이후에도 후유증으로 고통 받는다. 나아가서 이들은 홀로서기를 하는 과정에서도 여러 생활상의 스트레스를 경험하게 된다.

가정폭력을 스트레스 측면에서 접근하면 몇 가지 장점이 있다. 우선, 가정폭력으로 인한 신체적, 정서적 및 행동적 스트레스 증상뿐 아니라, 가정폭력을 벗어나는 과정(예: 이혼이나 앞으로 어떻게 살아갈지에 대한 스트레스 등)에서 발생하는 스트레스까지 총체적으로 접근할 수 있다는 장점이 있다. 둘째, 모든 인간은 스트레스를 경험하면서 살아가기 때문에 가정폭력을 스트레스로 접근할 때 정상화(normalization)가 가능하며 병리적 관점에서 탈피하기에 유리하다.[1] 셋째, 스트레스 증상을 감소시키는 치료적 접근뿐 아니라 스트레스 관리라는 예방적 접근까지 총체적인 접근이 가능하다.

1) 최근 가정폭력 피해여성들이 경험하는 증상들을 최대한 정상화하면서 회복을 돕고자 하는 노력들이 경주되고 있다. Kubany, McCaig, & Laconsay는 가정폭력 피해자들의 PTSD증상과 관련하여, 이는 피해자의 성격이나 역경에 대처하거나 회복하는 능력을 반영하는 것이 아니라고 지적한다. 피해자에게 일어난 일 때문에 이런 증상을 경험하게 되는 것이다. PTSD증상은 극단적 혹은 병리적 스트레스에 대한 정상적인 인간의 반응이며 이는 심각한 외상적 사건을 경험한 사람들

넷째, 개념적인 측면에서, 스트레스와 사회적 지지는 연계성이 높으며, 사회적 지지는 스트레스를 완충하는 효과가 있다. 특히 남편을 떠나 홀로서기를 하는 피해여성들에게 있어서 새로운 사회적 지지자원을 개발하는 것은 중요한 과제다.

이런 장점 때문에 필자들은 가정폭력을 스트레스 측면에서 접근하였으며, 크게 스트레스 이완훈련, 가정폭력 스트레스 자가점검, 스트레스 극복하기, 스트레스 관리방법 소개하기의 순으로 진행하였다. 필자들은 스트레스 이완훈련으로 집단을 시작하였는데 여기에는 두 가지 이유가 있다. 그 하나는 집단 활동의 연계성 때문이다. 스트레스 이완훈련은 스트레칭과 명상으로 구성되는데, 도입활동인 스트레칭에 이어서 명상을 연계하는 것이 진행에 도움이 된다. 그뿐 아니라 가정폭력 스트레스 자가점검을 하고 나면 집단 분위기가 침울해지기 쉬운데, 이 경우 명상의 긴장이완 효과를 살릴 수 없다. 다른 하나는 스트레스는 관리되고 극복될 수 있다는 점을 체험적으로 경험하도록 하기 위한 것이다.

이 장에서는 우선적으로 이완훈련, 스트레스 자가점검, 스트레스 극복 및 스트레스 관리로 이어지는 전형적 접근을 설명하고자 한다. 그러고 나서 피해여성들이 가지고 있는 부정적인 몸의 느낌을 규명하고 이를 긍정적인 몸의 느낌으로 대체해 주기 위한 대안적인 접근을 소개하고자 한다. 이는 가정폭력이 피해여성에게 부정적인 몸의 감각을 남기기 때문이다. 몸이 기억하는 것은 머리가 기억하는 것보다 오래 남으며 그 부정적 영향도 크다는 점에서 이에 대한 관심이 요청된다.

에게 흔히 나타난다. 이들은 PTSD가 학습된 부적응적 정서와 회피이므로 이것에서 벗어나는 것을 배울 수 있다고 주장하며, 바로 이런 견지에서 자신들은 매 맞은 여성들은 환자가 아니라 클라이언트로 간주한다고 지적하였다(Kubany, McCaig, & Laconsay, 2004: 15).

제1절 스트레스 이완훈련

스트레스 이완훈련은 치료적이면서도 예방적 접근이라는 장점을 가진다. 스트레스 이완훈련은 가정폭력이라는 극도의 긴장 속에서 살아왔던 피해여성들의 스트레스를 감소시킬 뿐 아니라, 앞으로 스트레스 상황에 처하게 될 때 스스로를 이완시키는 방법을 습득케 할 수 있다. 오늘날 다양한 스트레스 이완훈련이 개발되어 있는데, 필자들은 스트레칭과 명상을 결합하여 스트레스 이완훈련을 실시하였다. 단, 가정폭력 피해여성을 위한 집단과 같이 치유적인 성격이 강한 집단에서 교육을 선행하면 자칫 몸으로 느껴야 하는 것을 인지적으로 받아들일 우려가 있어서 선 체험-후 학습(experience-learning) 방법을 택하였다.

1. 스트레칭

필자들은 스트레스 이완훈련에 스트레칭을 포함시켰을 뿐 아니라, 거의 모든 집단 회기를 스트레칭으로 시작하였다. 이는 스트레칭이 주는 여러 효과 때문이다. 우선 스트레칭은 근육을 풀어 주는 효과가 있다. 둘째, 쉼터에서는 일상생활의 공간과 집단프로그램의 공간이 동일하기 때문에 양자 간의 구분이 모호하여 프로그램이 산만해질 수 있다. 필자들의 경험에 의하면, 스트레칭은 역동적이므로 프로그램에 대한 몰입을 높이는 데 기여한다. 셋째, 가정폭력이라는 주제가 무거울 수밖에 없다는 점에서 스트레칭으로 시작하면 편안하고 여유 있는 분위기를 조성하는 데 도움이 된다. 넷째, 집단 회기마다 지속적으로 스트레칭을 실시함으로써, 건강에 대한 관심을 높이고 꾸준한 실천이 필요하다는 것을 깨닫게 할 수 있다.

단, 스트레스 이완훈련을 실시하는 회기에서는 스트레칭을 차분한 분위기의 명상으로 매끄럽게 전환시키는 데 유의해야 한다. 아래 사례에서는 신나는 스트레칭 동작을 행한 다음에 차분하게 자신의 소중한 몸을 느끼도록 하고 나서 명상으로 인도하고 있다.

*****

(스트레칭에 적합한 음악이 흐름) 팔 스트레칭, 어깨 돌리면서 풀기, 머리가 어깨에 닿을 것처럼 크게 천천히 고개 돌리기, 허리 돌리기, 무릎 돌리기, 어깨와 허리 풀어 주기 등 다양한 스트레칭이 실시된다.

손을 충분히 비빈 후, 눈에다가 살포시 올려 주세요. 따뜻한 기운이 눈에 들어가서 평생토록 맑고 초롱초롱한 눈이 되도록, 건강하게 비춰질 수 있도록, 죽을 때까지 맑은 눈을 가질 수 있도록……. 손을 많이 비빌수록 뜨거운 기운을 많이 느낄 수 있을 거예요. 천천히 눈동자를 돌려 줍니다. 오른쪽으로 세 번, 왼쪽으로 세 번 크게 돌려 줍니다. 손가락을 이용해 눈 가장자리, 코, 코뼈를 만져 주세요. 콧볼도 마사지하듯이 만져 주고 귀도 만져 주세요. 턱도 손가락을 쫙 펴서 머리카락을 쓸어 주고……. (음악이 끝남)

누워 볼까요? 두 다리를 올렸다가 자연스럽게 툭 내려놓으세요. 그럼, 살짝 벌어지겠죠? 어깨너비만큼 벌려 줘요. 이것을 송장자세라고 불러요. 죽은 듯이 편안하게, 내 몸의 어디가 긴장되나요? 주먹하고 발에 힘을 꽉 주었다가 탁! 놓아 보세요. 몸이 긴장되면 몸을 흔들어서 긴장되는 곳을 풀어 주세요. (명상 음악이 흐름)(2004년 4월 N쉼터 집단 3회).

2. 명상

스트레스로 인한 신체적 각성을 이완시키는 방법에는 Jacobson의 이완훈련과 같이 근육근을 이완시키는 방법과 명상을 통한 방법이 있다. 그동안 필자들은 명상 방법으로 이완훈련을 시도해 왔다. Herbert Benson은 이완반응(the Relaxation Response)에서 사람들이 이완할 수 있도록 돕는 데 공통적인 4개의 핵심 요인들을 규명하였다. ① 조용한 장소를 택한다. ② 편안한 자세를 취한다. ③ 집중할 대상을 가진다. 예를 들어, 호흡, 이상적 장소에 대한 생각 혹은 혼자 반복적으로 되뇔 수 있는 중립적 단어나 구절과 같은 것이 이에 해당된다. ④ 수동적 태도를 가진다. 이는 일상의 관심사를 더 이상 생각하지 않음으로써 이를 떨쳐 낼 수 있도록 하는 것이다. 이런 수동적 태도가 이완의 핵심 요소다(Benson, 1975; Zastrow, 1993: 262에서 재인용). 다음은 Zastrow의 스트레스 관리에서 제시된 연습 과제를 토대로 재구성한 이완훈련이다(Zastrow, 1993: 267-271).

*****

이제 몸을 그만 움직이세요. 숨을 아주 천천히 들이쉬고 내쉬고, 천천히 다시 들이쉬고 내쉬고, 숨을 깊이 들이쉬고, 내쉬면서 몸의 긴장을 천천히 풀어 줍니다. 머리끝, 어깨, 가슴, 손, 배, 엉덩이, 허벅지, 무릎, 발의 긴장을 조금씩 조금씩 풀어 봅니다. 숨을 깊이 들이쉬고 내쉬면서 몸의 긴장을 풀어 봅니다. 지금 이 순간, 머릿속에 떠오르는 것, 여러 가지 생각들을 다 내려놓고, 호흡에 집중해 봅니다. 내 몸의 어디에서 긴장이 느껴지는지, 어디가 불편한지 느껴 봅니다.

다시 숨을 들이쉬고 내쉬고, 떠오르는 생각들은 흘려보내고. '자, 이제 긴장을 풀자. 긴장을 풀자.' 라고 맘속으로 얘기해 보세요. 눈을 감은 채로, 마음속으로 '긴장을 풀자.' 라고 자신에게 말해 주세요. 어려움과 스트레스는 다 내려놓고, 내 몸에 집중을 해 봅니다. '긴장을 풀자.' 긴장이 풀리는 곳을 느껴 봅니다.

이제 상상의 세계로 들어가 봅시다. 가장 편안한 장면을 떠올려 봅니다.

따사로운 햇살이 비추는 해변가를 상상해 봅니다. 따뜻하고 여유로운 목욕을 할 수 있는 목욕탕을 상상해 봅니다. 포근한 엄마의 품을 상상해 봅니다. 살랑살랑 바람이 부는 커다란 나무 밑에 누워 있다고 상상해 봅니다. 이 세상에서 가장 편안한 장소에 내가 누워 있다고 상상해 봅니다. 얼마나 기분이 좋은지, 얼마나 편안한지를 느껴 봅니다. 떠오르는 생각들은 다 흘려보내고, 편안함을 느껴 봅니다. 천천히 눈을 뜨고, 왼쪽으로 몸을 돌려서 일어나겠습니다(2004년 4월 N쉼터 집단 3회).

3. 피드백 나누기

선 체험-후 학습의 훈련에서는 체험을 하고 난 후에 피드백을 나누는 것이 중요하다. 피해여성들이 스트레스 이완훈련을 하면서 느낀 점을 나누도록 격려하고, 좀 더 구체적으로 언어화할 필요가 있으면 이를 이끌어 내 주도록 한다.

지 도 자: 오늘 명상을 함께해 보았는데 명상할 때의 느낌이 어땠는지 나눠 보고 싶군요.

피해여성: 저는 (명상) 멘트대로 태양의 빛을 느끼기도 하고, 나무 그늘에 앉아 있기도 하며, 그렇게 자연과 함께했어요. 그 순간에는 나 자신을 잊어버리고 편안함을 느꼈어요.

피해여성: 좀 가라앉는 것 같지 않아요?

지 도 자: 가라앉는 기분이 어떤 건지 좀 더 자세히 말해 주실래요?

피해여성: 부정적인 면이 좋아졌어요.

지 도 자: 편안하게 가라앉았다는 뜻인가요?

피해여성: 네. 그러니까 화풀이 대상을 대할 때 화나고 싫었는데 지금은 그 대상이 좋게 받아들여져요. 잠깐 동안에 지혜를 얻게 된 것

같아요.

피해여성: 어떻게 그렇게 될까?

피해여성: 나도 모르겠는데 그렇게 되데. 얻은 걸 이야기하라면 그거야.

지 도 자: 천사 님은 어땠어요?

천　　사: 난 푸른 바닷가에 서 있는데, 바다를 보니 속이 울렁거리고, 어제 신랑한테 전화가 와서 감정이 조금…….

지 도 자: 감정이 조금?

천　　사: (울먹이며) 파도가 막 덮칠 것 같은…….

지 도 자: 어제 전화받은 것이 힘들어서 명상을 할 때 파도가 덮치는 느낌을 받으셨던 것 같네요. 무엇인가 걸리는 일이 있으면 마음을 비우고 집중하기 어렵지요. (이 때문에) 영향을 받기도 하고요. 지금까지 명상을 하면서 느낀 점을 나누어 보았습니다. 명상을 처음 해 보았기 때문에 생소하게 느꼈던 분들도 있었을 것입니다. 다행히 편안함을 느끼신 분들이 많네요. 이런 편안함은 소중한 것 같아요. 흔히 어렵고 고통스러운 일이 있으면 온통 머릿속이 이것으로 꽉 차고 스트레스를 심하게 받게 되는데, 그걸 내려놓기 힘들 때가 많지요. 폭력도 그런 것 중의 하나고요. 지금 체험해 보신 것처럼 명상은 잠시라도 힘겨운 것을 내려놓을 수 있는 좋은 방법입니다(2004년 4월 N쉼터 집단 3회).

4. 나에게 맞는 방법 찾아보기

체험과 피드백이 끝난 후, 위에서 실시한 세 가지 이완훈련에 대해 간단하게 설명해 주도록 한다. 설명이 끝나면 피해여성들에게 각각의 방법에 대한 느낌을 물어보고 자신들이 선호하는 이완법이 무엇인지 생각해 보도록 한다.

지 도 자: 지금 체험해 본 것에는 세 가지의 긴장이완법이 들어 있습니다. 첫 번째는 호흡법입니다. 숨을 길게 내쉬었다 들이쉬었다 하면서 긴장을 이완하는 호흡법입니다. 두 번째는 '긴장을 풀어. 긴장을 풀어.'라고 마음속으로 자신에게 속삭여 주는 방법입니다. 그리고 세 번째 방법은 자신이 가장 좋아하는 장면들, 편안한 사람, 편안한 장소, 편안한 것들을 상상해 보는 것입니다. 짧은 시간이었지만 여러분들이 세 가지의 긴장이완법을 체험해 보신 거예요. 사람마다 취향이 다르기 때문에 이들 방법에 대한 느낌도 다르실 거예요. 어떨 때 긴장이 가장 잘 풀렸던 것 같으신가요?

피해여성: 호흡할 때요. 명상하면서 푸른 하늘을 바라봤을 때, 내 마음의 무거운 짐을 내려놓는 것 같았어요.

지 도 자: 다른 분은 어떠셨어요? 사람에 따라 편안한 것이 다를 수 있으니까요.

피해여성: 저는 명상 멘트에서 호흡하라는 것과 내가 호흡하는 것이 잘 안 맞더라고요. 멘트에서는 천천히 하라고 하는데, 저는 벌써 호흡이 빨라지거든요, 하하하. 근데, 명상음악을 듣는 것은 아주 좋았어요.

지 도 자: 들국화 님은 어떠셨어요? 지금 많이 힘드신 상태이신데…….

들 국 화: 저는 아직, 음악이…….

지 도 자: 편안하게 말씀하세요. 여기선 무엇이든 느낀 대로 이야기할 수 있으니까요.

들 국 화: 저는 음악이 안 들려요.

지 도 자: 많이 긴장해 있으면 음악이 들리지 않을 수 있지요. 여기에서는 내가 긴장하고 있는지 이완되어 있는지 몸의 느낌을 느껴 보는 것이 중요합니다. 그리고 자신에게 적합한 긴장 푸는 방법은 어떤 것인지 찾아볼 필요가 있지요(2004년 4월 N쉼터 집단 3회).

제2절 스트레스 자가점검

1. 가정폭력 자가점검

가정폭력으로 어떤 스트레스를 받았는지 점검하기 이전에 가정폭력을 객관적으로 측정해 보면 도움이 된다. 가정폭력 척도는 여러 가지가 개발되어 있으므로 선별적으로 사용할 수 있을 것이다. 여기에서는 필자들이 사용했던 척도들을 소개하고자 한다. 학력이 낮은 피해여성들은 복잡한 척도를 부담스러워하는 경우도 있는데, 집단에서는 자가점검이 주목적이므로, 5점 척도 대신 경험 유무만 체크하도록 하였다. 필자들의 경험에 의하면, 한두 항목을 제외하고 모든 항목에서 신체적 학대를 받았다고 체크하는 피해여성들이 의외로 많았다. 이는 비신체적 학대 척도에서도 마찬가지였다. 가정폭력에 대한 자가점검을 하면서 피해여성들은 자신들이 얼마나 극심한 가정폭력의 피해자였는지를 다시 한번 자각하게 된다.

| 〈표 5-1〉 | 신체적 학대 척도

( ) 1. 그가 나에게 성관계를 갖도록 강요한 적이 있다.
( ) 2. 그가 폭력적으로 나를 밀치고 밀어부쳤다.
( ) 3. 그가 내 팔과 몸을 주먹으로 때렸다.
( ) 4. 그가 흉기로 나를 위협했다.
( ) 5. 그가 나를 너무 심하게 구타해서 병원치료를 받아야 했다.
( ) 6. 그가 내 얼굴과 머리를 손바닥으로 갈겼다.
( ) 7. 그가 술 마시고 나면(술 마시면서) 나를 때렸다.
( ) 8. 그가 나에게 생명의 위협을 느끼게 만들었다.
( ) 9. 그가 나를 집어던졌다.
( ) 10. 그가 내 얼굴과 머리를 때리고 주먹질하였다.
( ) 11. 그가 내 얼굴을 너무 심하게 때려서 밖에 나가기 부끄러웠다.

(　) 12. 그가 나를 죽일 것처럼 행동하였다.
(　) 13. 그가 칼이나 다른 날카로운 것으로 나를 찌르겠다고 위협하였다.
(　) 14. 그가 내 목을 조르거나 목을 매달려고 하였다.
(　) 15. 그가 나를 때려서 기절시키고 나서 나에게 발길질을 하였다.
(　) 16. 그가 내 손가락, 팔 혹은 다리를 꺾어서 아프게 하였다.
(　) 17. 그가 나에게 위험한 물건을 집어던졌다.
(　) 18. 그가 나를 너무 심하게 물거나 할퀴어서 피가 나오고 멍이 들었다.
(　) 19. 그가 나의 피부를 꼬집거나 아프게 비틀었다.
(　) 20. 그가 성관계를 하는 동안 나를 심하게 아프게 하였다.
(　) 21. 그가 나의 가슴이나 성기에 상처를 입혔다.
(　) 22. 그가 베개, 타월 혹은 다른 물건으로 나를 질식시키려고 하였다.
(　) 23. 그가 뾰족한 물건으로 나를 찔렀다.
(　) 24. 그가 나의 뼈를 부러뜨렸다.
(　) 25. 그가 내 얼굴과 머리를 발로 찼다.

출처: Walter W. Hudson (1992); Corcoran & Fischer (2000), *vol. 1*, p. 159.

|〈표 5-2〉| 비신체적 학대 척도

(　) 1. 그가 나를 얕보고 우습게 여긴다.
(　) 2. 그는 나에게 자기 변덕에 복종할 것을 요구한다.
(　) 3. 내가 남편에게 너무 술을 많이 마신다고 하면 화를 낸다.
(　) 4. 그는 내가 원하지 않을 때도 섹스를 요구한다.
(　) 5. 그가 생각했던 시간까지 내가 일을 끝내지 못하면 성질을 낸다.
(　) 6. 그는 내가 남자 친구를 가지는 것을 원하지 않는다.
(　) 7. 그가 나한테 못생기고 매력 없다고 말한다.
(　) 8. 그는 내가 자기가 없으면 아무것도 못할 것이라고 말한다.
(　) 9. 그는 내가 자기 하인인 것처럼 행동한다.
(　) 10. 그가 다른 사람들 앞에서 나에게 창피를 주거나 모욕한다.
(　) 11. 그는 내가 그의 의견에 반대하면 매우 화를 낸다.
(　) 12. 그는 나한테 돈에 대해서 인색하다.
(　) 13. 그는 나를 지적으로 얕본다.
(　) 14. 그는 내가 집에만 머무를 것을 요구한다.

( ) 15. 그는 내가 일(직장)을 하지 않아야 한다고 느낀다.
( ) 16. 그는 내가 여자 친구들과 어울리는 것을 원하지 않는다.
( ) 17. 그는 내가 원하거나 말거나 섹스를 요구한다.
( ) 18. 그는 나에게 소리를 지른다.
( ) 19. 그는 술을 마시면 나에게 소리를 지른다.
( ) 20. 그는 나에게 명령을 내린다.
( ) 21. 그는 내 감정을 존중해 주지 않는다.
( ) 22. 그는 나에게 난폭하고 못살게 군다.
( ) 23. 그는 나를 무섭게 한다.
( ) 24. 그는 나를 저능아처럼 취급한다.
( ) 25. 그는 나에게 무례하게 군다.

출처: Walter W. Hudson (1992); Corcoran & Fischer (2000), *vol. 1*, p. 157.

2. 스트레스 증상 자가점검

가정폭력은 피해여성에게 여러 후유증을 남기기 때문에 집단에서 이는 반드시 다루어져야 하는 이슈다. 필자들도 여러 방법으로 이 이슈를 다루어 보았다. 집단에서 후유증에 대한 논의로 바로 들어가는 것보다는 피해여성들이 스스로 점검해 보는 기회를 제공하면 효과적이다. 이때 손쉽게 사용할 수 있는 것이 스트레스 척도다. 다양한 스트레스 척도가 이용 가능하므로, 집단지도자가 적합하다고 생각하는 척도를 사용하면 된다. 스트레스 척도를 사용하면 다음과 같은 측면에서 유용하다. 첫째, 스트레스 수준에 대한 객관적인 평가가 가능하다. 둘째, 척도를 통해서 가정폭력이 어떤 영향을 미쳤는지 그리고 이로 인해 얼마나 스트레스를 받아 왔는지에 대해 생각해 보도록 할 수 있다. 셋째, 스트레스에 대한 자가점검은 스트레스에 대한 논의를 활성화시킨다. 단 척도를 선택할 때, 스트레스 자가점검을 통해 피해여성들이 무엇에 대해 생각하기를 원하는지 그리고 이를 토대로 집단에서 무엇이 논의되기를 원하는지 고려해야 할 것이다.

예를 들어, 아래의 항목들은 스트레스로 인한 행동, 감정 및 신체 증상을 자가점검하는 데 편리하다. 아래 사례들은 피해여성들이 가정폭력으로 행동적, 감정적 및 신체적 측면에서 심각한 영향을 받고 있음을 보여 준다. 흔히 피해여성 자신도 너무나 많은 증상을 체크하게 되어 스스로 놀라고 침울해지며 심지어는 좌절감을 느끼기도 한다.

그래서 필자들은 집단에서 가정폭력 및 이에 수반된 스트레스 증상을 다

〈표 5-3〉 가정폭력과 스트레스 증상	
내가 느끼는 행동들은?	
( ) 신경질적인 웃음	( ) 창의성을 상실함
( ) 일의 능률이 떨어짐	( ) 과음 혹은 과식
( ) 말을 더듬게 됨	( ) 집중능력 상실
( ) 깜짝깜짝 놀람	( ) 인내심이 없어짐
( ) 짜증스러워짐	( ) 쓸데없는 일을 하게 됨
내가 느끼는 감정들은?	
( ) 분노	( ) 원망
( ) 불만족	( ) 소심해짐
( ) 불안해짐	( ) 두려워짐
( ) 거의 피해망상을 가지게 됨	( ) 우울해짐
( ) 내가 문제가 있는 사람처럼 느껴짐	( ) 혼란스러움
( ) 압도되어 버려서 어쩔 줄 모름	( ) 무력하고 무기력하게 느껴짐
내가 경험하는 신체적 증상들은?	
( ) 식욕상실	( ) 설사
( ) 구토	( ) 진땀을 흘림
( ) 자주 소변이 마려움	( ) 떨림
( ) 어지럽고 힘이 하나도 없음	( ) 감기에 잘 걸림
( ) 혈압이 올라감	( ) 긴장이 심해 근육이 경직됨
( ) 호흡이 불규칙해짐	( ) 피부가 가렵고 발진이 돋음
( ) 소화가 안 되고 위궤양이 생김	( ) 두통, 근육통 등 여러 곳에 통증이 옴

출처: Zastrow (1993), p. 256에서 재구성.

룰 때 이를 정상화하고자 노력하였다. 다시 말해서, "사람들은 누구나 스트레스를 심하게 받으면, 이런 행동, 감정, 신체적 증상을 경험할 수 있다."라고 설명함으로써, 극심한 스트레스 증상을 유발하기는 하지만 가정폭력도 스트레스의 하나이며 극복 가능하다는 점을 부각시키기 위해 노력하였다.

*****

저는 안 좋은 게 많이 체크됐거든요. 스트레스를 받으면 집중력이 떨어져서 번호 하나 기억 못할 정도로 심해요. 남들에게 나를 보여 주지 않으려고 혼자서 하지 않아도 될 일을 만들어서 해요. 일이 터질 때마다 맘속에 응어리가 생기고, 혹시나 저 사람(남편)이 나를 언제 어디서 때릴지 모른다는 두려움이 있어요. 나란 존재가 살아야 될 이유가 있나 하는 우울증이 밑바탕에 깔리더라고요. 심리적으로 너무 스트레스를 받다 보니, 하루에도 열두 번씩 화장실을 가고, 일부러 물을 안 마셔 봤는데도 그렇게 가게 돼요. 애 아빠가 소리만 치면 화장실을 가게 돼요. 몸이 저절로 떨리고, 실제로도 몸이 오그라들어요. 혈액순환이 안 되더라고요. 어지럽고 기대고 싶은데 기댈 데가 없다고 느껴져요. 지금은(쉼터에 와서는) 일단 몸은 편해요.

저는 참을성도 없었고, 집중력도 없었고요. 불안증도 있었어요. 내 존재를 잊고 싶어 일을 해요. 그리고 늘 소심했었고, 항상 죽음에 대한 불안감에 떨었어요. 머리가 항상 혼란스럽고 복잡했어요. 불면증에 오장육부가 다 상해서 중환자실까지 갔었는데, 차트에 아무 이상 없다고 나왔다가 나중에는 스트레스로 진단이 나왔어요. 정말 물 한 모금도 삼킬 수 없었고, 신경 쓰면 나도 모르게 소름끼치고, 소변이 마렵지 않은데도 화장실 가야 되고, 앉았다 일어설 때 어지러워요. 지금은 많이 건강해졌고, 여기에 와서 평안함을 찾았어요.

제가 느끼는 행동들은 창의성 상실, 집중능력 상실, 짜증스러움, 기억력 상실인 것 같아요. 느끼는 감정들은 처음에는 분노였어요. '네가 나한테 어떻게 이렇게 했니?'라는 분노가 강했는데, 시간이 지나고 나니까, 지금 두 달째인데, 분노가 사라지면서 원망이 되더라고요. 그리고 앞으로 어떻게 될까 하는 두려움이 생기고, 우울해져요. 또 혼자 있으면 무력해지고 고독해져요. 신체적 증상으로는 식욕이 상실되고, 설사와 변비가 있고, 가슴이 떨려요. 어지럽고, 힘이 없고, 긴장이 심하다 보니 근육이 경직되고, 소화도 안 돼요. 근데, 여기 와서는 식욕과 근육이 경직되는 건 없어졌어요. 앞으로 살아가면서 나아질 거란 생각이 들어요(2004년 4월 N쉼터 집단 3회).

제3절 스트레스 극복하기

1. 입소 후 스트레스의 변화에 대한 인식

위에서 피해여성들은 가정폭력 상황에서의 극심한 스트레스 증상에서 시작하지만 쉼터에 와서 일부 증상들이 완화되고 있다고 끝을 맺고 있다. 이와 같이 쉼터 입소 후 스트레스 증상이 다소 완화되는 것은 폭력의 중단, 안전한 장소, 상담 및 서비스 등에 기인한 것이다. 흔히 이런 변화에 대한 논의를 통하여 가정폭력으로 인한 스트레스 증상들이 완화되고 있음을 인식하는 것이 스트레스 극복의 첫걸음이다.

◉ 처음에는 극도로 예민하고 혼란스럽다

피해여성들은 쉼터에 입소한 직후 일정기간 동안 안절부절못하고 예민해져 있으며 혼란스러웠다고 지적한다.

*****

저는요. 들어온 지 며칠 안 돼서 아직 조절이 안 돼요. 잠도 잘 못 자고, 몇 분마다 주위에 언니들 자는 모습을 봐야 되고요. 아직 감정조절이 안 돼요. 많은 사람들이 웃고 행복해 보이는데 저는 조절이 안 돼요. 사람들 앞에 서면 아직은 나 자신이 너무 초라해지기 때문에 자신감이 없다는 것, 또 처리해야 할 일들이 있기 때문에 이 일 저 일 뛰어다녀야 된다는 것, 극도로 신경이 예민해져서 날카로워져 있다는 것 때문인지 매일 아침 꿋꿋하게 살아야지 하고 다짐해도 매일 허황되게 느껴져요. 이렇게 감정조절이 안 돼요.

아무것도 아닌 것 같고, 상처 받고 앞으로도 감당할 수 없을 것 같다는 생각이 들고, '내가 똑바로 살 수 있을까? 흔들리지 않고 혼자서 살 수 있을까?' 하는 생각이 들어요(2004년 4월 N쉼터 집단 3회).

◉ 조금씩 안정과 자신감을 회복하지만 앞날에 대해 걱정한다.

아래 사례에서와 같이, 쉼터에 와서 어느 정도 시간이 흐른 피해여성들은 조금씩 안정과 자신감을 찾아가는 자신을 발견한다. 그러나 남편과 접촉하거나, 이혼 재판 등이 순조롭지 않으면 정서적으로 심한 기복을 경험한다. 주목해야 할 점은 가정폭력으로 인한 스트레스 증상들이 다소 완화되면서, 피해여성들은 이혼 문제, 경제적 자립 문제, 주거 문제, 자녀양육 문제 등 현실적인 문제 때문에 답답해하고 조급해하는 등 다른 유형의 스트레스를 받게 된다.

*****

난 쉼터에 와서 편안했고, 지금은 침착하고 평온하게 느껴져요. 그리고 내가 해야 할 일을 잘 감당할 수 있다는 자신감을 느꼈고, 앞으로는 이 일 저 일로 뛰어다녀야 한다고 느꼈어요. 단지 미래에 대해서는 생각이 많아서 신경이 예민해져 있다고 느껴요.

처음 와서는 보름 정도 계속 울기만 했는데 지금은 안정이 돼서 잠은 잘 자요. 잠을 잘 잘 수 있게 된 것은 복이라 생각하고요. 지금 현재 재판을 하고 있는데, 아직 정리가 되지 않아서 힘들기 때문에 어디 넓은 바닷가나 공기 좋은 곳에 가서 '빨리 끝나 새 출발 하고 싶다.' 라고 소리 지르고 싶어요. 이혼 문제로 커다란 압력을 받아서 압도당했다는 느낌을 받았어요. 그리고 자립준비도 하고 직장도 잡고 앞일도 생각해야 하는데 이혼 문제에 붙들려서 해야 할 일을 못하고 있어 안타까워요.

저는 한편으로는 극도로 긴장되어 있고 신경이 과민한 상태이지만 다른 한편으로는 매우 침착하면서 평온함을 느껴요. 지금 제 상태가 그렇거든요. 다른 일을 할 때는 침착하고 평온하게 처리를 하는데, 이상하게 남편하고만 통화하면 그게 안 돼요. 나도 모르게 감정적으로 말하고 전화를 끊고 나서는 왜 내가 이렇게 했지 하며 후회하고요. 현재 해야 할 일은 엄청 많은데 전혀 못하고 있는 상태이기 때문에 답답해요. 그래도 닥치면 차분하게 해 나가야겠다는 생각이 들어요(2004년 4월 N쉼터 집단 3회).

2. 희망 심기와 지지적 분위기에서 언어화하기

1) 나아질 수 있다는 희망 심기

대다수 피해여성들은 쉼터에 와서 휴식을 취하고 상담을 받고 현실적인 문제들을 해결해 나가면서 증상들이 개선되기 시작하지만 이를 미처 깨닫지 못하고 있다. 필자들의 견해에 의하면, 이 시점에서 최우선적으로 해야 할 일은 피해여성들이 스트레스가 감소되고 증상이 개선될 수 있다는 희망을 갖도록 하는 일이다. 즉, 가해남편을 떠나기 이전보다 증상이 호전되었음을 확인하도록 한 후, 희망을 가지도록 돕는다. 예를 들어, 피해여성이 "그래도 닥치면 차분하게 해 나가야겠다는 생각이 들어요."라고 말했을 때, 집단지도자는 "그동안 자신감이 생기셨네요. 아직 구체적인 계획을 세우진 못했지만 닥치면 해 나갈 수 있다는 자신감은 커다란 발전이지요."와 같이 반응할 수 있다.

2) 지지적 분위기에서 언어화하기

잘 알려진 바와 같이, 지지적 분위기에서 속내를 이야기하는 것은 효과적인 스트레스 관리방법이다. 집단에서 스트레스를 이야기한다고 해서 스트레스를 가져왔던 문제가 해결되는 것은 아닐 것이다. 그럼에도 스트레스를 언어화하는 것 자체만으로도 스트레스를 감소시키는 효과가 있다. 이와 더불어 집단지도자는 피해여성이 스트레스에 대해 이야기하는 것이 스트레스 감소에 도움이 된다는 것을 깨닫도록 돕는다. 때로 집단에서 스트레스에 대한 논의를 하다 보면 감정이 격해지는 피해여성들이 있게 마련이다. 이럴 때는 피해여성의 감정을 다독이고 위로해 주는 시간을 잠시 가지면 좋다. 집단지도자가 직접 하는 것보다 피해여성들이 서로를 위로할 수 있는 기회를 제공해 주는 것이 집단 내에 지지적 분위기를 조성하는 데 도움이 된다.

아래 사례에서 보는 바와 같이 피해여성은 지지적인 분위기에서 자신의 스트레스에 대해 이야기하고 나서 기분이 훨씬 나아진 것을 깨닫게 되었다. 이런 긍정적 체험은 피해여성이 스트레스를 받을 때 언제라도 활용할 수 있다는 점에서 유용하다.

들 국 화: 몸만 여기 와 있지, 현실이 아닌 것 같아요. 적응이 안 돼요. (중략) 나오면 정리가 될 줄 알았는데 막상 나오니까 행동과 마음이 같이 안 움직여요. 너무 착잡하고 우울증에 걸려서 어떻게 될 것 같아요. 견디고 견디다가 나왔는데 내가 진짜 옳은 선택

을 한 것인가 모르겠어요. (중략)

지 도 자: 들국화 님은 생각이 정리되지 않고 혼란스러운 상태에 있으시군요. 그래도 이렇게 말하고 난 느낌은 어떠세요?

들 국 화: 울고 얘기하고 들어주니까 좋아요. 내가 꾹꾹 참아서 응어리지게 하는 것보다는……. 전에는 내 얘기를 들어주는 사람이 하나도 없었는데 이제 얘기를 들어줄 사람이 있다는 것이 좋아요. 무슨 여자가 그렇게 말이 많냐고 했거든요.

지 도 자: 지금 힘들어하시는 건 당연해요. 여기 계신 분들이 모두 비슷한 과정을 겪으셨을 텐데 누가 들국화를 위로해 주실 분 있으세요? 들국화 님이 많이 힘들어하시는데…….

피해여성: (들국화를 보면서) 저는 여기서 가장 힘들었었고 가장 심했었어요. 지금 힘들어서 (어떤 말을 들어도) 위로가 안 되겠지만, 지금은 시작하는 단계이니까 힘든 건 당연한 거예요. 시간이 지나면서 괜찮아지고 익숙해질 거예요. 힘들면 힘들수록 나 자신을 지켜야 되고, 나를 사랑해야 남을 돌아볼 수 있는 여유가 생긴다는 말을 해 주고 싶어요.

지 도 자: 감사합니다. 지금까지 스트레스가 심할 때 나에게 나타나는 행동, 내가 느끼는 감정 그리고 내가 경험하는 신체적 증상에 대한 이야기를 나누었습니다. 여러 사람들이 비슷한 증상들을 겪는 것 같군요. 여기에서 알 수 있는 것은 남들도 나처럼 비슷한 것을 겪는다는 것이지요. 내가 비정상이어서 이런 증상들이 나타나는 것이 아니라 가정폭력이라는 스트레스를 받은 사람들은 공통적으로 이러한 경험을 하게 된다는 것이지요. 다행스러운 것은 스트레스가 감소되거나 없어지면 증상도 따라서 감소되거나 없어질 수 있다는 사실이에요. 여러분들 중에는 이미 쉼터에 와서 스트레스가 많이 완화된 분도 있을 것이고, 이런

것을 보면서 나도 앞으로 좋아질 수 있다는 것을 알게 되셨을 것이라고 생각해요(2004년 4월 N쉼터 집단 3회).

3. 스트레스 극복 아이디어 나누기

가정폭력 피해여성들이 경험하는 스트레스 중에서 일정 부분은 생각을 바꾸거나 이완훈련으로 감소시킬 수 있다. 이에 따라 집단에서 스트레스를 극복하는 아이디어를 나누면, 몇 가지 장점이 있다. 우선 피해여성들이 스트레스에 대해 극복 가능하다는 믿음을 가질 수 있다. 둘째, 논의를 통해서 스스로 나아진 점을 확인할 수 있다. 셋째, 다른 사람의 이야기를 들으면서 새로운 아이디어를 얻을 수 있다. 넷째, 스트레스 극복을 위해 노력하겠다는 다짐을 하고 구체적인 실천계획을 세울 수 있다.

아래는 스트레스를 극복하는 아이디어를 나누고 있는 사례다. 피해여성들은 쉼터에 나오면서 폭력이 중단되었고 개별상담을 받고 집단프로그램에 참여하면서 증상이 완화되었다고 지적한다. 특히 쉼터에서는 같은 입장에 있는 여성들끼리 대화를 통해 서로 공감하고 이해할 수 있어서 커다란 도움이 되었다고 지적한다. 여기에서는 한 부분만을 발췌했지만 다양하고 재밌는 아이디어가 나올 수 있다.

지도자: 스트레스 극복 아이디어, 즉 '스트레스 받았을 때 이렇게 하니까 도움이 되더라.'는 아야기를 나눠 보면 좋을 것 같아요.

오뚝이: 전 감기를 달고 살았는데 그게 없어졌어요. 그리고 애 아빠가 들어올 시간만 되면 불안했는데 그게 없어졌어요. 그런데 우울한 것은 잘 안 없어지네요.

안개꽃: 저는 방에서 세 명 정도 같이 자는데 함께 대화를 하고 웃고 나면 그런 게 다 없어져요. 그래서 좋아요.

강　물: 전에는 대화도 못해 봤어요. 여기선 많이 하게 돼요.

새　싹: 대화를 하니까 가벼워지고요.

축　복: 같은 입장의 사람들이 와 있으니까 대화하기도 편하고 통하니까 좋아요.

지도자: 대화를 하면서 웃고, 서로 같은 입장에 있기 때문에 이해받는 게 도움이 되는군요. 또 어떤 방법이 있나요?

가　람: 저는 우울할 땐 그냥 울어요.

축　복: 난 눈물이 말랐는 줄 알았는데 말할 때마다 눈물이 나와요.

지도자: 우울할 때 이렇게 하니까 도움이 되었다는 경험을 가진 분이 있으신가요?

천　국: 저는 산책을 해요.

축　복: 혼자 있으면 우울한 생각이 나니까 주방에서 뭐라도 막 만들어요. 그래야 잊어버리지 나쁜 생각만 나니까.

가　람: 음식을 참 잘 하세요.

지도자: 축복 님 방법이 좋군요. 요리를 해서 칭찬도 받고 기분도 좋아지고.

천　국: 저는 손빨래를 해요.

지도자: 무엇인가 우울한 생각을 잊어버리는 일을 하는 것이 좋은 방법이었군요(2002년 4월 W쉼터 집단 3회).

집단프로그램에서는 가끔 외상후스트레스장애(PTSD)로 고통을 받는 피해여성들을 만나게 된다. 이에 따라, 스트레스 증상이 심할 때는 전문적 도움을 받는 것도 좋은 방법임을 알려 주도록 한다. 이와 동시에 스스로 전문적 도움을 구하는 것도 스트레스에 대처하는 역량을 키우는 일이라는 점을 인식시켜 주도록 한다.

4. 스트레스 관리방법 소개하기

1) 바디스캔으로 긴장 이완시키기

피해여성들은 가정폭력에서 벗어난 후에도 이를 연상시키는 작은 일에서 스트레스를 받게 된다. 예를 들어, 피해여성이 악몽을 꾸면 패닉상태에서 깨어날 뿐 아니라 온종일 이에 대한 생각이 떠올라서 하루를 망치게 된다. 이에 따라 피해여성들이 일상에서 스트레스를 관리하는 방법을 찾도록 도와줄 필요가 있다. 이때 쉽게 적용할 수 있는 것이 바디스캔(body scan)이다. 바디스캔은 신체에서 긴장된 곳을 찾는 것이다. 다음에 제시한 것은 긴장체온계를 사용하여 자신이 얼마나 긴장되어 있는지 또는 이완되어 있는지를 사정하여 긴장 점수를 측정하는 것이다. 피해여성은 스트레스를 받았다고 느끼면 조용한 자신만의 공간에서 언제라도 바디스캔을 할 수 있을 것이다.

① 바디스캔을 해 본다. 신체에서 가장 긴장된 곳이 어디인지 느껴 본다.
② 편안한 곳(의자)에서 가장 편안한 자세를 취하도록 한다. 두세 번 심호흡을 하고, 5초에서 10초 정도 이완을 한다.
③ 깊이 숨을 들이쉬고 5초에서 10초 정도 숨을 멈춘다. 그러고 나서 5초에서 10초 정도 정상적으로 편안하게 숨을 내쉬고 들이쉰다.
④ 가장 긴장된 신체 부위의 근육을 긴장시킨다. (처음에 알아차렸건 아니건 간에, 가장 긴장된 곳은 얼굴인 경우가 많다.) 5초 내지 10초 동안 긴장을 유지한다. 그러고 나서 10초에서 15초 정도 이 부위의 긴장을 푸는 데 초점을 두고 이완을 시켜 준다.
⑤ 이제 다시 긴장 온도를 측정해 본다. 현재의 긴장 점수는? 좀 나아졌다고 느끼는가?
⑥ 긴장 점수가 전체 100점 중에서 30점을 넘으면 ③과 ④를 반복한다.

스트레스를 경험한 후에 긴장하고 이완시키는 것이 중요하다. 스트레스를 받게 되는 사건을 겪었다고 해서 하루 종일 긴장한 상태로 지낼 필요가 없다. 이완이 되면 기분이 나아질 뿐 아니라 생각도 훨씬 명쾌해질 것이다(Kubany, McCaig, & Laconsay, 2004: 77).

2) 스트레스를 관리하는 다른 방법들

스트레스 관리방법에는 긴장 이완방법 이외에도 다른 효과적인 방법들이 있다. 스트레스 관리에 대한 간단한 교육자료를 배포해 주고 설명해 주면, 집단에서 논의되지 않았던 새로운 아이디어를 생각해 보는 데 도움이 된다.

〈표 5-4〉 스트레스 이렇게 극복한답니다
첫째, 목적을 정하고 시간을 효과적으로 관리하세요.
둘째, 긴장 이완을 해 보세요.
셋째, 운동을 해 보세요.
넷째, 자신의 몸을 돌보세요.
다섯째, 지지집단에 참여해 보세요.
여섯째, 다른 사람과 대화를 해 보세요.
일곱째, 긍정적 사고를 가져 보세요.
여덟째, 스트레스를 주는 생각을 바꿔 보세요.
아홉째, 해결할 수 있는 것은 해결책을 찾아보고, 지금 당장 해결하기 어려운 것은 일단 마음을 비워 보세요.
열째, 내가 좋아하는 일들을 해 보세요.

출처: Zastrow (1993); pp. 260-266.

제4절 대안적 접근

1. 몸은 기억한다

Copeland와 Harris에 의하면, "마음이 잊은 것을 몸은 기억한다." 우리가 기억을 떠올릴 때, 우리에게 일어났던 일이나 시간을 보냈던 장소에 대한 시각적 이미지를 그려 내기도 한다. 생각, 어휘, 이미지는 우리의 기억을 구성하지만 이것이 전부는 아니다. 우리는 소리, 냄새, 맛으로도 기억한다. 우리의 몸도 기억한다. 우리가 생각을 어휘로써 기억하듯이 우리의 몸은 감각으로 기억한다. 우리가 외상을 받으면, 몸은 심각한 스트레스에서 자신을 지키기 위해 호르몬과 다른 물질들을 방출한다. 심각한 외상이 반복되면, 몸은 이런 호르몬과 다른 물질들의 방출을 중단시키는 것을 잊어버리고, 항상 또는 거의 항상 긴장되고 짜증나고 불안하고 신경질적이 된다(Copeland & Harris, 2000: 115-116).

필자들의 경험으로는 머리로 기억하는 것은 의식할 수 있지만, 몸이 기억하는 것은 의식조차 되지 않는 경우가 많다. 앞에서 살펴보았던 긴장 이완훈련은 몸의 긴장을 이완시키는 효과적인 훈련방법 중 하나다. 그러나 가정폭력으로 부정적인 몸의 기억을 가진 피해여성들의 회복을 돕기 위해서는 보다 집중적으로 몸의 기억에 대해 다룰 필요가 있다. 필자들은 피해여성들이 몸의 느낌을 배우고, 특히 좋은 몸의 느낌을 경험하도록 돕는 다양한 시도를 하였다. 다음에서 이에 대해 소개하고자 한다.

1) 몸으로 만나요

'몸으로 만나요!'는 몸의 느낌을 체험하도록 하는 집단 활동이며 다음과 같이 진행된다.

① 악수하듯이 다른 사람과 손과 손으로 만나는 것이다. 두 팔과 두 손을 펴고 자유롭게 춤을 추듯이 느껴지는 대로 움직이다가 다른 사람의 손바닥에 닿게 되면 스치듯 만나는 것이다.
② 닿는 사람마다 손의 느낌을 느껴 본다. 손이 아니라 마음이 만난다고 느껴 본다.
③ 이번에는 눈을 감고 움직이면서 다른 사람과 손바닥으로 만나면서 그 느낌을 느껴 보도록 한다.
④ 음악에 따라 편안하게 움직이다가 이번에는 닿는 사람을 살짝 안아 준다.

'몸으로 만나요!'는 비교적 부담 없이 닿을 수 있는 신체부위인 손바닥을 만나는 데서 시작하여 따뜻한 포옹을 하도록 함으로써 몸의 느낌, 특히 좋은 몸의 느낌을 경험해 보도록 하는 집단 활동이다. 아래 사례는 '몸으로 만나요!'를 실시하고 나서 피드백을 나눈 내용이다. 흔히 피해여성들은 가정폭력 상황에서 힘겹게 생존해 왔기 때문에 자신을 돌봐야 한다는 것을 잊고 산다. 사례에서는 피해여성들이 몸의 느낌을 통해 힘겹게 사느라고 따뜻한 마음을 느끼지 못하면서 살아왔음을 자각하는 것을 볼 수 있다. 여기에서 집단지도자는 피해여성에게 나누어 주면서 사는 것도 중요하지만 자신을 돌보는 것도 중요하다고 지적해 준다. 이는 피해여성들이 자녀를 비롯한 다른 사람을 돌보는 데 급급해서 자신부터 회복해야 한다는 것을 잊는 경우가 있기 때문이다.

지도자: 모두 원을 그리고 앉아 봅시다. 오늘은 몸의 느낌을 느껴 보기 위한 시간을 가졌습니다. 손을 잡고 느낌에 대해 이야기해 봅시다.
둥　지: 낯선 사람을 안는 게 두려울 거라 생각했어요. 이렇게 마음으로 안아 보니 가슴이 뭉클하고 코끝이 찡했어요.

대나무: 낯선 사람을 안는 느낌은 어떨까 궁금했어요. 따뜻한 내 마음을 상대에게 전할 수도 있고, 그 마음을 받을 수도 있다는 것을 알았어요. (눈물 흘림)

지도자: 지금 흘리는 눈물은 어떤 의미인가요? 따뜻함에서 오는 눈물인가요?

대나무: 네. 나는 살면서 힘들어도 남들에게 폐 끼치는 것은 싫었어요. 그래서 많이 외롭고 힘들었지요. 내가 힘들 때는 다른 사람의 따뜻한 마음을 느낄 여유가 없었어요. 하지만 지금은 그 따뜻한 마음을 받을 수도, 줄 수도 있을 것 같아요. (울음) 나는 다른 사람이 나보고 잘 산다고 해서 그런 줄 알았어요. 그런데 내 아이들이 상처를 받고 있을 줄은 몰랐어요.

(중략)

지도자: 익숙하지 않은 것들에 대한 어색함이 있었을 수도 있어요. 안아보니 어땠나요?

써 니: 멀리 있었던 사람들에게 좀 더 다가갈 수 있는 시간이었어요.

안개꽃: 눈 감고 정신없이 다녔는데 나에게 조금만 더 여유가 있다면 다른 사람들에게 더 나누어 주고 싶어요.

지도자: 남에게 잘하고 싶은 따뜻한 마음은 너무 좋은데 그게 무겁게 느껴져요. 우선 자신에 대해 여유를 가지고 돌아볼 수 있었으면 좋겠어요.

현 미: 지금이 참 행복해요. 40여 년을 살면서 이렇게 행복한 적이 없었던 것 같아요. 예전엔 하루도 마음 놓고 보내 본 적이 없었어요. 울타리가 든든해요(2007년 4월 W쉼터 집단 3회).

2) 폭력이 남기고 간 몸의 느낌

피해여성들이 몸의 느낌을 연습하고 나면, 폭력이 남기고 간 몸의 느낌에 대해 다룰 수 있다.[2] 아래 사례에서 보는 바와 같이, 피해여성들에게 몸이 기억한다는 것을 설명해 주고, 폭력이 몸에 어떤 기억을 남겼는지에 대해 질문한다. 피해여성들은 큰 목소리, 전화벨 소리, 문소리 등 폭력과 관련된 소리에 민감하게 반응하고 있으며, 잠자는 때와 같이 폭력이 자주 발생했던 상황에서 몸이 더 경직됨을 볼 수 있다.

지도자: (집단 활동을 끝내고 나서) 모두 기분 좋은 몸의 느낌을 경험하신 것 같습니다. 다음에는 폭력이 우리 몸에 남긴 느낌에 대해 나눠 볼까 합니다. 기분 좋은 몸의 느낌은 간직하면 좋은 추억이 됩니다. 그러나 기분 나쁜 몸의 느낌은 그대로 두면 우리를 힘들게 합니다. 몸의 느낌은 오래 갑니다. 때로 기억은 희미해졌는데 몸의 느낌은 여전히 남아 있는 경우가 있습니다. 남편에게 폭력을 당한 뒤에 어떤 특정한 소리나 상황에 이르면 나도 모르게 무섭거나 긴장되는 경우가 있나요?

대나무: 큰 목소리에 놀라서 나도 모르게 문을 쳐다보게 돼요. 심장이 떨리고 다리가 풀려요. 폭력 상황을 피하기 위해 문밖으로 도망쳐야 한다는 생각에 큰 소리가 나거나, 문소리만 들려도 나도 모르게 고개가 (도망갈 수 있는) 문 쪽을 향하고 있는 것을 느껴요.

지도자: 다른 분들은 어떤가요?

현 미: 나는 평생 살면서 휴대전화 검사를 받고 살았어요. 지우면 될 걸 하는 생각이 이제야 들어요. (일제히 웃음) 여기서는 휴대전화가

2) 앞서 가정폭력으로 인한 스트레스 자가점검을 하기 이전에 스트레스 이완훈련을 먼저한 것과 같은 맥락에서 폭력으로 인한 몸의 기억을 먼저 진행하면 좋은 몸의 느낌을 체험하기 어렵기 때문에 이를 먼저 진행하였다.

울릴 일이 없으니 맘이 편해요.

호랑이: 전화벨 소리에 놀라요. 술 마신 날 하는 전화는 받기가 너무 힘들었어요. 처음부터 끝까지 다 욕이지요. 집에 들어오면 문을 여는 순간에 손이 먼저 올라와요. 문소리, 전화벨 소리에 가슴이 철렁 내려앉곤 해요.

써 니: TV에 나오는 게임프로를 보면 남편이 꼭 옆에 있는 것 같아요. 저뿐 아니라 14개월 된 아들이 남자를 무서워해요. 옆을 지나가기만 해도 몸을 움츠려요. 병원에 갔을 때 남자 의사가 진찰을 하면 아들이 놀라서 울어요. 그리고 나는 잠결에 많이 맞아서 잠을 잘 때 (언제 맞을지 모르니까) 나도 모르게 몸이 경직되어 있어요. 그래서 아침에 일어나면 온몸이 뻐근해요(2007년 4월 W쉼터 3회 집단프로그램에서).

3) Stop, 나쁜 느낌

위의 사례에서 보는 바와 같이 피해여성들은 폭력에서 벗어난 후에도 큰 소리나, 전화벨 소리만 들어도 마치 매를 맞을 때와 같이 경직된 반응을 보인다. 이에 따라 폭력으로 인한 나쁜 몸의 느낌을 규명하고 나면, 피해여성들에게 나쁜 느낌에 대처할 수 있는 방법을 가르쳐 주어야 한다. Copeland와 Harris는 다음과 같이 제시한다(2000; 120-121).

① 현재 하고 있는 일을 멈춘다. 천천히 그리고 깊이 숨을 들이쉰다. 숨 쉬는 것에만 집중한다. 천천히 숨을 내쉰다. 숨 쉬는 것에만 집중한다. 3~4번 숨 쉬기를 반복한다. 숨 쉬기가 끝나면, 몸의 이완을 느껴 보도록 한다.

② 현실 점검을 하도록 한다. 자신에게 다음과 같이 질문한다.

- 지금 무슨 일이 일어나고 있는가? 이 반응이 도움이 되는가 아니면

상황을 더욱 악화시키는가?

• 내 감정 혹은 내 반응이 현재 상황에 정말로 적합한 것인가 아니면 과거에 내가 습득했던 무엇 때문에 나타나는 반응인가?

2. 정성들이기와 강제적 성관계

피해여성들은 가정폭력으로 인해 나쁜 몸의 느낌을 많이 가지고 있다. 그중에서도 강제적인 성관계가 남긴 나쁜 몸의 느낌은 오랜 후유증으로 남는다. 집단에 따라 다르지만, 쉼터에 입소한 피해여성의 절반 정도는 매 맞은 후에 강제적인 성관계 경험을 가지고 있으며, 심한 경우에는 가학적인 부부강간을 경험하기도 한다(이원숙, 2004: 248-249). Bergen은 자신이 면접한 부부강간 피해여성 중에서 상처를 받지 않은 여성은 하나도 없었고, 부부강간이 끝난 후 짧게는 1년에서 길게는 14년이 지났지만 완전히 회복된 여성이 하나도 없었다고 지적한다(Bergen, 1996: 59). 이처럼 부부강간의 후유증은 심각할 뿐 아니라 장기적으로 지속된다.

이에 따라 집단프로그램에서는 신체적 학대와 강압적인 성관계로 인한 부정적인 몸의 느낌을 다루어 줄 필요가 있다. 이와 동시에 이들이 좋은 몸의 느낌을 체험하고 발견해 나가도록 도울 필요가 있다. 보통 8회 정도 지속되는 집단프로그램에서 이를 다루기에는 시간이 부족한 경우가 많다. 그리하여 필자들은 주로 8회의 집단프로그램 이후에 실시되는 캠프 프로그램에서 다루었다.

1) 정성들이기

정성들이기는 몸과 마음, 혼으로 만나는 시간이다. 깊은 사랑을 서로 주고받으며 관계의 새로운 장을 여는 시간이다. 피해여성을 두 그룹으로 나눠 한 그룹은 머리를 안쪽으로 해서 바닥에 엎드린다. 다른 그룹은 엎드린 짝의 오른쪽에 앉는다. 아래는 집단지도자가 하는 멘트를 포함한 진행방법이다.

*****

엎드린 친구는 옆에 앉은 친구의 얼굴을 떠올리면서 끝까지 마음으로 친구의 이름을 부릅니다. 친구의 이름이 가슴속 깊이 메아리치도록. 앉아 있는 친구는 무릎을 꿇고 앉아 옷매무새를 고칩니다. 천천히 오른손을 들어 친구의 등에 올리고 서로의 호흡을 느끼며 하나가 되도록 숨을 쉬어 줍니다. 들이쉬고 내쉬고……. (잠깐의 시간을 주고)

옆에 앉은 친구는 두 손을 기도하듯이 가슴 앞에 모읍니다.

모아진 두 손을 조금씩 하늘을 향해 올립니다.

정성을 다해, 몸과 마음과 혼을 담아서…….

내 몸도 둥실 하늘로 떠올라 갑니다.

하늘 끝에 내 손끝이 닿고

하늘에서 따뜻한 기운이 내 온몸으로 들어옵니다.

손끝부터 머리, 가슴, 배, 발끝까지 하늘에서 내려온 빛으로 가득 차고 내 몸은 따뜻해집니다.

두 손을 천천히 가슴 앞에 모으면서 내 몸도 아래로 아래로 내려옵니다.

하늘로부터 받은 빛과

내 마음 깊은 곳에서 길어 올린 정성을 담아 두 손을

살며시 친구의 등에 올립니다.

마사지나 안마가 아니라 두 손으로 따뜻한 기운을 전해 주는 것입니다.

두 손을 조금씩 움직여 오른팔을 지나 손끝까지 골고루 기운을 전해 줍니다.

조금씩 위로 올라와 왼팔, 팔꿈치, 손끝까지 정성껏 따뜻한 기운을 전해 줍니다.

위로 다시 올라와 등줄기를 따라 점점 내려가면서 허리, 허벅지, 발끝까지 기운을 전합니다.

세상을 다 주고도 바꿀 수 없는 귀한 목숨,

어느 누구도 대신할 수 없는 귀한 생명을 가진 내 친구에게

내 몸과 혼으로 온 마음을 다해 정성껏

기운을 전합니다.

발끝에서 잠시 머물고 다리 양옆에서 허리로, 옆구리로, 위로 위로 올라갑니다.

사랑의 기운, 소망의 기운, 치유의 기운이 친구의 몸속 구석구석 골고루 퍼지도록 기운을 넣어 줍니다. 겨드랑이를 지나 등 위로 올라와 목, 머리, 얼굴까지 골고루 기운을 넣어 줍니다. 살짝 손을 귀에 멈추고 한쪽씩 귀에 생명의 숨을 불어넣어 줍니다.

엎드린 친구를 지금까지의 기운이 흩어지지 않도록 조심스럽게 눈을 감은 채 몸을 일으키게 하고, 앉아 있는 친구는 무릎을 편안히 해서 아기를 안듯이 안아 줍니다. 아기가 되어 엄마 품에 안긴 것처럼 힘을 빼고 폭 안깁니다. (시간을 2분 정도 준다)

(역할을 바꿔 다시 한번 시행한다.)

(두 번째 안아 주기가 끝나면

엄마가 아기를 업어 주듯이 업어 주기를 한다.)

기운이 흩어지지 않도록 일어나 방금 안아 주었던 친구가 엄마가 되어 아기를 업어 줍니다.

힘이 들면 뒤에서 업힌 것처럼 하고 방을 크게 천천히 한 바퀴 돌아 줍

니다. 아기가 된 친구는 엄마 등에 업힌 아기처럼 몸을 맡기고 편히 쉬고 엄마의 품을 느낍니다.

(역할을 바꿔 한 번 더 시행한다. 시행이 끝나면 느낌 나누기를 한다.)

필자들의 경험으로 '정성들이기'는 피해여성들에게 새롭고 신선한 경험으로 다가온다. 일부 피해여성들은 자신의 몸이 소중히 다루어졌던 경험이 거의 없다. 아래 사례에서는 "이 나이 먹도록 남편한테 (따뜻하게) 안겨 본 적이 없다."라고 이야기한다. 필자들은 집단에서 정성들이기를 하고 나서, "이렇게 소중하게 자신의 몸이 다루어진 적이 없었다."라고 하면서 우는 피해여성들을 여러 차례 만났다.

하 늘: 너무 편했고 몸이 아픈 사람이 이걸 하면 나을 거 같다는 생각을 했어요.

강 물: (울음) 아기 엄마한테 안기는데, 내가 이 나이 먹도록 남편한테 안겨 본 적이 없어요. 그 생각을 하니까 하도 기가 막혀서 운 거예요. 청춘을 너무 억울하게 지내 가지고……. 내가 이 나이에 이렇게 될 줄은 생각도 못했지요. 행복하게 살 줄 알았는데, 이렇게 있어도 가슴이 항상 아파요.

지도자: 마음이 너무 아팠군요.

새 싹: 가슴이 아파서(울먹임) 눈물이 나오더라고요. 엄청 상처가 많은데 그 상처까지 나은 것 같아요. 엄마한테 안긴 것 같고 갓난아기가 된 것 같아서 편했어요. 여기에서 아이들로 인해서 받은 상처는 아물었거든요. 그런데 그전에 받았던 상처가 떠오르더라고요.

사 랑: 내 몸 구석구석까지 누가 어루만져 준 적이 있나 하는 생각이 들었어요. 아기처럼 안아 주었을 때 좋더라고요(2002년 4월 W쉼터 집단 7회).

2) 강제적 성관계와 이의 부정적 영향

정성들이기를 하고 난 다음, 강제적인 성관계와 이로 인한 부정적인 몸의 느낌을 나누도록 한다.

지도자: 소중한 내 몸이 남편에 의해서 함부로 다루어진 것이 얼마나 가슴 아픈지……. 그것뿐만 아니라 때리고 난 다음 강제로 섹스를 하려고 했을 때도 있었죠. 우리 그런 이야기를 한번 해 볼까요? 내 몸에 대해서 그리고 오늘 느낌에 대해서 하고 싶은 대로 이야기를 해 봅시다.

깜 미: (중략) 그 부분(강제 성관계)에 대해서 잊고 있었는데 아까 선생님이 말씀하셔서 생각났어요. 아까 정성들이기는 즐거운 마음으로 하는 것이었지만 그 사람과의 관계는 그게 아니었어요. 내가 원치 않아도 자기가 원하면 언제든지 해야 되고, 더군다나 맞아서 피투성이가 됐는데도, 피가 흐르고 있는 상태에서도 (울음) 그랬었거든요. 심한 경우 그땐 밤이었는데 밖에서 내 몸도 못 가눌 정도로 맞고 났는데 거기서 옷을 벗으라고 했을 때, 그때가 진짜 너무너무 참을 수 없는 치욕이었어요. 잊고 싶어요. 더 이상 당하고 싶지 않고 보란 듯이 다시 일어나고 싶어요(2002년 4월 W쉼터 집단 7회).

강제적 성관계는 낮은 자아존중감뿐만 아니라 불안, 모욕감, 자살충동, 남편 살해충동 등 정서적으로 부정적인 영향을 준다(이원숙, 2004: 251). 무엇보다도 부부강간은 성적인 후유증을 남긴다. 피해여성들이 지적하는 대표적인 후유증은 불감증이다. 부정적인 성적 후유증은 매우 심각해서 피해여성들이 남편을 떠난 이후에도 지속되는 경우가 많다. 이는 성적 즐거움을 느낄 수 있는 능력이 손상되었을 뿐 아니라 성적 욕구를 억압하도록 하고 남성에 대한 부정적 태도를 가지도록 한다(이원숙, 2004: 252).

*****

아이를 셋이나 낳았어도 그런 느낌(성적 즐거움)을 못 느꼈어요. 계속 강제로 당했으니까요.

저도 마찬가지예요. (즐거움이) 와 닿지를 않는 거야. 목석이라고 해요.

네. 이거(성관계) 좋은 줄 모르겠어요. 저도 결혼 생활을 21년 했는데 거기에서 행복을 느끼고 즐거움을 느끼는 것은 없어요.

그렇게 하니까 진짜 문(질)이 안 열리고 움직이면 아파요. 그 뒤로 좋은 느낌은 한 번도 없었고……(2004년 8월 N쉼터 캠프프로그램).

3) 섹슈얼리티의 회복

쉼터에 입소해 있는 동안 피해여성들은 강제적 성관계로 인한 후유증까지 관심을 가질 여력이 없는 경우가 많지만, 실무자와 집단지도자는 성적 후유증의 극복에도 관심을 가져야 할 필요가 있다. 여성들은 가해남편뿐 아니라 성장하면서 부모, 미디어, 교회, 학교, 친구 등 다양한 출처로부터 섹슈얼리티에 대한 서로 다른 메시지를 받게 되며, 이 중에는 잘못된 통념도 많다. 강제적 성관계로 인한 성적 후유증의 극복에서는 올바른 섹슈얼리티의 회복을 위한 노력이 함께 이루어져야 할 것이다. 여기에서는 Copeland와 Harris의 성적 느낌 회복을 위한 훈련을 소개하고자 한다.

(1) 성적인 느낌 찾아보기

강제적 성관계로 인해 피해여성들은 성적 느낌을 느끼지 못할 수 있다.

이들은 섹스라고 하면 강제적 성관계를 연상할 수 있으며, 이 경우 성적 느낌은 이들에게 위험으로 다가올 수 있다. 또한 피해여성들은 아무것도 느끼지 않음으로써 강제적 성관계에 대처해 왔을 수도 있다.

① 사람들이 많이 보는 잡지를 살펴보세요. 조금이라도 성적 느낌을 일으키게 하는 그림이 있나요. 어떤 그림에서 이런 느낌을 느끼는지 적어 보세요.
② 옷장에서 혹은 옷가게에 가서 여러 가지 옷을 입어 보세요. 어떤 옷이 좀 더 성적인 느낌을 주나요? 어떻게 생긴 옷인가요? 어떤 색깔인가요? 이것들은 성적인 느낌을 주지 않는 옷들과는 어떻게 다른가요?
③ 여러 가지 얼굴 표정을 지어 보세요. 어떤 표정이 좀 더 성적인 느낌을 주나요? 화장을 하면 좀 더 성적인 느낌이 드나요? 그렇다면 어떤 종류의 화장? 긴 머리라면 한번 가지고 놀아 보세요. 머리 주위로 둘러 보기도 하고 머리 뒤로 넘겨 보기도 하세요. 또 머리를 앞이마로 내려 보세요. 언제 가장 성적인 느낌이 드나요?
④ 전신경 앞에 서 보세요. 여러 자세로 서 보고 걸어 보세요. 어떤 걸음, 어떤 자세가 좀 더 성적으로 느껴지나요?
⑤ 당신이 하는 것이나 가는 곳을 생각해 보세요. 언제 가장 성적으로 느껴지나요? 언제 가장 덜 성적인 느낌이 드나요?(Copeland & Harris, 2000: 88-89)

(2) 신체 자극

여성들은 가슴이나 성기만이 성적인 느낌을 준다고 배워 왔을 수 있다. 다음 연습은 성적인 느낌을 주는 신체부위를 발견하도록 돕는 것이다. 이 연습은 혼자서 하는 것이기 때문에 자신만의 사적인 공간에서 반라 또는 전라로 해도 된다. 손가락 끝으로 만져도 편안하게 느껴지는 신체의 모든 부위를 살짝 만져 본다. 매우 천천히 그리고 부드럽게 돌리는 동작, 짧고 가벼운 터치 또는 어떤 방식이든 기분 좋게 느껴지는 방법으로 만져 본다 (Copeland & Harris, 2000: 89-90).

제6장

감정표현

집단프로그램에서는 피해여성들이 감정을 표현하도록 도와야 한다. 이는 크게 두 가지 경우로 나눌 수 있다. 하나는 어느 순간 폭발적으로 분출되는 감정을 안전하게 표현하도록 돕는 것이며, 다른 하나는 억눌려 있던 감정표현을 돕기 위해 집단프로그램에서 의도적으로 다루는 것이다. 사회복지실천 초창기부터 클라이언트가 가진 부정적 감정을 의도적으로 표현하도록 돕는 데 관심을 가져왔다. 오랫동안 감정을 억눌러 왔던 피해여성들에게 감정표현은 그 자체로 치유적 경험이 될 뿐 아니라, 이들이 보다 객관적인 판단을 하고 앞날에 대한 결정을 내리는 데 도움이 된다. 단 '문제'보다는 '해결'에 주안점이 있는 것처럼, 감정표현 역시 이를 토대로 객관적인 의사결정을 하고 앞으로 건강한 삶을 구축하도록 돕는 데 주안점이 있다.

제1절 갑작스러운 감정폭발

위기이론에 의하면, 가정폭력 피해여성은 오랫동안 폭력을 경험하지만 최근 발생한 심각한 폭력사건을 계기로 쉼터에 입소한다. 위기는 아래의 조건에서 급속하게 형성된다.

① 피해여성이 선행 혹은 유해한 사건을 경험한다.
② 이 사건은 피해여성 및 자녀에게 위협적인 것으로 인지되고 그 결과 긴장과 스트레스가 급증한다.
③ 피해여성은 평상시의 대처방법으로 상황을 해결하고자 시도하지만 실패하게 된다.
④ 정서적 불편함과 동요는 더욱 악화되고, 피해여성은 고통이 견딜 수 있는 수준을 넘어섰다고 느끼게 된다(Caplan, 1964; Joanosik, 1984; Roberts & Roberts, 1996; Roberts & Roberts, 2002: 368에서 재인용).

이와 같은 위기상황에서 쉼터에 입소한 피해여성들은 감정이 격해 있는 경우가 많으며 이런 격한 감정은 작은 자극만 있으면 언제라도 분출될 수 있다. 이 절에서 소개하는 사례는 집단 첫 모임에서 쉼터 식구들 간의 관계를 조각기법으로 표현해 보고 나서 피드백을 나누는 시간에 발생한 상황이다(제2장의 대안적 접근 참조할 것). 앞서 언급한 바와 같이 조각기법을 실시하면서 가정폭력은 언급조차 되지 않았다. 이는 위기상황에 처해 있는 피해여성들에게는 그 어떤 것이라도 자신의 상황을 일깨우는 자극이 될 수 있음을 보여 준다. 여기에서는 이 사례를 통해 갑작스러운 감정폭발에 어떻게 대처하는지 살펴보고자 한다.

1. 갑작스러운 감정폭발, 어떻게 대처하나요

피해여성들의 감정이 언제 폭발할지 예측하기 어렵지만, 입소 초기에 일어날 가능성이 높다. 쉼터에 입소하면 정도의 차이는 있지만 처음 얼마 동안 폭력으로 인해 자신이 겪었던 고통을 반복적으로 호소하면서 눈물을 흘리고 때론 통곡한다. 이런 상황에서 피해여성은 작은 자극에 반응하여 갑작스럽게 감정이 폭발한다. 이는 위기에 대한 자연스러운 반응이라고 볼 수 있으며 시간이 흐르면서 차츰 안정을 찾게 되지만, 집단지도자는 이런 상황이 발생하였을 때 적절하게 대처할 수 있어야 한다.

갑작스러운 감정폭발에 직면하여 집단지도자가 할 수 있는 일은 두 가지로 집약될 수 있다. 하나는 감정을 안전한 환경에서 표현하도록 돕고 다른 하나는 지나친 감정폭발로 인한 위험에 대처하는 것이다. 어느 것이 우선하는가는 상황에 따라 다르다. 피해여성이 감정폭발로 인한 충격이 너무 크다고 판단되면 일단 진정시키는 것이 우선일 것이다. 반면, 감정이 격해졌지만 감정표현을 감당할 수 있다고 판단되면 감정을 언어화하도록 돕는다.

◉ 갑작스러운 감정폭발, 그 위력이 대단해요

필자들의 경험에 의하면, 갑작스러운 감정폭발의 위력은 대단하다. 흔히 피해여성들은 몸부림치면서 통곡한다. 이때 경련을 일으킬 정도로 격렬한 경우도 가끔 접하게 된다. 몸에 경련이 오지 않는다고 하더라도 몸이 경직되기 쉽다. 이때 경험이 부족한 집단지도자는 어떻게 대처해야 할지 당황스러울 것이다. 이럴 경우에는 피해여성의 손과 다리를 주물러 주는 등 신체가 경직되는 것을 막고, 필요하다면 가벼운 담요를 덮어 주는 등 몸을 따뜻하게 해 주면 도움이 된다. 그리고 심한 경우 과호흡이 되어[1] 숨 쉬기가

1) 매우 놀랐을 때 갑자기 숨을 삼킨 후, 곧 당황해서 길게 숨을 들이쉬게 된다. 이 경우 숨을 뱉는 것을 잊은 채, 들이마시는 것만 의식하게 되는데 이런 상태가 지속되는 것을 '과호흡'이라고 한다.

어려울 수 있는데, 비닐봉지로 입과 코를 씌워서 호흡하도록 하면 진정된다. 옆에서 감정을 공감해 주고 '안전하다' '괜찮다'와 같은 말을 반복해 준다. 이때 다른 여성들이 동참하도록 격려한다.

◉ 개인의 경험을 넘어서 집단의 경험으로

이때 기억해야 할 것은 감정폭발을 피해여성 개인의 경험에 국한시키지 말고 집단의 공동 경험으로 발전시키는 것이다. 감정이 폭발한 여성을 진정시키는 데 다른 여성들을 참여시키는 것은 개인의 경험을 집단의 경험으로 이끌어 가는 데 도움이 된다. 이를 통해 감정을 폭발시킨 피해여성은 관심과 위로를 받게 되며, 집단에는 감정을 언어화할 수 있는 분위기가 조성된다.

감정폭발은 모든 피해여성들에게 남의 일 같지 않지만, 심리적 상태에 따라 반응에 차이가 있다. 예를 들어, 쉼터에 입소한 지 어느 정도 기간이 지나 다소 마음이 진정되고 여유가 생긴 피해여성들은 감정폭발을 보면서 자신들의 고통이 되살아나서 힘들어하기는 하지만 감정을 폭발시킨 피해여성을 동정하고 이해해 주는 편이다. 그러나 입소한 지 얼마되지 않고 아직 마음이 진정되지 못해 자신도 위기상태에 있는 피해여성의 경우에는 이런 격한 감정폭발을 견디기 힘들어한다. 공동지도자가 있다면, 개별적 관심을 주도록 하고 본인이 원하면 잠시 집단을 떠나 있도록 하되, 돌아오면 집단 안에서 표현할 기회를 제공한다.

과호흡 상태가 길어지면 가슴이 압박되는 느낌이 들고 고통을 느끼며 가슴이 뛰기 시작한다. 결국 어지러움, 입이나 손발의 마비가 일어나고 때로는 실신해 쓰러지기도 한다. 병원응급실에 가도 의사가 해 주는 것은 안심을 시켜 주고 비닐봉투로 호흡을 시키는 것이 고작이다. 따라서 집단 프로그램에서 이런 경우에 봉착하면 비닐봉지에 입과 코를 넣게 하고 거기에 숨을 뱉게 한 후 다시 그것을 들이마시도록 하면 된다(www.sangdam.kr/encyclopedia).

2. 감정표현 돕기

다음의 사례에서 보는 바와 같이 감정표현은 간단하게 격려하는 말을 해 주는 것으로 충분한 경우가 많다. 이때 피해여성들의 억울함, 원망, 분노 등이 한꺼번에 표출되기 때문에 험한 말들이 통곡과 함께 쏟아져 나오게 마련이다. 여기에서는 실제 상황을 생생하게 전달하기 위하여 그대로 옮겨 놓았다.

대나무: (누워서 몸부림) 어떻게 이렇게……. (울음)

지도자: 하고 싶은 말이 있으면 해요.

대나무: (크고 격한 소리로) 나쁜 놈, 이런 나쁜 놈. 나 몰라. (격하게 몸부림 치면서) 내가 그것(아이)들을 어떻게 키웠는데……. (울음) 나쁜 놈, 천하에 나쁜 놈, 나쁜 놈아, 이 나쁜 놈아. 나는 말 한마디 못하고 참고 있는데……. (울음) 내가 어떻게 했는데, 지가 성질나면 다 두들겨 패 놓고……. 내가 어떻게 키웠는데 함부로 손을 대고 그래, 내가 말 한마디도 못하고 사람 취급도 못 받고……. (울음) 천하에 나쁜 놈아, 내 새끼들……, 아무것도 해 준 게 없으면 손이나 대지 말든지, 어디다 손을 대고 그래. 나도 소리 한번 안 지르고 키웠는데……, 나 몰라. 이 새끼 나쁜 놈, 지 아빠 눈치 보느라 밥도 못 먹어요. (울음) 이 나쁜 놈. (울음)

지도자: 일으켜 세워서 진정시킵시다. 숨 쉬고.

대나무: 지 기분 나쁘면 소리치고 때리고……. 이 나쁜 놈아. (방바닥에 누워서 발버둥 치면서 운다.)

지도자: 함께 마사지 해 줍시다. 호흡하고 내쉬고, 들이쉬고 내쉬고, 들이쉬고…….

대나무: (계속 오열)

지도자: 눈을 뜨고 일어나 보세요. 여기 남편이 있다고 생각하고, 하고 싶은 대로 해 보세요. (베개를 모아 놓고 하고 싶은 대로 하게 한다.)

대나무: (베개를 마구 짓밟고 두드리고 집어던지면서) 이 나쁜 놈, 이 나쁜 놈.

지도자: 눈을 바로 뜨고, 똑바로 쳐다보고, (베개에다가) 나쁜 새끼, 이 새끼야.

대나무: 나쁜 놈. (울음)

지도자: 나쁜 놈 그만 때릴 거예요? 치울까요?

대나무: (계속 울음) 나도 사람이에요.

지도자: 그럼, 사람이지. 그놈이 짐승이지.

대나무: 나도 이제 말하고 싶어요. (울음)

지도자: 그래요. 그동안 말도 못하고 많이 참고 살았지요.

대나무: (계속 울음)

지도자: (안정시킴) 남편한테 당당하게 맞서려면 기운을 내야 할 수 있지요(2007년 4월 W쉼터 집단 1회).

위의 사례에서 피해여성은 자신이 매를 맞은 것도 억울하지만 자신이 쉼터에 있는 동안 자녀들이 심하게 매를 맞고 쫓겨난 것을 견디기 어려워하고 있다. 여기에서 집단지도자는 피해여성이 감정을 언어와 행동으로 표현할 수 있도록 돕는 한편, 피해여성의 신체가 격렬한 감정폭발로 인해 경직되거나 경련을 일으키지 않도록 마사지해 주고 심호흡을 하도록 돕는 것을 볼 수 있다. 또한 피해여성이 쓰는 말(예: 나쁜 놈)을 반복해 줌으로써("그럼, 사람이지, 그놈이 짐승이지." "그래, 그동안 말도 못하고 참고 살았지."), 한편으로는 감정표현을 촉진시켜 주고 다른 한편으로는 감정이입적 반응을 해 주고 있다. "나도 사람이에요."라는 표현에서 보는 바와 같이, 피해여성은 남편을 직접 때린 것이 아니라 베개에 분풀이를 한 것임에도 심한 짓을 했다는 듯이 반응하는 것을 볼 수 있다. 그렇기 때문에 집단지도자는 피해

여성이 사용하는 언어를 반복해 줌으로써, 가해남편에게 분노하는 것이 당연하며 욕으로 분노를 표현해도 된다는 메시지를 전달한다. 나아가서 집단지도자는 감정표현을 넘어서서 피해여성이 두려워했던 대상인 남편에게 맞서서 자신의 삶을 찾을 수 있는 힘을 키워 주고자 노력하고 있다.

3. 피드백 나누기

앞서 언급한 바와 같이, 감정폭발을 목격하면서 피해여성들은 가정폭력이 얼마나 많은 상처를 남기는지 새삼 실감하면서 마음 아파한다. 이에 따라 피해여성들이 느낌을 나눌 수 있는 피드백 기회를 제공하도록 한다. 필자들의 경험에 의하면, 흔히 피해여성들은 감정을 폭발시킨 여성에 대한 동정심을 표현한다. 그리고 이들은 자신의 상황에 대비시켜 보면서 자신의 결정(쉼터에 온 것, 이혼 등)이 올바른 것이었음을 재확인하기도 한다. 또한 이들은 자신보다 더 심한 폭력을 경험한 사람이 있음을 알고 자신의 처지를 위안하기도 한다. 나아가서 이들은 과거 위기상황에서 감정을 폭발시켰던 때를 상기하고 그동안 자신이 많이 회복되었음을 자각하기도 한다.

때로 감정폭발은 부수적인 효과를 가져오기도 한다. 감정폭발을 함께 나누고 나면 피해여성들의 마음이 열린다. 다음의 사례에서는 오해와 부정적 감정이 있었음을 자인하고 사과하고 싶은 마음을 표현하고 있다. 이런 상황이 전개되면, 그동안 쌓여 있던 앙금을 해소하고 서로가 용서하고 보듬는 계기가 되도록 돕는다.

지도자: 이제 모두 앉아서 옆 사람 손을 잡고 함께 이야기하는 시간을 가져 보겠습니다. 누가 먼저 할까요?

현　미: (얼굴을 푹 숙이고 방바닥을 쳐다본 채로) 지렁이도 살려고 발버둥치는데 거기다 소금을 뿌렸어. (울음) 남편은 내가 줄수록 더 바

라니까 안 되는 거야. 복을 줘도 받을 줄을 모르면 다시 가져가야 지. (울음)

지도자: 당당하게 다시 시작하는 모습이 아름다워서 보고 싶은데 땅에 대고 말을 하네요. 눈을 들고 말을 해 보세요.

현　미: 안 돼요.

지도자: 당당한 모습을 친구들도 보기 원해요. 한 사람씩 눈을 맞추어 봅시다. (집단지도자의 격려에 현미가 한 사람씩 눈을 맞추고 격려의 말을 주고받았다.)

안개꽃: 처음에 현미와 오해도 있었고 부정적인 감정도 있었어요. 지금은 사과하고 싶어요.

지도자: 사과는 본인에게 직접 하는 것이 가장 바람직한 방법이지요. 직접 한번 해 보시겠어요?

현　미: 이제는 눈빛으로 알 수 있어. 굳이 사과하지 않아도 이제는 알아요.

지도자: 그래도 직접 사과를 하면 더 좋을 것 같군요.

안개꽃: 그동안 서로 오해했던 것 같아요. 미안하게 생각해요.

현　미: 나도 오해하게 행동했던 것 같아요. 미안해요.

지도자: 이렇게 사과를 주고받는 것을 보니 참 기쁘군요. 오늘 다른 분들은 어떤 것을 느끼셨어요?

희　정: 나와서 보니 세상엔 참 좋은 사람이 많다. 40년을 시달리면서 살았는데 왜 진작 나오지 못했는지 후회가 돼요.

써　니: 나보다 더 힘든 사람들이 있다는 것을 알았어요. 이렇게 생각하니까 마음이 훨씬 편안해졌어요(2007년 4월 W쉼터 집단 1회).

4. '믿음의 원'으로 마무리해도 좋아요

마무리 집단 활동이 반드시 요구되는 것은 아니지만 적절한 집단 활동은 마음에 위안을 준다. 갑작스러운 감정폭발에 이어 감정표현 그리고 이에 대한 피드백까지 나누고 나면 집단지도자와 피해여성들은 마치 큰일을 치르고 난 느낌이 든다. 이런 마음을 '믿음의 원'과 같은 집단 활동으로 마무리할 수 있다.

'믿음의 원'은 피해여성이 안전하게 보호받고 있다는 느낌을 주는 집단 활동이다. 감정폭발을 했던 여성이 원 안에 들어가고 다른 사람들은 밀집 대형으로 원을 만든다. 안에 들어간 여성은 눈을 감고 자신이 막대기라고 생각하고 몸이 움직이는 대로 넘어진다. 나머지 사람들은 안에 들어가 있는 사람의 몸 가까이에서 어깨높이에서 손을 벌리고 있다가 넘어지는 여성의 몸을 받쳐 준다. 이때 살짝 밀어 올려 줌으로써 계속 넘어질 수 있도록 한다. 원 안에 있는 사람에게 어느 방향으로 넘어지더라도 항상 지켜 줄 사람들이 있다는 믿음을 주는 작업이다. 시간적 여유가 있다면 피해여성 전부가 돌아가면서 경험하도록 한다.

이런 집단 활동은 피해여성들이 함께한다는 친밀감과 서로가 지지해 준다는 신뢰감을 느끼면서 프로그램을 마무리하도록 돕는다. 피해여성들이 서로 따뜻하게 안아 주고 프로그램을 종료하는 것도 하나의 방법이다. 또 다른 방법은 감정이 폭발했던 피해여성을 가운데 서게 하여 마음이 가는 사람을 안아 주도록 하고, 모두가 함께 이 두 사람을 감싸 안아 준 뒤 한 사람씩 돌아가면서 안아 주는 것이다.

제2절 의도적 감정표현

가정폭력으로 오래 고통을 받아 왔기 때문에 피해여성들은 강한 부정적 감정을 가지고 있다. 그러나 이들은 폭력과 가해남편에 대한 두려움 때문에 자신의 감정을 표현하지 못하고 억눌러 왔다. 때로 피해여성들은 자신이 가진 부정적 감정을 표현하면 자신이 폭발해 버릴 것 같은 두려움 때문에 표현을 억제하고 감정을 덮어 놓기를 원하기도 한다. 그러나 부정적 감정을 통제하고 내부에 담아 두고자 하는 필사적 노력은 피해여성을 오히려 감정에 가두어 두게 된다. 부정적 감정의 표현은 피해여성들이 앞으로 나아갈 길에 대한 논리적이고 객관적인 선택을 돕는다는 점에서 집단프로그램에서 계획적이고 의도적으로 감정표현을 돕는 것은 중요하다. 피해여성들이 가진 부정적 감정이 매우 강렬하기 때문에 집단에서는 우선적으로 이의 표현을 돕게 된다. 피해여성들이 가진 다른 감정들에 대해서는 대안적 접근에서 살펴보고자 한다.

1. 감정표현의 목적 설명하기

피해여성들은 남편에 대해 분노 등 부정적 감정을 많이 가지고 있지만, 이를 표현하는 데는 개인차가 있다. 남편에 대한 감정표현의 기회를 환영하는 여성들도 있지만, 부정적 감정을 표현하는 것이 남편을 비난하는 것처럼 느껴 일종의 죄의식을 느끼는 여성도 있다. 이에 따라 집단지도자는 감정표현의 목적에 대해서 충분히 인지시킬 필요가 있다. 다시 말해서, 감정, 특히 부정적 감정이 마음에 쌓여 있으면 객관적인 판단을 저해한다는 점, 그리고 감정표현은 누군가를 비난하는 데 목적이 있는 것이 아니라 쌓인 감정을 털어 내고 보다 건강한 삶을 설계하기 위한 것이라는 점을 설명해 주도록 한다. 이런 설명은 피해여성들이 보다 편안한 마음과 주도적인 자세로 억눌려져 있는 감정과 직면하도록 돕는다.

2. 감정표현을 위한 집단 활동

우리 속담에 "하던 짓도 멍석 깔아 놓으면 안 한다."라는 말이 있다. 이는 명석을 깔아 준다고 해도 선뜻 나서기 어렵다는 것을 역설적으로 설명해 주고 있다. 아무리 가정폭력으로 인해 남편에 대해 쌓인 감정이 많다고 하더라도, 피해여성에게 남편에 대한 감정표현을 하라고 하면 쉽게 나오지 않는다. 이에 따라 집단지도자는 적절한 집단 활동을 통해 피해여성들이 감정표현을 할 수 있도록 이끌어 주어야 한다. 여러 가지 집단 활동이 있겠으나 여기에서는 필자들이 자주 사용하는 남편 얼굴 떠올리기 명상과 남편 얼굴 그리기 방법을 소개하고자 한다. 여기에서 두 가지 집단 활동을 모두 할 수도 있고, 명상을 하고 나서 바로 감정표현으로 들어갈 수도 있다.

1) 남편 얼굴 떠올리기 명상

'명상'은 감정을 이끌어 내는 효과적인 도구이며, 아래와 같이 진행하면 된다.

*****

눈을 감고 허리를 곧게 펴고 앉습니다. 깊게 호흡을 합니다. 들이쉬고 내쉬는 숨이 편안하게 되도록, 들이쉬고 내쉬고, 들이쉬고 내쉬고, 들이쉬고 내쉬고. 지금 내 앞에 떠나오기 직전의 남편이 있습니다. 남편은 어떤 모습인가요? 그의 눈, 코, 입을 떠올리고 얼굴표정, 머리모양, 몸짓과 만납니다. 그는 나에게 무슨 말을 하고 있나요? 나는 지금 무엇을 느끼나요? 긴장되는지, 화가 나는지, 속상한지, 무서운지, 보고 싶은지, 미안한지, 그에 대한 감정과 만나 보세요. 그에게 하고 싶은 말을 떠올립니다. (시간을 주고) 서서히 눈을 뜨세요(2000년 11월 N쉼터 집단 4회).

2) 남편 얼굴 그리기

'남편 얼굴 그리기'는 명상을 하는 동안 떠오른 남편의 이미지를 그림으로 표현하도록 하는 활동이다. 그림을 잘 그려야 한다는 부담감 때문에 주저하기도 하는데, 이때는 그림을 잘 그리는 것이 중요한 게 아니라 자기 방식으로 표현하는 것이 중요하다고 언급해 준다. 집단에 따라 그림 그리는 상황은 다르게 전개되겠지만 드물게는 아래와 같이 다이내믹하게 전개되기도 한다.

*****

지도자의 그림을 보고 왕언니가 곱슬머리냐고 물었다. "곱슬머리가 아니고 짜증 내는 거예요."라고 대답하였다. 그러자 왕언니는 "내 그림은 열 받아서 뻗치는 것인데……."라고 하면서 자신의 그림에 하늘로 뻗어 올라가는 머리를 그렸다. 옆에서 다른 여성들이 "열 받았어. 냄비 그려 놓고 뚜껑 열어 놔." "불났어, 화재신고 119." "대머리에 화재신고 119라고 써."라는 말들을 주고받으며 깔깔거렸다. 겉으로는 웃고 농담을 주고받지만 감정표현을 하게 될 것을 의식하는지 웃음소리에 긴장이 깔려 있었다. 살구의 그림을 보고 어느 여성이 "되게 멋있다. 이 집 남자가 제일 잘생겼네."라고 말하자 여기저기서 낄낄거리는 웃음소리가 났다. 살구가 특유의 투박한 목소리로 "생긴 것만 잘생기면 뭐 해. 속을 있는 대로 뒤집어 놓는데……."라고 대꾸하였다. 남편의 얼굴 밑에 이름이나 별칭, 아니면 평소에 속으로 욕할 때 부르던 명칭을 쓰라고 하였다. 그러자 왕언니는 그림 옆에 개구리라고 썼다. 그것을 보고 모두 웃자 왕언니가 "개애애리이지(개새끼라는 뉘앙스를 주면서)."라고 말하자 모두 다시 웃었다. 피카츄가 그림 밑에 "게섹키."라고 크게 써 놓았다. 왕언니 그것을 보고 시원하다는 듯이 "거기는 완전히 (속마음을) 드러내 버렸네." 하면서 "개애색끼." 하고 힘주어 발음하자 모두 다시 웃음을 터트렸다(2000년 11월 N쉼터 집단 4회).

3. 빈 의자 기법을 이용한 감정표현

빈 의자 기법은 심리극에서 널리 활용되는 기법이다. 명상에서 남편 얼굴 떠올리기를 한 다음 바로 빈 의자 기법을 적용하여 감정표현을 할 수도 있다. 남편 얼굴 그리기를 하였다면, 빈 의자 기법을 다소 변용하여 그림을 보면서 하고 싶은 말을 하도록 한다. 피해여성들이 가장 강하게 느끼는 감정은 분노와 원망이므로, 이를 표현할 수 있도록 베개나 이불 같은 것을 깔아 놓고 막대기를 준비해 두면 좋다. 피해여성에 따라 막대기로 베개나 이불을 두드리면서 분노를 표현하기도 하기 때문이다. 이때 명상이나 얼굴 그리기 작업을 하는 동안 가장 크게 감정이 일어난 여성을 나오게 하여, 그림을 앞에 두거나 방석이나 베개 또는 다른 여성 한 명을 앞에 두고 하고 싶었던 말을 하도록 한다. 그리고 집단지도자는 그 옆에 앉아서 필요시 감정표현을 돕는다.

솜사탕: (지도자에게 서서 해도 되느냐고 묻고 나서 베개를 발로 몇 번 건드려 보더니) 살려 달라고 이 나쁜 놈아. (바닥에 앉으면서) 자, 이제 너도 앉고 나도 앉자. 너 내가 차니까 기분이 어떻디? 너도 아마 기분 되게 나빴을 거야. 나는 너보다 얼마나 더 아픈데……. (너무 아파하면서 흐느끼기 시작하였다. 흐느끼면서 보다 커진 목소리로) 나는 너보다 얼마나 더 아픈지 알아. (이제는 본격적으로 울음소리가 나오기 시작하였다) 생각하면 당한 만큼 해 주고 싶지만 그러면 똑같은 사람이 되니까 그러고 싶지 않아, 나쁜 놈아. (흐느낀다.)

살 구: (옆에서) 내가 더 눈물이 난다(2000년 11월 N쉼터 집단 4회).

피해여성들이 감정을 표현하는 방식에는 개인차가 있다. 다음의 사례에서 보는 바와 같이, 피해여성에 따라 막대기로 베개나 이불을 두드리고 격하게 울면서 감정을 표현하기도 하고 반대로 차분하게 흐느끼면서 표현하기도 한다. 그 방법이 어떠하던 간에 흔히 부정적 감정표현은 그것 자체로 치유적인 경험이 된다.

한편, 집단지도자는 감정표현을 통해 피해여성들에게 가장 고통스러웠던 것은 무엇인지, 원망스러웠던 것은 무엇인지, 어떤 삶을 살아왔는지 그리고 현재 남편에게 무엇을 원하는지 등에 대해 감정이입적 이해를 할 수 있다. 감정표현은 피해여성뿐 아니라 집단지도자에게도 감정적으로 힘겹고 마음 아픈 시간이며 치유의 시간이다.

*****

격렬하게 표현하기도 해요

(간간히 막대기로 베개를 때리며 흐느끼면서 격한 목소리로) 너 나한테 얼마나 잔인하게 했니! 말 안 하면 말 안 한다고 치고, 말하면 말대답한다고 치고, 창살 없는 감방에 갇혀서……. 너는 바람피우고 마음대로 다녀 놓고 (의처증으로) 나한테 바람 피우고 남자를 만났다고 해? 그러면 너 지옥에도 못 가. (중략) 너도 이제 늙었어, 큰 소리칠 수 없어. 너 꿈에서 보면 하루 종일 기분이 안 좋아. 몸에서 가시가 돋는 것 같아. 너만 생각하면 온몸이 쑤시고 아파. 자식들한테 미안하고 엄마로서 다 못한 것 너무 미안해. 너 알아? 네 마누라가 알뜰하게 살려 하고, 너 없는 동안 얼마나 훌륭하게 애들 키웠는지 아니? 너 인간 만들어 살려고 그 피눈물 다 쏟고, 그 눈물 합치면 한 가마는 될 거다. 하루라도 울지 않은 날이 없어. 넌 인간이 아니야, 마귀야. 나 소리 없는 총 있었으면 너 벌써 쏴 죽였어. 어린 새끼들 데리고 무서워서 밤중에 맨발로 뛰어나와 발발 떨었던 적이 얼마나 되는 줄 아니. 한 푼 두 푼 모아 살려고, 남의 삯바느질하고 별거 별거 다했다. 그런데 나한테 어떤 놈하고 붙어 놀다 왔냐고? 입덧해서 누워 있으면 왜 밥 안 하냐고 사람 발로 차고, 애가 나오려고 모래주머니(양수) 터져 질질 흐르는데 친구 데리고 와서 대접 안 한다고 발로 차고. 언젠가는 인간 되겠지 하고 잘못한 것 하나도 없으면서 혁대 붙잡고 무릎이 다 닳아질 때까지 빌었어. 그런데 너 바위덩어리 가져다가 나 치려고 했지. 내가 뭐 잘못했니?

내가 무슨 잘못을 했니? 그런데 나와서 돈 쓰려고 카드 갖고 나왔더니 카드 분실신고를 해서 못 쓰게 해? 너는 하고 싶은 대로 다하고 몸에 좋으라고 영양제 먹으면서 이 추운데 어디 가서 얼어 죽을까 봐 걱정도 안 되니? (생략) 나니까 그렇게 살았지, 어떤 여자가 네 뜻 다 받들어 주니? 술만 먹고 들어오면 그냥 자 본 적 있어? 부르르 싱크대 가서 칼 쥐고 멱살 잡고, 내 얼굴 때리고. 내 얼굴이 불쌍치도 않다. (긴 숨을 내쉬며) 어휴, 속 시원해(왕언니)(2000년 11월 N쉼터 집단 4회).

차분하게 흐느끼면서 표현하기도 해요

(비교적 차분하게) 남들이 들을까 봐 겉으로는 웃으면서 속으로는 고개 숙이고 얼마나 울었는지 알아? 네가 허구한 날 음식 타박하고 밥상 뒤엎고, 애들이 무서워서 상다리 붙잡고 애걸하고. 밥 먹을 때마다 구박하고 우리는 밥상에서 밥 먹을 때마다 불안해서 (흐느끼면서) 음식 타박하고 집어던지는 것 볼 때마다 마음 편하게 밥 먹는 것을 얼마나 부러워했는지 알아? (중략) 내가 얼마나 눈물 흘렸는지 알아? (다소 목소리를 높이면서) 아이들을 찾는다고……. (흐느낀다) 네가 애들 보고 싶다고, 그게 사람이야? 나는 네가 항상 죽기만을 바랐어. 교통사고 나서 돌아오지 않기만을 바랐어. (흐느낌이 더 커진다.) 지금이라도 네가 애들을 생각하고 나를 생각한다면 그냥 조용히 나 애들하고 살게 내버려 둬. 그럼 너도 편하고 우리도 편하게 살 텐데……. 이제 재판을 앞에 두고 내 맘이 얼마나 불편한지 알아? 한 사람(남편)이 (집에서) 나가면 되는 것을, 세 사람(엄마와 아이들)이 움직이고(나와야 하고), 어디서 살아야 되는지 어느 곳에 정착해야 하는지 걱정해야 하고, 왜 우리가 이렇게 살아야 돼! 알 수가 없어! (흐느끼면서) 하루라도 빨리 포기해. 너는 너의 길을 가고 우리는 우리끼리 행복하게 살 테니까. 너는 너대로 잘 살아(피카츄)(2000년 11월 N쉼터 집단 4회).

4. 감정표현 돕기

부정적 감정을 표현하는 것 자체가 치유에 도움이 되기도 하지만, 때로 집단지도자는 그동안 억눌려 있던 감정을 풀어내도록 도울 뿐 아니라 상대방의 입장에서 보거나 자신을 되돌아 보도록 이끌 필요가 있다. 아래에서는 사례를 통하여 감정표현을 돕는 과정을 살펴보고자 한다.

1) 먼저 감정을 표현하도록 해요

아래의 사례에서 피해여성은 심한 폭력을 피해 쉼터로 피신하다 보니 함께 매를 맞았던 아들을 두고 나올 수밖에 없었다. 피해여성은 자신뿐 아니라 자녀에게 심한 폭력을 휘두르고 심지어는 죽이겠다고 협박하는 남편한테 아이가 남겨져 있으므로 불안과 걱정으로 인해 극도로 흥분한 상태에 있었다. 집단지도자는 극도의 흥분 상태에 있는 피해여성에게 남편이 앞에 있다 생각하고, 하고 싶은 말을 하도록 돕고 있다. 이때도 앞서 설명한 바와 같이 피해여성을 나오도록 하여 베개나 방석을 앞에 두고 허리를 펴고 똑바로 앉도록 한다.

지 도 자: 얼마나 상처를 받았는지 한번 말씀을 해 보세요.

푸른 세상: 상처요.

지 도 자: 이 앞에 남편이 있다고 생각하고…….

푸른 세상: (흥분하여 오열하면서) 글쎄, 나는 너를 위해서 ○○를 위해서 산 죄밖에 없는데. 아무 죄 없는데 끝없이 의심하고, 끝없이 폭력을 쓰고……. 나는 그 여자를 용서해 주고 자기를 위해서, ○○를 위해서 모든 것을 참을 수 있다고 생각을 했었는데……. 내 목숨이 정말 네 앞에서 너무 파리 목숨 같아 위기를 느껴서 도망쳐 왔는데, ○○를 데려오지 못하고 나 혼자 온 것이……. 정

말 좋은 가정에서 나쁜 것 하나도 안 보여 주고 키우고 싶었는데, 너무 많은 것(폭력 등)을 ○○한테 보여 주고……. 부모가 아니야. 아비가 자식을 담보로 내세우고 매일 애 죽인다고……. 나쁜 새끼, 내가 너한테 그대로 갚아 줄 거야. 나쁜 새끼, 내가 너 죽여 버릴 거야(2004년 10월 N쉼터 집단 5회).

2) 좀 더 깊이 있는 감정표현 도와요

이 사례에서 피해여성이 심각한 흥분상태에 있기 때문에 그대로 방치할 수 없다고 판단을 내린 집단지도자는 좀 더 감정을 표현할 수 있도록 도왔다. 집단프로그램은 대개 2시간 정도 진행되나 다른 활동시간을 제외하면 실제로는 1시간 정도에 불과하므로, 집단모임에서 이런 기회를 가질 수 있는 피해여성은 대개 한두 명 정도다. 보통은 감정표현이 가장 필요하다고 판단되는 피해여성에게 이런 기회가 제공된다.

지 도 자: (푸른 세상을 집단 안으로 초대해) 안으로 나와 주세요. (방석을 푸른 세상 앞에 놓아 준다.)

지 도 자: (푸른 세상에게) 양반다리를 하고 편히 앉으세요. 허리를 곧게 펴고요. 눈을 감고, 숨을 크게 쉬세요. 지금 푸른 세상을 힘들게 하고 괴롭혀서 복수해 주고 싶은 남편이 이 앞에 있어요. 남편이 앞에 있다 생각하고 그 얼굴을 떠올리세요. 남편에게 하고 싶은 말이 있다면 눈을 뜨고 남편을 부르면서 말을 시작하세요.

푸른 세상: (방석으로 바닥을 치며) 네가 뭔데 날 때려, 네가 뭔데 날 때려. ○○하고 날 왜 때려.

지 도 자: 정말 나쁜 새끼야. 더 많이 때려 줘.

푸른 세상: (울먹이며 방석으로 계속 내려친다.)

지 도 자: 너 죽여 버릴 거야. 나쁜 새끼. 죽여 버릴 거야.

푸른 세상: (방석으로 울먹이며 계속 내려친다)

지 도 자: ○○은 내가 보호해 줄 거고.

푸른 세상: (울먹이며) 엄마, 이놈 좀 죽여 줘.

지 도 자: (엄마가 되어서) 죽여 달라고 하지 말고 푸른 세상이 죽여 버려.

푸른 세상: (울먹이며) 네가 죽어야 우리가 살 수 있다고.

지 도 자: 죽여요, 죽여. 때려, 때려 줘. 할 수 있어.

푸른 세상: (통곡하며) ○○아, 데리러 갈게, 기다려.

지 도 자: (아들이 되어서) 기다릴 거야. 엄마 힘내. 엄마 힘내고, 기다릴게, 내가.

푸른 세상: (통곡하면서 방석으로 계속 내려친다.) 죽어, 죽어, 죽어. (통곡하며) 불쌍한 내 새끼. 엄마 힘든 거는 참을 수 있어. ○○아! 엄마가 꼭 데리러 갈게. 꼭 데리러 갈 거야.

지 도 자: (아들이 되어서) 내가 어디 안 가고 참고 엄마 기다릴게.

푸른 세상: (통곡하며) 우리 ○○이 데리러 갈게.

지 도 자: (아들이 되어서) 엄마가 보고 싶어.

푸른 세상: (통곡하며) ○○아, 조금만 기다려. 엄마가 꼭 데리러 갈게.

지 도 자: (아들이 되어서) 기다릴게, 꼭 와야 돼. 엄마 꼭 와야 돼. 난 엄마 믿어.

푸른 세상: ○○아, 언제까지나 엄마가 지켜 줄게. 아빠가 못해 주는 것 다 해 줄 수 있어.

지 도 자: (방석을 한참 치고 감정이 수그러질 때) 이제 푸른 세상은 쉼터에서 자신감을 갖고 씩씩하게. 남편한테 상처 받은 것 때문에 힘들어하고, 아들 때문에 불안해했는데 씩씩하게 변화할 수 있겠네요. 푸른 세상이 자신에게 해 주고 싶은 말은?

푸른 세상: 나는 할 수 있어. 자신감도 있고, 세상을 살아가는 게 그렇게 두렵지는 않아. 남자 없이 애 키우는 게 힘들겠지만 할 수 있어.

돈도 벌 수 있고, 남들처럼 행복하게 잘 살 수 있어. 아들을 데리고 올 수 있어. 내일 데리고 올 거야.

지 도 자: 씩씩하게 변화되어서 반가워요(2004년 10월 N쉼터 집단 5회).

위에서 집단지도자는 피해여성이 했던 말을 반복해 주거나, 피해여성의 어머니와 아들의 역할을 해 주면서 감정표현을 돕고 있다. 또한 피해여성이 남편에 대한 두려움을 극복하고 남편에게 맞설 수 있는 힘을 갖도록 돕는다. 당시 피해여성은 남편 몰래 집에 가서 아들을 데려올 계획이었으나 남편에게 발각될까 두려워하고 있었기 때문에 남편에게 맞서는 힘과 용기를 얻도록 도울 필요가 있었다.

3) 때론 과거가 남긴 상처를 풀어내야 하기도 해요

때로 감정표현 과정에서 과거 어린 시절에 받았던 상처가 표출되기도 한다. 위의 사례에서 피해여성은 남편에 대한 원망과 아들에 대한 걱정을 털어 내고 나자, 어려서 가정폭력을 목격하면서 성장한 고통과 자녀에게는 절대로 그런 고통을 주지 않으려고 했던 마음을 드러낸다. 이런 과거의 경험과 상처는 가해남편에 대한 감정뿐 아니라 폭력에서 벗어나는 의사결정에 상당한 영향을 미친다는 점에서 이를 풀어내도록 도울 필요가 있다.

푸른 세상: (울먹이며) 어렸을 때 아빠가 엄마를 많이 때리는 거 봤어요. 다리 부러질 정도로 심하게……. 경찰에 신고한 적도 있는데 부부싸움이라고 하니까 그냥 가더라고요. 저는 그 정도까지는 아니었는데……. 저는 (아들에게) 고등학교 졸업할 때까지라도 엄마, 아빠 행복하게 사는 모습 보여 주고 싶었는데 그런 모습 못 보여 줬어요. 자랑스러운 아빠, 엄마가 되고 싶었는데, 어린 시절부터…….

지 도 자: 엄마와 아빠를 한번 만나 볼래요?

지 도 자: (푸른 세상에게) 아빠가 여기 있어요.
(푸른 세상이 되어서) '아빠 미워요.' 해 보세요.

푸른 세상: (아빠에게) 아빠, 앞으로 보고 싶지도 않아.

지 도 자: (푸른 세상이 되어서) 아빠라고 부르고 싶지도 않아.

푸른 세상: (아빠에게) 아빠라고 부르고 싶지도 않고, 당신은 이제까지 마음대로 살아왔고, 지금도 그렇게 살고 있으니까. (엄마와 우리를) 힘들게 고생시키고 자기 하고 싶은 대로 하고 살았으니까 앞으로도 계속 그렇게 살고 엄마집 근처에는 얼씬거리지도 마. 앞으로 다시는 나타나지 말고. 아무 관심 없으니까 당신 마음대로 하고 살다가 죽어. 나타나지 않았으면 좋겠어. 오히려 좀 더 빨리 우리끼리 나가서 살면 좋았을 텐데. 그런 아빠가 있는 것보다 차라리 없는 게 더 행복하다고 생각했어. 그런 모습 보고 자라는 거 좋지 않다고.

지 도 자: (엄마가 되어서) 엄마가 몰라서 그 생각은 못했어. 미안하다, 안 좋은 것 보여 줘서.

푸른 세상: (엄마에게) 엄마 일하는 것 보기 좋고, 자식들에게 해 주는 것 많지 않지만 엄마를 위해서 살아가는 모습 보기 좋아요.

지 도 자: (엄마가 되어서) 엄마도 좋아. 왜 진작 우리끼리 떠나오지 못했나 그걸 생각하면 억울해.

푸른 세상: (엄마에게) 잘 사는 것도 못 보여 주고, 미안해.

지 도 자: (엄마가 되어서) 괜찮아, 너는 젊잖아. 너한테 좋은 꼴 못 보여 준 것 같아 미안해. 너는 잘 할 수 있어.

푸른 세상: (엄마에게) 아빠 모습이 남편한테 고스란히 옮겨 가는 것 같아.

지 도 자: (엄마가 되어서) 그렇구나. 속상하지. 그냥 잊고 살 길을 찾으렴.

푸른 세상: (엄마에게) 나도 돈 많이 벌어서 애들 데리고…….

지 도 자: (엄마가 되어서) 꼭 그래야지. 잘 살아야지. 울지 마라. 그냥 참고 사는 것보다 이렇게 나와서 사는 게 훨씬 낫다. 그런 놈한테 벗어날 수 있어서 다행이다. 기운 내라. 아휴, 안아 주지도 못했는데, 안아 보자.

푸른 세상: (울음)

지 도 자: (엄마가 되어서) 울어도 돼. 울어, 참지 말고(2004년 10월 N쉼터 집단 5회).

위에서 집단지도자는 때로는 아버지, 때로는 어머니 역할을 맡으면서 피해여성이 가정폭력을 목격하면서 받았던 상처를 표현하도록 돕고 있다. 이를 통해 피해여성은 때리는 아버지에 대한 원망 그리고 어머니와 함께 평화롭게 살기를 원했던 마음을 털어놓을 수 있었다. 또한 집단지도자는 가정폭력을 보면서 자라게 한 것에 대한 미안함, 딸에 대한 안타까움과 애정 등 어머니의 마음을 표현해 줌으로써 피해여성을 위로하고 용기를 주고 있다.

5. 피드백 나누기

감정표현이 끝나면 함께 느낌을 나누는 시간을 갖도록 한다. 이는 격해진 감정을 진정시키는 데 도움이 된다. 이때 필요하다면 감정표현은 쌓인 감정을 풀어내고 앞으로 건강한 삶을 살아가기 위한 것이라는 프로그램의 목적을 다시 한번 상기시키도록 한다. 어떤 의미에서 감정표현은 프로그램의 전환점이다. 첫 모임부터 감정표현까지가 가정폭력을 새로운 관점에서 조명하는 작업이었다면 그 이후는 앞으로의 삶을 살아가기 위한 현실적인 과제들(인간관계훈련, 인지재구조화, 자녀양육기술 훈련, 앞날 설계, 지지망 찾기 등)로 옮겨 가기 때문이다.

제3절 대안적 접근

앞에서 실시한 감정표현 방식은 피해여성들이 남편에게 하고 싶었던 말이나 감정을 표현하도록 함으로써 오랫동안 쌓여 있던 감정의 물꼬를 터 준다. 그러나 이 방식은 가해남편(또는 나를 힘들게 했던 사람)과의 쌍방적 교류가 배제되어 있다는 한계점을 가진다. 대안적 접근은 피해여성이 가진 감정을 풀어내면서 동시에 상대방의 입장이 되어 보는 쌍방적 상호작용을 가능케 한다. 이에 따라 이 접근법은 분노와 원망뿐 아니라 그 저변에 깔려 있는 여러 복합적 감정들을 이끌어 내고 감정을 보다 균형 있게 이해하는 데 효과가 있다.

1. 힘들게 했던 사람 만나기

1) '당신은 나를 ○○하다고……'

'당신은 나를 ○○하다고 생각할 것입니다.'는 선입견과 고정관념을 깨기 위한 집단 활동이다. 일반적으로 우리는 상대방이 나를 어떻게 생각할까 걱정한다. 이 집단 활동은 바로 이에 대한 역발상으로 상대방이 나를 어떻게 생각할 것이라는 자기표현을 통해 자신을 만날 수 있도록 한다.

① 집단지도자의 '시작' 신호와 함께 자유롭게 돌아다니도록 한다.
② 돌아다니다가 집단지도자의 지시가 있으면 두 사람씩 짝을 지어 마주 보고 서도록 한다.
③ 마주 서서 한 사람이 먼저 "당신은 나를 ○○하다고 생각할 것입니다."라고 2분 동안 계속 생각나는 대로 말한다. 예를 들어, "당신은 나를 상냥하다고 생각할 것입니다." "당신은 나를 뚱뚱하다고 생각할

것입니다." "당신은 나를 호기심이 많은 사람이라고 생각할 것입니다."라고 말한다.

④ 역할을 바꿔 다시 2분 동안 "당신은 나를 ○○하다고 생각할 것입니다."라고 말하게 한다.

⑤ 3명 정도 만나게 하고 마무리를 한다.

⑥ 피드백을 나눈다.

2) 나를 힘들게 했던 사람 만나기

이는 가해남편이라는 특정인이 아니라 누구든 간에 나를 힘들게 했던 사람을 만나서 이야기를 나누도록 하는 것이다. 필자들의 경험으로는 특정인을 지정하지 않고 나를 힘들게 했던 사람을 만나라고 해도 대다수가 가해남편을 만난다. '나를 힘들게 했던 사람 만나기'는 먼저 나를 힘들게 했던 사람을 만나서 하고 싶은 말을 해 보고, 다음에는 나를 힘들게 했던 사람이 되어 본 후, 다시 나로 돌아와서 지금 이 순간의 심정을 표현하는 것이다. 그 진행방법은 다음과 같다.

① 두 사람이 짝을 지어 마주 보고 앉는다.

② 한 사람은 A, 다른 한 사람은 B가 된다.

③ A는 가만히 앉아 있고 B는 자신의 왼쪽으로 조금 이동해서 A를 바라보며 앉는다.

④ 눈을 감고 심호흡을 세 번 한다.

⑤ B는 지금까지 내가 가장 힘들었던 때의 '나'가 되어 나를 가장 힘들게 했던 사람을 떠올린다. 그에게 하지 못했던 말, 하고 싶었던 말, 했어야 했던 말을 떠올린다.

⑥ B는 하고 싶은 말이 떠올랐으면 눈을 뜨고 그 말을 3분간 하도록 한다. A는 지켜 보며 말없이 듣기만 한다. 시간이 끝났으면 종을 쳐서

마무리하도록 한다.

⑦ A는 계속 그대로 앉아 있고 B가 이번에는 오른쪽으로 이동해서 A를 바라보고 앉는다.

⑧ B는 눈을 감고 심호흡을 하며, 나를 힘들게 했던 순간의 그 사람이 되어 (힘들어 하는 나에게) 하고 싶은 말을 떠올린다.

⑨ B는 하고 싶은 말이 떠올랐으면 눈을 뜨고 3분간 말을 한다. A는 듣기만 한다. 시간이 끝나면 종을 쳐서 마무리한다.

⑩ A는 계속 그대로 있고 B가 움직여 A의 정면에 마주 앉아 눈을 감고 심호흡한다.

⑪ 힘들었던 때의 내가 되어 보고, 힘들게 했던 사람이 되어 보고 난 뒤 지금의 내가 되어 힘들게 했던 사람이 앞에 있다고 생각하면서 지금 이 순간 하고 싶은 말을 떠올려 본다.

⑫ 하고 싶은 말이 떠올랐으면 눈을 뜨고 3분간 이야기를 한다. A는 듣기만 한다.

⑬ A는 모든 과정을 보고 들은 느낌을 이야기해 주고 B는 듣기만 한다.
(역할을 바꿔 다시 진행한다.)

3) 피드백 나누기

다음의 사례는 '힘들게 했던 사람 만나기'를 하고 나서 피드백을 나눈 내용이다. 가상적 상황이긴 해도 쌍방적 상호작용이란 점에서 피드백도 이런 특성을 반영하고 있다. 상대방의 입장에 서서 이해해 보는 것이 중요하다는 것을 깨닫는가 하면, 가상 상황임에도 가해남편에 대한 두려움을 자각하기도 하고, 때론 내 삶은 내 선택에 달려 있다는 것을 확신하기도 한다.

지 도 자: 둥글게 모여서 이야기 나눈 느낌에 대해 나누어 볼까요? 아주 오랫동안 많은 이야기를 나누었는데요. 남편을 포함해서 나를

힘들게 했던 사람들을 만나서 하고 싶은 이야기를 한 뒤의 지금 마음은 어떤지요?

하트호야: 상대의 입장이 되어 보는 것도 중요해요.

오 뚝 이: 남편에 대한 공포가 너무 커요. 앞에 없어도 말을 하고 싶은 대로 할 수 없었어요.

하트호야: 남편이 어떻게 하느냐에 따라 내 운명이 달라지는 것인 줄 알았어요. 하지만 지금 되돌아보니 내가 어떻게 결정을 하느냐에 달렸다는 것을 알게 되었어요. 지금은 내가 그를 버릴 거예요.

복 숭 아: 아이들을 어떻게 해야 할지 제일 걱정이에요. 상처를 많이 준 것 같아요. 남편이 아이들에게 많은 상처를 주었어요(2007년 4월 W쉼터 집단 6회).

2. 감정, 저울로 달아 봐요

분노나 원망과 같은 감정은 피해여성이 느끼는 가장 지배적이며 파괴력이 큰 감정이기 때문에, 집단에서 감정표현을 하면 주로 부정적 감정을 다루게 된다. 그러나 인간의 감정은 복합적이란 점에서 분노와 원망만으로 피해여성들의 감정을 모두 설명할 수 없다는 아쉬움을 느껴 왔다. 그러다가 우연히 감정을 저울에 달아 보는 시도를 해 보았는데, 복합적인 감정을 이끌어 내는 데 효과가 있었다. 단, 부정적 감정을 표현하고 나서야 내 안에 숨어 있는 애정과 연민 등의 다른 감정을 인정할 여유가 생긴다는 점에서 부정적 감정을 표현한 후에 실시하는 것이 유익할 것이다.

1) 준비하기

궁정적 감정과 부정적 감정의 무게를 재 볼 수 있도록 양편에 무게를 잴 수 있는 양팔저울을 마련한다. 양팔저울이 없으면 나무조각과 널빤지를 이

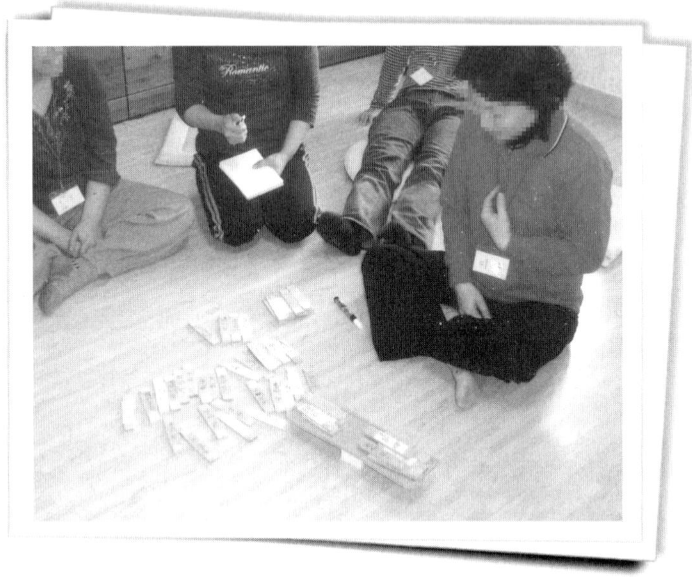

용해서 만들어도 된다.

다음에는 똑같은 크기의 나무조각이나 장난감 블록에 종이나 스티커를 이용해 감정 조각을 만든다. 이때 분노와 원망 같은 감정은 여유 있게 만들고 나머지 감정도 2개 이상 만든다. 그리고 감정 조각이 부족할 경우에 사용할 수 있도록 아무것도 적지 않은 조각을 몇 개 마련해 둔다.

2) 진행방법

집단지도자는 "인간의 마음은 복잡해서 내면을 들여다보면 분노와 원망 이외에도 연민, 안타까움, 애정 등 다른 감정이 있게 마련이에요. 그래서 우리 안에 어떤 감정들이 있는지 저울로 재어 보기 위해서 저울과 감정 조각을 마련했어요."라고 설명한다. 흔히 피해여성들이 이 말에 수긍을 하고 고개를 끄덕이는 것을 볼 수 있다. 또한 이들은 감정을 재어 본다는 데 호기심을 느낀다. 구체적인 진행방법은 다음과 같다(2008년 3월 W쉼터 집단 4회).

① 잠시 눈을 감고 마음속에 어떤 감정들이 있는지 느껴 보도록 한다. 눈을 뜨고 감정 조각들을 집어 보도록 한다. 감정이 크다면 그 무게만큼 조각을 집도록 한다(예: 분노 조각 4개, 미움 2개, 연민 1개 등).

③ 감정 조각을 부정적 감정과 긍정적 감정으로 나눠 보도록 한다.

④ 저울의 한쪽에는 긍정적 감정으로 분류된 조각을, 다른 한쪽에는 부정적 감정으로 분류된 조각을 얹어 놓도록 한다.

⑤ 감정에 담긴 마음을 나눠 본다.

감정에 담긴 마음을 나누면서, 피해여성들이 부부관계에서 바랐던 욕구이지만(예: 사랑받고 싶었던 마음, 인정받고 싶었던 마음 등) 폭력적 관계로 인해 채워지지 않았던 마음속의 욕구를 규명해 보도록 한다.

제7장

예기치 못했던 돌발 상황에서 새로운 공감대 만들기

앞서 몇 차례 언급한 바와 같이, 쉼터에서 집단프로그램을 진행하다 보면 간혹 예기치 않았던 돌발 상황에 부딪히게 된다. 이는 심리적으로 예민한 피해여성들이 공동생활을 하면서, 아주 작은 일로 빚어진 갈등이 순식간에 통제 불가능한 상태로 번져 버리기 때문이다. 집단지도자가 프로그램을 진행하러 쉼터에 갔는데, 전날 밤 발생한 돌발 상황으로 인해 피해여성들은 서로 외면하고 있거나 외기소침해 있고, 실무자들은 이제 겨우 수습 방법을 논의하고 있는 중일 수 있다. 그러므로 일견 프로그램을 진행하는 것이 불가능할 수 있다. 그러나 필자들이 오랫동안 프로그램을 진행해 온 경험에 비춰 보면 한 달 내지 두 달 정도 집단프로그램을 진행하는 동안 이런 돌발 상황이 발생하지 않았던 적은 거의 없었다. 이로 미루어, 쉼터에서 집단프로그램을 하고자 하는 지도자는 예기치 못한 돌발 상황에 대한 준비를 갖출 필요가 있다.

집단지도자에게 이런 돌발 상황은 아주 당혹스럽다. 서로 눈길도 주지 않는 피해여성들에게 프로그램에 참여하라는 말조차 꺼내기 어렵다. 이런 상황에서 계획된 프로그램을 진행하는 것은 불가능하다. 필자들의 경험에 의하면, 이럴 때는 과감하게 그날 계획된 프로그램을 포기하는 것이 현명하다. 하지만 "위기는 기회다."라는 명언은 여기에서도 적용될 수 있다. 다시 말해 예기치 못했던 돌발 상황에서 새로운 공감대를 형성하기만 한다면 그 이후의 프로그램에서 보다 진솔해진 피해여성들을 만날 수 있는 기쁨을 누릴 수 있다. 이후 절에서는 사례를 보면서(2004년 4월 N쉼터 집단 4회) 돌발 상황을 어떻게 풀어 나가는지 살펴보고자 한다. 물론 돌발 상황의 본질이 무엇이며, 어떻게 전개되었고, 지금 어떤 상태에 있는지에 따라 접근에 차이가 있겠으나, 기본적인 방향은 동일하다고 가정하고 이를 제시하고자 한다.

제1절 돌발 상황 이해하기

1. 지금-여기에서 출발하기

돌발 상황은 정도의 차이는 있겠지만 쉼터에 거주하는 모든 피해여성들에게 영향을 미치게 마련이다. 돌발 상황의 당사자들은 아직 흥분상태에 있을 수도 있고, 아니면 극도의 흥분상태가 지난 후에 손끝도 까딱하기 싫을 정도로 침울해져 있을 수도 있다. 다른 피해여성들은 동정심을 느끼는 피해여성의 편이 되기도 하고, 아니면 방관하는 입장에서 눈치를 보기도 한다.

집단프로그램의 수행 여부와 상관없이 쉼터에서 이런 상황이 장기화되는 것은 바람직하지 않다. 이때 가장 먼저 할 일은 일단 피해여성들이 프로그램 장소에 모이도록 하는 것이다. 흔히 돌발 상황의 당사자 중 한편 또는 양편 모두 프로그램에 참석할 마음이 없다고 몸을 뺄 것이다. 이 경우 "하기 싫은 것은 이해한다. 하지만 일단 모여서 하기 싫은 것에 대해 이야기해 보자."라고 몇 차례 권유하면 이마저 거절하는 경우는 드물다. 피해여성들이 모두 모이면 아래와 같이 시작할 수 있다.

*****

백조가 울었다고 들었습니다. 그리고 들국화도 울고 위경련까지 일어났다고요. 다른 분들도 다들 기분이 가라앉은 것 같아 보입니다. 이 일을 보면서 각자 느끼신 것들이 많으실 것입니다. 그리고 이 일이 계기가 되어 각자의 처지에 대해 이런저런 생각을 많이 하셨을 것 같군요. 오늘은 원래 계획했던 프로그램은 잠시 접도록 하고 그 이야기를 하는 것이 좋을 것 같네요. 여러분들이 어떻게 느끼셨는지 나눠 보고 싶습니다(2004년 4월 N쉼터 집단 4회).

단, 아직 흥분상태가 가라앉지 않았다면 갈등 당사자 간에 불편한 말이 오갈 수 있다는 점에 주의해야 한다. 설사 흥분이 다소 잠잠해졌다 하더라도 집단에서 이야기하는 과정에서 다시 흥분하여 서로 간에 언쟁이 발생하거나 상처 주는 말이 오갈 수 있다. 이때는 피해여성들에게 집단규칙을 재확인시켜 주면 이런 사태를 미연에 방지할 수 있다. 예를 들어, "지금부터 어제 발생한 상황에 대해 진솔하게 나누는 시간을 가져 보려고 합니다. 한 가지 부탁드리고 싶은 것이 있습니다. 우리가 처음에 정했던 집단규칙을 기억해 달라는 것입니다. 특히 서로 상대방의 의견 존중하기, 남을 비난하지 말고 자기의 느낌이나 생각, 입장에 대해 이야기하기 등과 같은 규칙을 지키면 도움이 될 것 같습니다."

2. 상황 파악하기

돌발 상황에 대한 의견을 나누는 데 대한 동의를 얻고 나서 집단지도자가 가장 먼저 해야 할 일은 상황을 파악하는 것이다. 피해여성들은 이 상황의 목격자들이기 때문에 자세한 보고를 요구할 필요가 없다. 돌발 상황에 대한 논의를 시작할 수 있을 정도면 충분하므로, "누가 어제 상황에 대해 간단히 말씀해 주실 수 있을까요?" 와 같이 말할 수 있다.

*****

> 백조 님이 아이 문제로 속상해서 술을 마시고 취한 상태로 들어와서는 엉엉 울었어요. 심하게 우니까, 들국화가 예전에 남편한테 느꼈던 그 술주정과 술 냄새로 인해 쇼크를 받아 위경련이 일어났어요(2004년 4월 N쉼터 집단 4회).

이때 피해여성에 따라 상황을 다르게 인식할 수 있으므로, 집단지도자는 상황에 대해 보충설명을 하고 싶은 사람이 있는지 질문하는 것이 바람직하다.

3. 주변의 반응 알아보기

앞서 언급한 바와 같이 돌발 상황은 당사자뿐 아니라 주변에서 이를 목격한 다른 여성들에게도 파급효과를 미치기 마련이다. 동병상련이라고 이들은 돌발 상황을 일으켰던 피해여성의 일이 남의 일처럼 여겨지지 않는다. 이에 따라 집단지도자는 돌발 상황의 당사자뿐 아니라 다른 피해여성들이 이로 인해 어떤 영향을 받았는지에 관심을 가질 필요가 있다.

*****

여기(쉼터)가 평안했었는데, 갑자기 한꺼번에 그렇게 몰아닥쳐서 많이 놀랬어요.

격한 얘기를 들으니까, 밥 먹다가 숨도 못 쉬고 무지 놀랬어요. 거기다가 얼마 안 있다가 백조 님이 "예전의 그 술 냄새 맡고……." 하면서 대성통곡을 해서 더 놀랬어요(2004년 4월 N쉼터 집단 4회).

여기에서 집단지도자는 논의가 초점을 벗어나지 않도록 유의해야 한다. 때로 피해여성들 중에는 쉼터는 공동생활을 하는 곳이니까 공동생활의 규칙을 지켜야 한다는 데 과도하게 집착하는 여성들도 있다.[1] 사례에서 보는 바와 같이, 이들은 상대방의 사정을 이해하기보다는 규칙을 어긴 것을 비난하는 경향이 있다. 물론 이들의 의견도 존중되어야 하겠지만, 대다수 쉼터에서는 공동생활의 규칙을 다루는 회의가 주기적으로 열리므로 규칙의 문제는 그곳에서 충분히 논의될 수 있을 것이다.

자칫 생각과 판단이 논의의 초점이 되면 옳고 그름을 따지고 상대방을 비난하는 쪽으로 흐를 수 있는 반면, 느낌에 초점을 두면 서로에 대한 이해를 넓힐 수 있다. 집단지도자는 피해여성들이 규칙을 강조하거나 심판적인 태도를 가질 때 느낌을 말하도록 도울 수 있다.

피해여성: 여긴 공동생활을 하는 곳이니까 자기가 스트레스를 받았다고 슬픈 감정을 폭발하지 말아야 하고, 감정이 쌓였던 게 갑자기 폭발하면 더 격해지고, 또 몸이 약한 상태에서 그러면 병적으

---

1) 쉼터에서의 공동생활에는 규칙이 따르게 마련이다. 바람직한 현상은 아니지만, 때로 피해여성들은 생활 습관의 차이를 과도한 규칙(예: 화장실 들어갔다 나와서 세면대의 물 닦기 등)으로 해결하고자 한다. 논의가 규칙준수로 빠질 경우, 피해여성들이 자신들의 아픔과 문제를 드러내는 데 저해가 된다는 점에서 집단지도자는 논의가 이 방향으로 전개되지 않도록 유의해야 한다.

로 되니까, 자제할 건 자제하고 혼자서 자책하지 말아야 하고…….

지 도 자: '이렇게 하지 마라.'가 아니고, 그때의 느낌은 어땠는지요?

피해여성: 전 소름이 돋더라고요. 들어와서 통곡을 하기에 저렇게 하면 안 되는데 힘들어도 폭발하면 안 되는데……. 나갔다 들어와서 소리를 내며 심하게 하니까, 저 정도로는 하지 않았으면 좋겠는데 싶었거든요. 들어와서 고꾸라지는데 겁나더라고요(2004년 4월 N쉼터 집단 4회).

이처럼 처음에는 돌발 상황에 대한 충격과 더불어 비판을 하기도 하지만, 느낌을 나누도록 하면 점차 돌발 상황의 당사자를 이해하고 공감하는 반응이 나오기 시작한다.

*****

갑자기 그런 상황들이 한꺼번에 닥치면서 마음이 굉장히 아팠어요. 가슴이 아프고 안타깝고, 그런 반면에 빨리 집에 가고 싶다고 그 순간에 느꼈어요. 그래도 참아야지 했는데, 저한테는 아주 큰 충격이었어요. 그다음 날 백조 님께서 협의이혼을 했을 때, 가슴이 너무 아팠어요(2004년 4월 N쉼터 집단 4회).

제2절 돌발 상황 개입하기

1. 힘들어하는 피해여성 보듬어 주기

돌발 상황으로 인한 충격이 크기 때문에 피해여성들은 이에 대한 느낌을 나누다가 자신의 아픔이 상기되어 자리를 뜨기도 한다. 필자들의 경험에 의하면, 이들이 되돌아왔을 때 관심을 보여 주고 위로하고 지지해 주면 좋다. 이는 피해여성들에게 힘들면 잠시 휴식을 가질 수 있는 권리가 있으며, 집단에서 위안과 지지를 받을 수 있다는 메시지를 전달하는 효과를 지닌다.

지도자: 어서 와요. 나갔다 오니까 어떠세요?

들국화: 너무 울렁거리고 몸이 안 따라 주니까 힘들었는데, 나갔다 오니까…….

지도자: (들국화가 나갈 때 나리꽃이 위로하기 위해 쫓아 나갔다.) 나리꽃 님이 같이 나가 줘서 어땠어요?

들국화: "나올 땐 살려고 나오지 않았냐?"라고 위로해 주었어요. 근데, 지금 막상 몸이 안 따라 주니까 의지가 약해져요. (집에) 들어가서 죽으려고 했어요. 나올 때는 죽기 싫어서 나왔는데 지금은 제 몸을 못 이기니까 이렇게 살아서 뭐 하나, 주변 엄마들은 다 잘 지내는데 저만 이렇게 지내니까…….

지도자: 주변 엄마들이 잘 지내니까 나도 시간이 지나면 잘 지내게 될 것이라는 생각이 안 들어요?

들국화: 네. 나도 할 수 있다고 생각했었는데, 아침이 되니까 나만 아픈가 싶어요.

지도자: 나만 아픈 것이 아니라, 아직 시간이 더 필요한 것이겠지요.

들국화: 근데, 지금 나가니까, 속이 울렁거리고 실제랑 틀려요.

지도자: 햇님도 어렵게 극복해 오셨으니까 들국화에게 위로해 주시겠어요?

햇 님: 나도 엄청 심했어요. 말 붙이는 것도 싫었고, 말하는 것도 힘들었어요. 누가 내 얘기를 하면 내 신랑이 와서 얘기하는 것처럼 환시와 환청이 들렸어요. 내가 ○○상담소에서 상담을 하는데, 그 선생님이 서 있는 게 우리 신랑이 딱 서 있는 것으로 보이는 거야. 그

> 래서 너무 놀라 얼굴이 하얘져서 뒤로 넘어지려 했어요. 그래서 제대로 물어보지도 못하고 돌아왔을 정도예요. 다음에 시간을 두고 리얼하게 말하니까 놀라더라고요. 사람은 시간이 필요한 거예요. 뭘 하려고 발버둥 치지 말고, 지금 이 순간 그냥 그대로, 있는 그대로 받아들이면 시간이 지난 후 내 맘이 편안해지고 누구와 얘기해도 당당해질 수 있고, 내 경험도 말해 줄 수 있게 돼요. 그러니까 너무 조급하게 생각하지 마세요(2004년 4월 N쉼터 집단 4회).

위의 사례에서 집단지도자는 몇 가지 시도를 하고 있다. 우선 들국화(별칭)의 아픔에 대해 관심을 표명하고 있다. 둘째, 들국화를 위로하기 위해 함께 나갔던 나리꽃(별칭)에 대해 거론하고 있다. 이는 함께 나가 준 나리꽃에게는 칭찬이 되며, 앞으로 누군가가 힘들어할 때 다른 여성들이 위로할 수 있는 분위기를 조성해 준다. 셋째, 집단지도자는 힘겨워하는 들국화를 직접 지지하기보다는 다른 여성이 지지해 주도록 한다. 피해여성에게 다른 피해여성을 돕는 기회를 제공하는 것은 임파워먼트 접근에 부합이 된다. 넷째, 나리꽃과 햇님(별칭)에게 자신들이 회복되고 있음을 확인하는 기회를 제공한다.

2. 집단에 대한 의구심 해소하고 회복 과정에 대한 이해 돕기

1) 집단에 대한 의구심 대두

흔히 이런 돌발 상황은 피해여성들을 평소보다 훨씬 지치게 만들고 의욕을 상실케 한다. 이때 피해여성들 사이에서 집단에 대한 의구심이 대두되기도 한다. 예를 들어, "여기 와서 잠시나마 편했는데요. 다시 또 무거워져요. 폭력에 대해 이야기하고, 다시 끄집어낸다는 것이……. 어떤 해결이 있는 것도 아닌데."라고 이야기하기도 한다. 이런 의구심은 돌발 상황에 대한 피해여성들의 반응이라고 보아야 할 것이다. 다음에서는 이런 상황에 어떻게 대처할 수 있는지 살펴보고자 한다.

2) 회복 과정에 대한 이해 돕기[2)]

피해여성들 사이에 집단프로그램이 도움이 되기는커녕 아픈 상처를 다시 되살아나게 한다는 의구심이 대두되었을 때, 집단지도자는 회복 과정에 대한 이해를 도울 수 있다.

*****

> 프로그램을 하면 힘들다는 말은 사실일 수 있어요. 그러나 여기에서 힘든 것은 나아지기 위한 과정이기 때문에 그냥 아픈 것하고는 다르지요. 프로그램에서 힘든 것은 내 속에 있는 것을 끄집어내고 정리를 하여 좀 더 편해지기 위한 작업이라고 할 수 있지요. 그리고 또 한 가지 중요한 것은 여기는 안전한 장소라는 것이에요. 혼자서 참고 견디다가 폭발하면 주체하지 못하는 상황에 이를 수 있지만 여기서는 지금처럼 여러 사람들이 도움을 줄 수 있지요(2004년 4월 N쉼터 집단 4회).

3) 집단에 대한 의구심 표면화시키기

회복 과정을 설명하는 것이 도움이 되기는 하겠지만 이것으로 피해여성들의 의구심을 완전히 해소시키기는 어려울 것이다. 이런 의구심이 남아 있으면 집단프로그램에 대한 동기를 약화시키게 된다. 따라서 다른 여성들도 집단에 대한 의구심을 가지고 있다고 생각되면 이를 표면화시켜야 한다.

다음의 사례에서 보는 바와 같이, 의심은 때로 놀라운 속도로 전파되기 때문에, 한 명의 피해여성이 의구심을 표명하면 너도 나도 의혹의 목소리

---

2) 회복, 치유 등 다양하게 표현할 수 있으나 여기에서는 피해여성들과 집단에서 공유하기 쉬운 회복이라는 용어를 사용하였다.

를 쏟아 낸다. 경험이 부족한 집단지도자는 쏟아지는 불만에 당황해서 지도자로서의 자신의 능력이 공격당하는 것으로 느끼고 경직된 반응을 할 수 있다. 그러나 피해여성의 불만은 여러 가지에서 비롯된다. 여기에는 서비스 전달체계 간의 연계성 부족으로 생기는 문제(상담소나 쉼터를 거치면서 자신들의 이야기를 반복해야 하는 것이 짜증이 나서)도 있다. 그리고 회복(치유)과정에서 겪게 되는 아픔(다른 피해여성의 아픔을 보면서 자신의 아픔이 되살아나서, 자신의 상처가 얼마나 큰지 확인하게 되어서, 과거를 잊어버리고 싶어서)들도 있다. 또한 다른 사람 앞에서 우는 것이 싫은 것과 같은 개인적인 반응도 있다.

이에 따라 집단지도자는 피해여성들의 의구심이 무엇인지 구체적으로 파악하고 이를 토대로 반응할 필요가 있으며, 집단 운영에 도움이 되는 사항이라면 이를 적극 반영하도록 한다. 무엇보다도 여기에서 중요한 것은 집단지도자가 피해여성들의 권리, 심지어는 집단에 참여하지 않을 권리를 인정해 주고 그들의 불만을 경청할 준비가 되어 있다는 것을 보여 주는 것이다. 동시에 집단이 가지는 회복 또는 치유의 힘에 대한 분명한 신념을 보여 주어야 한다.

피해여성: 가끔 그런 생각이 들어요. 연구대상이 아닌가?

지 도 자: 그렇군요. 여러분이 정말로 프로그램을 원하지 않으시면 안 할 수 있는 권리가 있답니다. 그렇지만 우리는 집단프로그램에 참여하고 퇴소하신 분들로부터 “그때는 힘들었지만 나와서 생활해 보니까 그때 했던 것들이 너무 도움이 됐어.”라는 말을 자주 듣는답니다. 그래도 “연구대상이다.”라는 느낌에 대해서 다른 분들은 어떤 생각을 하시는지 이야기해 보죠.

피해여성: 가정법률상담소나 여성의 전화 그리고 이곳 쉼터에서 반복적으로 얘기하다 보니까, 어떨 때는 좀 짜증 나는 경우도 있어요.

선생님들에게는 한 번인지 몰라도 우리는 몇 번을 거치면서 반복해서 말하다 보니까 여기 온 게 정말 잘한 것인가? 내가 쉬러 왔지 조사받으러 왔나? 하는 생각도 들었거든요. 그래서 처음에 여기 와서 더 혼란스러웠어요.

지 도 자: 또 다른 분들은 어떠세요? 나리꽃 님이 그 부분에 대해서 이야기 해 보실래요? 그런 것을 많이 느끼셨던 것 같던데…….

나 리 꽃: …….

지 도 자: 이런 것을 얘기하는 것이 중요하고 이야기할 수 있다는 것이 소중한 것 같아요.

피해여성: 과거는 과거라고 생각해요. 어제도 나리꽃과 밤새 얘기했는데, 솔직히 일단 당한 것, 그것은 시간이 지나면 흐려지는 거지. 내가 생각 안 하고, 잠재우면 편안하게 살 수 있어요. 그런데 어제 얘기하다 보니까 신랑한테 서운했던 것, 속상했던 것, 시아버지, 시어머니 얘기를 하는데 끝이 안 나요. 그러니까 더 격분하게 되지요. 머릿속에 있는 것을 끄집어내면 그 순간 다시금 현실로 다가와요. 그러니까 과거는 덮어 놓고 앞으로 갔으면 좋겠어요.

지 도 자: 다른 분들 얘기도 좀 더 듣고 싶네요. 다른 분들은 어떠셨어요? 정말 그렇게 조사받는다는 느낌을 많이 받았나요? 아니면 과거는 과거니까 덮어 놓아야 된다고 생각하시나요?

들 국 화: 어제 백조 언니 보면서 저 자신이 더 놀랬어요. 술 냄새가 스치면서 신랑이 했던 것이 그대로 생각나면서 얼마나 놀랬는지……. 저는 두 다리로 걸어 다니니까, 다 나았다고 생각했어요. 그래서 앞으로 먹고 살 것만 생각했었는데, 이렇게 내가 만신창이가 되고 화병을 얻은 걸 모르고 살았거든요. 응어리지고 가슴을 두드리며 움켜 쥐고만 살았어요. 끄집어내면 아픔이 더 큰 것 같아요. 프로그램을 하다 보면 울음이 자꾸 나오는데 사

람들 앞에서 우는 것이 싫거든요(2004년 4월 N쉼터 집단 4회).

3. 동맹자 찾기: 누군가는 집단의 효과를 깨닫고 있다

놀라운 사실은 피해여성들이 집단에 대한 의구심을 마음껏 표현하도록 하고 이를 진지하게 들어주면, 누군가 한두 여성은 집단이 자신에게 도움이 되었다는 발언을 한다. 아래 사례에서 피해여성은 너도 나도 불만을 털어놓는 상황에서 스스로를 '돌연변이'라고 칭하면서 집단이 자신에게는 도움이 되었고 성숙해지는 계기가 되었다고 토로한다. 또한 이 여성은 집단에서 하는 이야기는 자신들이 평소에 하는 이야기와는 달라서, 새롭게 이해하고 해결을 모색하는 데 도움이 되었다고 지적한다. 이런 목소리는 피해여성의 입에서 나왔다는 점에서 다른 피해여성들에게 상당한 설득력을 지닌다. 집단으로서는 이것이 바로 커다란 전환점이 된다. 다시 말해서, 집단에 대한 의구심을 극복하고 집단이 가진 회복 또는 치유 효과를 규명해 나가는 출발점이 된다.

*****

저는 얘기 들으면서 '나만 돌연변이인가?'라고 생각했어요. 저는 여기서 프로그램에 참여하면서 나 자신을 정신적으로 조금 더 성숙시킬 수 있는 계기가 됐다고 봐요. 나한테 많은 도움이 됐어요. 반성도 하고, 내 잘못도 인정하고, 다시 새롭게 집에 가서 어떻게 해야 되겠다는 걸 찾고 있어요. 여기서 나 자신에 대해 얘기를 함으로써 같이 있는 사람들과 하나가 된 느낌이 들었거든요. 그래서 더 친해질 수 있었고, 가까워질 수 있었고, 서로 이해할 수 있었던 것 같아요. 그냥 우리끼리 평소에 얘기하면 말 그대로 그냥 얘기하고 지나가는 것뿐인데, 여기서(집단에서) 얘기하고 나면 나 자신이 새롭게 받아들여지는 느낌이 들어요. 그래서 전 좋다고 생각하고 있어요. 그래서 되도록이면 프로그램에 열심히 참여하고 있고 바쁜 일이 있어도 일부러 시간을 내서 참여하고 있었는데, 지금 얘기를 들으면서 나만 돌연변이인가라는 생각이 들었어요.

저는 작년 7월에 들어왔는데, 이런 생각이 드네요. 지금 들어오신 분처럼 저도 프로그램 할 때마다 울었거든요. 그때 당시에는 받아들이기가 힘들었어요. 프로그램에서 가슴에 있는 걸 끄집어내다 보면 더 아픈 거예요. 그렇게 아프니까 나 자신이 뭔가 하는 똑같은 생각을 했거든요. 그래도 지금은 제가 저를 받아 줄 수 있는 것을 보면서 나름대로 심리적인 치료가 되지 않았나 하는 생각이 요즘 들어 들었어요. 지금은 이런 생각을 하고 있지만, 과거에는 저도 그렇지 않아도 힘든데, 왜 자꾸 끄집어내나 하며 힘들어했었어요(2004년 4월 N쉼터 집단 4회).

4. 집단의 효과, 규명해 보세요

1) 회복을 피해여성들의 언어로 규명해 봐요

누군가가 집단이 도움이 되었다고 인정하고 이에 동의하는 여성이 있으면, 집단지도자는 과연 다른 피해여성들도 집단에 참여하면서 변화를 경험했는지 질문할 수 있다.

지도자: 지금 집단에서 이야기하고 나면 평소와는 달리 새롭게 이해된다고 하셨는데, 이와 비슷한 변화를 경험하신 분들이 있는지 궁금하군요.

비행기: 아! 그럼, 이게 그런 건가요? 제가 처음에 올 때 ○○상담소를 통해 왔거든요. 근데, 상담소에서 처음 상담했을 때는 그야말로 결혼 전 만남부터 지금까지 쭉 나열했어요. 그리고 여기 와서 선생님과 상담했을 때는 그것이 걸러지는 거예요. 그리고 집단에서

이야기하다 보면 또 걸러지는 걸 느껴요. 이런 것이 나아지는 것 인가요?

장 미: 저는 처음에 제 얘기하기 바빴는데, 지금은 제가 별로 할 얘기가 없다는 거예요. 그만큼 걸러져서 그런 것 같아요. 지금 새로 들어온 사람 보면 말을 많이 하잖아요. 그게 치료과정이 아닌가 싶어서 새로 온 사람이 말을 하면 많이 들어주는 편이거든요. 처음에는 저도 힘드니까, 옆에 누가 있으면 계속 제 얘기만 하는 거예요. 근데, 지금은 할 말도 없고, 앞으로 내가 어떻게 살 것인가? 내가 뭘 해야 할 것인가? 요즘엔 그런 걱정만 해요. 남편의 폭력에 대한 고민은 없어졌다는 거죠(2004년 4월 N쉼터 집단 4회).

위의 사례에서 피해여성들은 자신들의 용어로 변화를 이야기하고 있다. 한 여성은 상담을 해 나가면서 이야기가 걸러진다고 표현하고 있으며, 다른 여성은 처음에는 자신의 이야기를 하기 바빴는데 이제는 다른 여성의 이야기를 들어줄 수 있으며 앞으로 살아갈 방법을 찾고 있다고 표현하고 있다. 궁극적으로 회복의 주체가 피해여성이어야 한다는 점에서, 특히 임파워먼트 접근에 있어서, 피해여성들이 회복을 자신들의 용어로 규명하도록 돕는 것은 바람직하다.

2) 회복 시기가 다를 수 있으니, 회복에 대한 희망을 주세요

쉼터에 입소한 시기가 다르고 가정폭력으로 상처를 입은 정도가 다르다 보니, 피해여성들의 회복 속도는 각기 다를 수밖에 없다. 스스로에게서 변화를 발견하는 피해여성들은 기뻐하지만, 아직까지 혼란 속에서 힘들어하는 여성은 '왜 나만 이러고 있는가?'라는 자괴감과 실망감을 느낄 수도 있다. 이때 이들에게 회복에 대한 희망을 주는 것도 집단지도자의 역할 중 하나다. 이런 희망은 회복 과정에 수반된 아픔에도 이들이 계속 노력하도록 용기를 준다.

천　사: 저는 아직 정리가 안 된 것 같아요. 얘기를 하다 보면 또다시 복잡해져요. 어디서부터 풀어야 할지 모르겠어요. 지금은 접어 두고 싶어요.

지도자: 너무 힘들어서 접어 두고 싶은 마음이 이해가 돼요. 당장 직면하면 너무 고통스러우니까요. 이것은 나한테 시간이 좀 더 필요하다는 의미일 수 있어요. 비행기나 장미도 처음에는 아팠지만 상담도 받고 시간도 지나면서 나아진 것처럼 천사 님도 차츰 걸러지고 덜 복잡하게 느껴지실 거예요. 다른 사람이 회복된 것을 보면 나도 회복될 수 있다는 희망을 가질 수 있잖아요(2004년 4월 N 쉼터 집단 4회).

3) 변화된 모습, 구체적으로 찾아 주세요

프로그램을 하다 보면 회복은 아주 작은 변화에서 시작된다는 것을 느끼게 된다. 그러나 작은 변화이기 때문에 피해여성들은 이를 미처 인식하지 못하는 경우가 많다. 이에 따라 집단지도자는 피해여성들이 미처 깨닫지 못하고 있었던 자신의 변화를 자각하도록 도울 필요가 있다. 피해여성들이 자신에게 나타난 긍정적 변화를 자각하면 회복을 가속화시킬 수 있다.

지 도 자: 집단에서는 내 것도 털어놓지만 다른 사람들이 이야기하는 걸 들으면서 깨닫는 것이 많지요. 비행기와 장미가 "차츰 걸러졌네." "예전엔 내 얘기 하기 바빴는데, 이젠 내가 얘기 들어주는 사람이 됐네."라고 하는 것은 작지만 중요한 변화지요. 지금 힘들어하는 들국화를 보고 다른 사람 얘기 들어주라고 하면 할 수 있겠어요? 그런데 장미는 들어줄 수 있게 되었다는 거죠. 어

떤 변화를 느끼셨나요?

나 리 꽃: 처음엔 아무 생각 안 하고 넘어가려고 했어요. 답답하면 나갔다 왔는데 2주가 지나면서 뭔가 정리해야겠다는 생각이 들었어요.

지 도 자: 정리해야겠다는 생각이 든 것도 변화지요. 그리고 나리꽃이 들국화를 데리고 나가서 위로해 줬거든요. 그게 얼마나 큰 변화인데요.

나 리 꽃: 네. 나에게 (다른 사람의 이야기를) 들어줄 수 있는 뭔가가 있구나 하는 생각이 들더라고요. 정말 처음에는 남들 얘기보다는 내 얘기만 하고 싶었는데, 그게 좀 바뀐 것 같아요.

지 도 자: 저는 매주 올 때마다 변화된 모습을 보거든요. 딸기엄마는 처음보다 표정이 달라졌어요. 딸기엄마가 어떻게 변했는지 누가 얘기 좀 해 주실래요?

들 국 화: 딸기엄마가 처음 왔을 때 누워만 있었어요. 그때만 해도 말도 안 하고, 눈길도 안 주더라고요. 저한테 눈길을 안 주니까 나도 힘들어 죽겠고 먼저 말을 붙일 수 없었어요. 그런데 얼마 지나니까, 완전히 자기 세상이야. 막 돌아다니고, 커피도 마시고, 분위기까지 조성할 정도로 굉장히 밝아졌어요.

지 도 자: 그래요. 딸기엄마의 표정뿐 아니라 행동에 많은 변화가 있었군요. 또 어떤 변화를 보고 느끼시나요?

피해여성: 내가 남편의 뜻을 너무 안 들어줬나 하는 생각도 들어요. 처음엔 남편이 밉고 싫었는데, 지금은 남편이 이렇게 했을 때 내가 이렇게 했어야 되는데, 내가 너무 안 들어줬나 하는 생각이 들어요.

지 도 자: 그렇군요. 생각에도 변화가 있군요. 자신을 객관적으로 돌아보고, 남편에 대해서도 객관적으로 볼 수 있게 된 것은 큰 변화지요. 집단프로그램은 여러분이 자신의 상황을 객관적으로 보고 생각하는 데에도 도움이 된 것 같군요(2004년 4월 N쉼터 집단 4회).

5. 새로운 공감대 구축하기

이와 같이 피해여성들이 아픔을 극복하고 자신들이 긍정적으로 변화하고 있음을 자각하게 되면, 집단에는 어떤 이야기라도 털어놓을 수 있다는 신뢰와 공감대가 형성된다. 이런 공감대가 형성되면, 피해여성들은 그 어느 때보다도 진솔하게 자신들의 고민을 털어놓게 된다. 이 집단 회기에서도 피해여성들은 자신들이 처한 상황, 고민, 자기발견에 대해 진지하게 나누는 시간을 가졌다.

*****

저는 16년을 정말 힘들게 살았어요. 나라는 사람은 (폭력으로 인해) 바닥에 누워 일어날 수도 없었고, 누워서 물 한 모금도 못 삼킬 정도로 맞고 살았어요. 그래서 나 자신마저도 포기하고 싶었어요. 그래도 아이들 때문에……. 내 희망과 꿈이 아이들이었고, 나 자신을 포기하면 나는 아이들한테 어떤 존재일까를 항상 생각해 왔어요.

나는 정말 살고 싶어 나왔고, 지금은 '나는 자유인이다.' 라고 느껴요. 그 전에는 나를 사랑하는 것보다 남을 사랑하기에 바빴고, 나보다는 내 가족과 그 식구들을 챙기기에 바빴는데, 지금은 나라는 사람이 가장 소중하고, '나를 사랑해야만 남을 사랑할 수 있구나.' 라는 것을 깨달았어요. '나는 반대로 사랑했던 거야.' 라는 생각이 들어요(2004년 4월 N쉼터 집단 4회).

6. 마무리하기

1) 집단의 의미 되새기기

돌발 상황의 충격에서 시작하였지만 자신들이 회복되고 있음을 깨닫게 된다는 점에서, 이 회기는 피해여성들에게나 집단지도자에게나 특별한 의미를 지닌다. 이에 따라 마무리에서는 이런 의미를 다시 한번 되살리는 것이 좋다. 아래 사례에서 집단지도자는 오늘의 모임이 뜻깊은 모임이었다는 것, 마음을 열고 솔직한 속내를 이야기해 주어서 감사하다는 것, 서로에 대한 믿음이 깊어졌다는 것, 회복된 모습을 찾는 계기가 되었다는 것 등을 표명하고 있다. 그리고 집단지도자는 햇님, 들국화, 천사가 힘들었음에도 솔직하게 자신의 이야기를 하였다는 사실을 칭찬하고 있다. 이런 구체적인 칭찬은 당사자들에게는 격려가 되고 자부심을 심어 주게 된다.

또한 집단지도자는 피해여성들에게 앞으로 집단을 지속할 것인지에 대한 의견을 묻고 있다. 필자들의 경험으로는 피해여성들이 마음을 열고 공감대를 형성하고 나면 집단 참여에 대한 동기가 높아지지만, 이들의 의견을 묻는 것은 두 가지 측면에서 의미가 있다. 첫째, 피해여성들의 의견이 존중된다는 것을 보여 줄 수 있다. 둘째, 피해여성들이 느끼는 집단의 의미를 표현할 수 있는 기회를 제공한다.

지도자: 전화위복이라는 말이 있지요. 오늘 (돌발 상황으로 인해) 모두 무거운 맘으로 시작했지만, 오히려 그것 때문에 오늘 모임이 뜻깊은 모임이 된 것 같아요. 덕분에 마음에 있는 얘기를 많이 나누게 되었네요. 햇님은 처음엔 너무 힘드니까 얘기 안 하시겠다고 했는데 지금은 적극적으로 참여하고 계시지요. 아이에 대한 걱정을 꺼내 놓기 힘들어하시는데 딸기엄마도 천사 님도 솔직하게 얘기하셨지요. 다른 분들도 마찬가지고요. 마음이 서로 오가고 서로를 믿기 때문에 나눌 수 있는 이야기였던 것 같습니다. 오늘은 여러분들이 그동안 회복된 것을 확인하는 시간이었던 것 같아 감사했어요. 오늘 모임이 끝나 가는데, 여러분의 의견은 어떠세요? 집단프로그램을 계속하는 것이 나을까요? 조금 힘들 때도 있겠지만……(2004년 4월 N쉼터 집단 4회).

2) 집단의 의미가 무엇인지 표현할 기회를 주세요

집단지도자가 일방적으로 "오늘은 뜻 깊은 모임이었다."라고 단언하고 모임을 끝내는 것보다, 피해여성들의 의견을 물으면 이들이 느끼는 집단의 의미를 이야기하는 기회를 제공할 수 있다. 그 어떤 지도자가 집단의 의미를 설명하는 것보다 때론 이들이 더 생생하고 진솔하게 집단의 의미를 언어화해 내기도 한다.

*****

근데, 선생님 이런 게 좋은 것 같아요. 저 같은 경우엔 입을 열려고 하지 않았어요. 마음의 문이 완전히 닫혀 있었는데 그걸 꺼내려고 하니까 다시 생각이 나서 묻어 두려고만 했었어요. 그리고 속으로 그건 지나간 과거다, 과거에 대해 왜 집착하느냐고 하면서 불만족스러워했었는데, 지금 이게 나아지는 것이라는 것을 알았어요. 이런 아픔 없이는 나 자신이 성숙할 수 없을 것이라고 느끼고, 이 아픔을 통해 여러 사람과 대화를 하면서 아픔과 아름다움을 알고, 참됨을 알게 되니까 이 모임이 소중하고 사랑스럽고 본받을 만한 좋은 자리인 것 같아요(2004년 4월 N쉼터 집단 4회).

3) 싫다고 말할 권리가 있다는 것을 인정해 주세요

가정폭력 피해여성들은 인간으로서의 권리가 침해된 채로 살아왔다. 이런 점에서 프로그램 전반에 걸쳐 이들의 권리를 존중해 주는 것 자체가 회복을 촉진시킨다. 이런 점에서 필자들은 피해여성들이 집단에서 싫은 것을 싫다고 말할 수 있는 권리를 존중해 주어야 한다고 믿는다. 피해여성들은 가정폭력 상황에서 자신들의 권리를 침해받아 왔기 때문에 스스로의 권리를 주장하기 어렵다. 쉼터는 프로그램 참여가 회복에 도움이 되기 때문에 이를 권유하지만, 간혹 피해여성의 입장에서는 참여하도록 종용받는다는 느낌을 가질 수 있다. 그렇게 때문에 "싫다고 말할 권리가 있다."라는 것을 확인시켜 주면 피해여성들을 임파워먼트하는 데 도움이 된다. 필자들의 경험으로는 이런 권리를 인정받으면 오히려 프로그램에 대한 자발성이 높아진다는 점에서, 이는 피해여성에게도 집단지도자에게도 유익하다.

지 도 자: 마지막으로 말씀드리고 싶은 것은 오늘 여러분들이 '연구대상이냐?' '하기 싫다.' '조사받는 것 같다.'와 같이 마음속에 있던 이야기를 해 주신 것은 건강한 모습이었던 것 같아요. 앞으로도 프로그램을 하다가 힘들거나 어려운 점이 있으면 이를 적극적으로 표현해 주시면 좋을 것 같아요. 그리고 집에서도 마음에 있는 말을 하지 못하셨을 텐데, 싫으면 싫다고 말할 수 있다는 것 자체가 좋은 경험이 될 것 같아요.

피해여성: 집에서는 안 받아 주니까 못했지요.

지 도 자: 네. 그러니까 여기서는 싫으면 싫다고 말할 수 있는 권리를 가져야 하겠지요. 그리고 저희들은 그 권리를 최대한 존중해 드리고 싶습니다. 오늘 모임은 이걸로 끝내겠습니다. 수고하셨습니다(2004년 4월 N쉼터 집단 4회).

제8장

인간관계훈련[1)]

인간관계에서 자신의 생각과 감정을 비폭력적이고 긍정적인 방식으로 표현하는 것은 매우 중요하다. 그러나 예측하기 힘든 폭력 상황에서 위축되어 살아온 피해여성들은 흔히 인간관계기술이 부족하다. 이런 맥락에서 커뮤니케이션 기술을 비롯한 인간관계기술을 점검하고 이의 개선을 돕는 것은 피해여성을 위한 프로그램의 핵심 구성요소 중 하나다.[2)] 특히 상당수의 피해여성이 남편을 떠나 홀로 자녀양육을 하게 된다는 점에서 커뮤니케이션 기술을 비롯한 인간관계훈련은 자녀양육에도 긍정적으로 기여할 것이다.

---

1) 여기에서는 인간관계훈련 또는 인관관계기술을 병용하였다. 이는 기술이라는 테크니컬 한 용어를 덜 사용하기 위해서다. 그래서 기술은 필요한 경우에만 사용하고 그 외에는 훈련이라는 용어로 대체하였다.

2) 예를 들어, Neidig과 Friedman은 가정폭력 프로그램에서 커뮤니케이션과 갈등조정을 다루고 있으며, Copeland와 Harris도 커뮤니케이션과 의사결정을 포함시키고 있다(Neidig & Friedman, 1984, 2001; Copleand & Harris, 2000).

인간관계훈련을 위하여, 한편으로는 새로운 인간관계기술을 훈련시키고 다른 한편으로는 비효과적인 인간관계기술을 규명하여 이를 개선하도록 도와야 할 것이다. 특히 집단은 인간관계기술이 적용되는 현장이라는 점에서, 집단에서 발생하는 실제 상황을 중심으로 인간관계훈련을 실시하면 효과적이다. 이와 같은 접근법은 몇 가지 이점을 가진다. 우선, 피해여성들이 현재 당면하고 있는 문제 상황이기 때문에 익히고자 하는 동기가 높다. 둘째, 갈등 상황이 발생할 경우 이를 해결하지 않고는 집단이 원활하게 진행될 수 없다는 점에서, 이는 집단지도자에게도 반드시 뚫고 지나가야 할 난관이다. 셋째, 갈등 상황에서 기술을 직접 훈련시키기 때문에 피해여성들이 이를 실제 생활에 적용할 가능성이 높다.

우선적으로 이 장에서는 새로운 인간관계기술을 훈련시키기 위하여 커뮤니케이션을 체험적으로 학습하도록 하였다. 이는 피해여성들이 경험해왔던 폭력적 커뮤니케이션을 대체할 수 있는 지지적이고 공감적인 커뮤니케이션을 체험하도록 돕기 위한 것이었다. 다음으로는 비효과적인 인간관계기술을 개선시키기 위하여 실제 상황을 중심으로 분노표현기술과 분노조절기술을 다루었다. 마지막으로 긍정적 표현기술을 소개하였다.

제1절 커뮤니케이션 훈련

가정폭력은 피해여성이 다른 사람들과 커뮤니케이션하는 방식에 부정적인 영향을 미친다. 피해여성은 부정적 혹은 간접적 방식으로 커뮤니케이션하는 것을 배웠거나 자신과 다른 사람을 보호하기 위하여 커뮤니케이션을 회피하기도 한다. 그 결과 피해여성은 다른 사람들과 커뮤니케이션(자신이 관찰한 것이나 생각과 감정에 대해 이야기하는 것, 자신이 원하고 필요한 것을 다른 사람에게 알리는 것 등)하는 데 어려움을 가진다. 이는 가족 내에서뿐 아니라 모든 삶의 영역에서 어려움을 가져올 것이다(Copeland & Harris, 2000: 263).

이런 맥락에서 피해여성에게 커뮤니케이션 훈련 기회를 제공하는 것은 도움이 된다. 무엇보다도 이들이 생각하는 것과 느끼는 것을 말해도 안전하다는 것을 체험해 보는 것은 중요하다. 다음은 참여적 관찰(participant observation)의 기법[3)]으로 긍정적인 커뮤니케이션을 체험하도록 한 것이다. 이 기법은 상대방의 이야기를 경청하면서 지지적이고 평등한 분위기에서 대화를 나눌 수 있도록 한다.

1. 지금의 심정으로 대화하기

공통의 화제는 커뮤니케이션을 활발하게 만든다는 점에서 공통의 화젯거리를 만들어 주면 도움이 된다. 흔히 피해여성들은 폭력으로부터 생존하기에 급급하여, 원래 자신의 모습을 까맣게 잊어버리고 살아간다. 때로 동요는 동심으로 돌아가서 잃어버렸던 자신의 모습과 잊고 지냈던 자신의 욕구를 재발견하도록 돕는다. 이야기치료의 관점에서 보면, 이들에게 폭력은 지배적 스토리로 자리하고 있다. 동심의 세계, 어린 시절의 모습은 대안적 스토리를 찾아낼 수 있는 풍요로운 토양이다. 때로 피해여성들 중에는 불우한 환경에서 성장하였기 때문에 긍정적인 인간관계의 기억이 거의 없는 여성들도 있지만, 그럼에도 어린 시절의 기억에는 무엇인가 긍정적인 것이 있게 마련이다. 무엇보다도 피해여성들에게 갑자기 지금의 심정으로 대화하라고 하면 어떻게 해야 할지 어리둥절해하는데, 이런 상황에서 동요는 공통의 화제를 제공할 뿐 아니라 이들이 마음을 열고 대화하도록 돕는다.

---

3) 여기에서는 이 기법을 커뮤니케이션 훈련에 적용하였지만, 정성들이기(제5장 제4절 참조) 후에 실시하면 '지금-여기'의 깊은 심정으로 만나는 치유적 경험을 하도록 돕는다.

필자들은 가벼운 스트레칭이 끝나고 난 후 눈을 감고 쉬는 동안 피해여성들에게 약 5분간 동요를 들려주었다.

진행방법은 우선 피해여성들을 둘씩 짝지어 준다. 두 사람 중 한 사람은 가운데 들어가 앉도록 한다. 안에 있는 사람들은 무릎과 무릎이 닿도록 가까이 앉아 손을 잡는다. 뒷사람은 앞사람 등에 가만히 손을 얹는다. 집단지도자는 안에 있는 사람들은 이야기할 수 있지만 뒷사람들은 듣기만 해야 한다는 규칙을 설명해 준다. 이때 "이 시간 동안에는 친구처럼 반말을 하자."라는 집단규칙을 정하면 격의 없는 평등한 입장에서의 대화를 촉진시킬 수 있다.

그리고 지도자는 "잠시 동요를 들었는데, 어린 시절의 편안한 느낌으로 친구들과 5분간 대화를 하겠습니다. 생각하지 말고 그냥 마음에 떠오르는 이야기를 나누겠습니다."와 같이 말해 준다.[4] 피해여성들은 감정을 표현하는 데 익숙지 않으므로, 집단지도자가 원 안에 들어가 이끌어 주면 효과적이다. 흔히 아래와 같은 이야기들을 나누게 된다.

- 냇가에 가자.
- 공기놀이하자.
- 줄넘기도 하고 얼음땡도 하자.
- 자치기하자.
- 숨바꼭질하고 싶어.
- 어린 시절이 다르네요. 나는 산으로 들로 뛰어다녔거든.
- 산딸기 따러 가자.

4) 이 사례에서는 참여적 관찰시간 동안 격의 없는 평등한 만남을 촉진시키기 위해 '야자 타임' 동안 서로 말을 놓기로 집단 규칙을 정하였다. 지도자가 하는 말은 이 책의 다른 내용과 통일하기 위하여 경어로 통일하였음을 밝힌다.

- 밤 따고 아카시아 꽃도 씹어 먹어 보고 싶다. 앵두도 따 먹고 약수터 가서 약수도 마시고……(2004년 4월 N쉼터 집단 6회).

2. 경청하기

5분이 지나면 안에 있는 사람들이 이야기를 멈추고 뒤돌아 앉도록 한다. 그리고 뒷사람과 무릎을 맞대고 손을 맞잡은 후 눈을 마주 보도록 한다. 이번에는 안에 있었던 사람은 듣기만 하고, 뒷사람은 들으면서 느꼈던 것들을 이야기해 준다.

3. 다시 대화하기

약 2분이 지난 후, 집단지도자는 안에 있던 사람을 다시 돌아앉도록 하여 5분 동안 이들끼리만 이야기하도록 한다. 처음부터 커뮤니케이션이 쌍방적으로 이루어지기도 하지만 흔히 첫 번째 대화시간에는 자기 순서가 다가와야 말문을 여는 경우가 많다. 두 번째 대화시간을 주면서 아래와 같이 쌍방적인 대화를 격려해 줄 필요가 있다.

시 도 자: 다시 돌아앉아 주세요. 굳이 생각하지 말고 그냥 지금의 느낌으로 이야기를 나눠 주세요. 지금부터 5분간 하는데요, 자기 말만 하지 마시고, 다른 사람이 말을 하면 받아서, '너는 그러니, 나는 이렇다.'라고 대화를 했으면 좋겠어요. 다시 옆 사람과 손을 잡고, 지금 느낌대로 시작해 주세요.

피해여성: 나는 쉬고 싶어.

피해여성: 난 갑자기 '굳세어라 금순아' 노래가 떠오르네.

피해여성: 왜?

피해여성: 굳세게 살려고.

피해여성: 나도 쉬고 싶어. 좀 쉬어 봤으면 좋겠다. 복잡해. 편안히 쉰 적이 없는 것 같아(2004년 4월 N쉼터 집단 6회).

위의 사례에서 보는 바와 같이 집단지도자가 쌍방적 커뮤니케이션을 격려하면 피해여성들은 조금씩 이를 시도한다. 이 대화하기에서는 피해여성들의 쉬고 싶어 하는 마음과 굳세게 살고 싶은 마음이 드러나고 있다. 즉, 동심으로 돌아가 어린 시절을 그리는 이야기에서 출발했던 것이 지금-여기에 대한 대화로 발전하면서 이들의 희망과 욕구가 드러난 것이다. 5분간의 대화시간이 끝나면, 집단지도자는 안에 앉은 사람이 다시 돌아앉도록 하여, 뒷사람의 이야기를 2분 동안 경청하도록 한다. 뒷사람은 주로 자신이 공감하는 바를 이야기하게 되므로, 이들 간에 따뜻한 감정이 교류되는 것을 흔히 목격하게 된다. 이런 맥락에서 안에 있던 사람은 뒷사람이 이야기를 경청해 준 것과 공감해 준 것에 감사함을 느끼고 격려받게 된다.

4. 교대하기

이제 뒷사람이 원 안으로 들어가고, 안에 있던 사람은 밖으로 나가 앞사람의 등에 손을 얹고 지지해 주도록 한다. 이들은 뒤에서 관찰과 경청을 하면서 진행방식에 익숙해졌고, 그동안 주로 경청을 하던 역할에서 벗어났기 때문에 적극적으로 대화에 임하는 경향이 있다. 이번에도 안에 있는 사람끼리 5분간 대화하기와 돌아앉아 2분간 경청하기를 두 차례 반복한다. 다음의 대화에서 보는 바와 같이, 일상의 수다에서부터 복잡한 상황에서 벗어나 여유로움을 찾고 싶은 욕구까지 솔직하게 표현된다. 여기에서 중요한 것은 대화의 내용이 아니라, 이들이 하고 싶은 이야기를 타인의 눈치를 보지 않고 이야기해 보는 경험이다.

피해여성: 선생님 바지가 탐나요.

지 도 자: 나도 그럴까 봐 걱정했어.

피해여성: 지금 이 순간 새처럼 훨훨 자유롭게 날고 싶어요.

피해여성: 난 아무것도 생각하지 않고 목적 없이 가고 싶어요. 그렇게 가다 분위기 있는 곳 있으면 차 한 잔 마시고, 나 혼자라도 당당하게 차를 마실 수 있는 여유를 즐기고 싶어요. 지금 심정이 그래요. 우울할 때는 혼자 다니고 싶어요.

피해여성: 혼자 마시는 여유도 좋으니까. 혼자 하는 것도 여럿이 하는 것도 나름대로 좋다는 생각이 들어.

들 국 화: 사람들하고 어울리는 것보다 나 혼자 풀 냄새 맡고, 마음도 정리하고 싶어요.

지 도 자: 비행기는 한마디도 안 하네.

비 행 기: 지금 아무 생각이 없고, 지금 느낌이 와 닿지가 않아요. 하고 싶은 얘기가 없어요.

피해여성: 전 친구한테 솔직하게 편지를 쓰고 싶어요. 그리고 라이브 카페에 가서 커피 한 잔 마시면서 여유로움을 맛보고 싶어요. 내가 편하게 터놓고 얘기할 수 있는 상대를 찾고 싶고요. 넉넉한 마음을 항상 갖고 싶어 했어요. 그래서 혼란스러운 이 시기에서 차 한 잔의 여유를 느끼고 싶어요(2004년 4월 N센터 집단 6회).

5. 피드백 나누기

참여적 관찰은 선 체험-후 설명(experience-explanation)의 훈련방법이다. 이 방식에서 피드백 시간은 피해여성들에게 커뮤니케이션 기술을 설명하는 데 활용된다. 피드백 시간에 나누는 내용과 순서가 정해져 있는 것이 아닌 만큼, 집단지도자가 적절하다고 생각하는 대로 진행해 나가면 된다.

우선, 처음에는 폭넓게 질문을 던지도록 한다. 즉, 피해여성들에게 안에 들어가 이야기했던 느낌이나 밖에서 경청했던 느낌을 질문하면 된다. 피해여성들은 누군가 뒤에서 듣고 있는데 이야기한다는 것에 쑥스러움과 부담감을 느끼면서도 자신의 이야기를 경청해 준다는 데 감사함을 느낀다.

*****

"쑥스러웠어요. 밖에 있는 사람들이 부러웠어요."

"안에 들어가니까, 밖에 있는 사람들이 제 얘기를 들어줘서 고마운 마음이 들었어요."(2004년 4월 N쉼터 집단 6회)

둘째, 특별히 긍정적인 말이나 행동을 했던 여성들이 있다면 이들에게 관심을 표명하고 그들의 느낌을 질문하여 이를 강화시킬 수 있다.

지도자: 아까 장미 님하고 햇님이 마주 보고 "나 좋아!"를 했는데, 두 분 기분이 어땠어요? 얼굴이 밝아서 보기 좋았는데…….

햇 님: 항상 그렇게 살아야겠다 싶었고, 사랑을 줄 수 있다는 게 행복했고요. 상대방이 나에게 관심을 가져 주고 사랑해 준다는 것과 그걸 느낄 수 있다는 것이 행복했어요.

장 미: 살아가면서 애정을 표현한다는 게 소중하게 느껴져요.

지도자: 따뜻한 마음과 관심을 상대방에게 표현하니까 그만큼 더 행복이 커지는 것 같군요(2004년 4월 N쉼터 집단 6회).

셋째, 별로 말을 하지 않거나 힘겨워 보이는 여성들이 있다면, 이들에게 관심과 배려를 보여 줄 필요가 있다. 이들은 흔히 몸의 컨디션이 나쁘거나 자신의 복잡한 상황 때문에 심정을 언어화하지 못한다. 아래 사례에서 집단지도자는 마음이 복잡해서 혼자 돌아다니고 싶다는 들국화(별칭)에게 느낌을 질문하고 있다. 여기에서 지도자는 느낌에 대해 반복적으로 질문하고 있는데, 이는 대부분의 사람들이 그러하듯이 이 여성도 느낌을 말하는 대신 생각을 말하고 있기 때문이다. 이와 같은 방식으로 집단지도자는 피해여성이 감정을 표현하도록 도와주고 있을 뿐 아니라, 감정표현을 함으로써 얻게 되는 이점을 깨닫도록 돕고 있다. 아래 사례에서 들국화는 표현하고 나면 후련해진다는 것을 깨닫게 되었다. 그리고 소피아(별칭)는 누군가가 자신의 말을 경청해 주면, 관심을 느끼고 소중한 존재임을 체험하게 된다는 것을 깨달았다. 인간관계의 측면에서 볼 때 이런 깨달음은 작지만 소중한 체험이다. 그러나 흔히 피해여성 자신도 자각하지 못하는 경우가 많으므로, 집단지도자가 이를 의도적으로 표현하도록 도울 필요가 있다.

지도자: 들국화 님께 한번 여쭤 볼게요. 아까 혼자 나가서 돌아다니고 싶다고 하셨는데, 그것을 말로 표현하고 나니까 어떠셨어요?

들국화: 지금도 가고 싶어요.

지도자: 네. 그런데 지금 그것을 말로 표현하니까 어떠세요?

들국화: 아까보다는 좋지만, 지금도 변함없어요. 나갔다 오면 좀 더 나아질 것 같아요.

지도자: 그래도 지금 그것을 표현하고 난 느낌이 어때요?

들국화: 조금은 속이 후련하죠. 처음에는 자신감이 없었어요. 이런 자리에서 자꾸 수그러들고 내 생각을 말하지 못했는데, 지금은 내 의사와 내 마음을 조금 더 드러낼 수 있다는 게 좋았어요.

지도자: 소피아 님께 물어 볼게요. 처음이라 조금 쑥스러웠을 텐데, 처음에는 거의 말씀을 안 하시더니, 시간이 지나니까 말을 조금씩 하셨어요. 그렇게 말을 할 때의 느낌이 어떠셨어요? 말의 내용이 아니라 말을 할 수 있다는 것…….

소피아: 안에서 서로 얘기했을 때는 무엇을 얘기해야 될지 잘 몰랐어요. 말을 주고받는 것이 잘 안 되는 게, 가까워지려는 것이 잘 안 되는 게 저한테 어떤 정서적인 부분이나 심리적인 부분에 문제가 있다는 것……. (중략) 내가 생각하다 보면 해야 될 말을 놓치는 경우가 있고요.

지도자: 소피아 님은 생각을 주로 말씀하시거든요. 그런 말을 할 때의 느낌이 어떠했는지?

소피아: 아, 좋아요.

지도자: 남들이 들어주니까 느낌이 어때요?

소피아: 좋아요.

지도자: 어떤 게 좋은지?

소피아: 사랑받고 있다는 느낌보다 큰 차원이기는 한데, 저한테 집중되고, 저한테 관심이 온다는 것, 여럿 속의 하나가 아니라 너와 나라는 것, 내가 너한테 전부는 아니지만 소중한 사람이라는 것, 뭐 그런 느낌이에요(2004년 4월 N쉼터 집단 6회).

넷째, 다른 사람의 이야기를 경청해 주는 체험과 내 이야기가 경청되는 체험은 우리 모두에게 소중하다. 신체적 학대와 더불어 언어적 학대가 병행되는 가정폭력 상황에서 자신들의 이야기가 존중받지 못하고 비하되는 경험을 반복하였던 피해여성에게는 더욱 그러하다. 이에 따라 이들이 공감적 반응을 체험하면서 느낀 점을 나누도록 하면 도움이 된다. 예를 들어, "안에 있는 사람끼리 이야기를 나누다가 뒤로 돌아앉았는데, 뒷사람이 내 이야기를 잘 듣고 있다가 반응을 해 줬을 때의 느낌은 어땠어요?"라고 질문할 수 있다. 다음의 반응들은 진솔하고 감동적인데 이는 선 체험-후 설명의 훈련이기 때문에 가능하다고 하겠다.

*****

원래 그런(잘 들어주는) 사람인 줄 알고 있었지만, 또 그렇게 이야기해 주니까 너무 고마웠고, 감동적이었어요.

내 마음을 받아 주니까 너무 고마웠어요. 고마운 마음이 컸어요.

저는 상대방이 내가 이야기를 할 때 관심 있게 들어주고, 대답해 준다는 것이 고마웠어요.

여기 계신 분 처음 만났는데, 같은 아픔을 갖고 있다는 공통점 때문에 더 가까워질 수 있었어요. 오히려 친정이나 시댁 식구들이 더 멀리 있는 것 같이 느껴져요.

제가 느낀 건 가정에서는 소외되고 위축된 마음으로 살아왔고, 최선을 다해 산다고 했지만, 그걸 인정해 주지 않아서 억울했어요. 이곳에 처음 왔을 때 가장 힘든 상황이었거든요. 근데, 여기선 모두가 내 상처를 공감해 주고, 모든 사람들이 나를 위로해 주었어요. 그러니까 인격존중을 받은 거지요. 처음에는 어떻게 해야 할지 갈등했는데, 이제는 진로가 택해지더라고요. 이제는 나 자신을 위해서 나를 소중히 해야 남도 나를 배려하고 사랑해 줄 수 있고, 또 아이들을 만났을 때 당당한 모습으로 설 수 있지 않을까 하는 생각이 들었어요.

여기서 처음 공동생활할 때는 굉장히 불편했었어요. 마음의 정리도 안 되고, 혼란한 상태였었죠. 그러면서 카라 언니와 장미 언니를 만나고, 천사와 비행기, 나리꽃, 유채꽃을 보면서 밝고 건강하게 생활할 수 있다는 자부심을 얻었어요(2004년 4월 N쉼터 집단 6회).

마지막으로 건강한 커뮤니케이션의 조건에 대해 규명해 보면 좋다. 집단지도자가 설명해 줄 수도 있겠지만, 피해여성들과 함께 조건을 규명하면 더욱 효과적이다. 건강한 커뮤니케이션의 조건에 대한 간단한 교육자료를 나누어 주면 프로그램이 끝난 후에도 활용할 수 있을 것이다.

지 도 자: 지금까지 많은 이야기를 나눠 봤는데요. 좋은 대화는 이렇게 편한 것 같아요. 지금 여기 계신 분들이 무척 편안해 보여요. 그럼 왜 우리가 이렇게 편안하게 느끼는지에 대해서 잠시 이야기를 나누면 좋겠어요. 아까 햇님이 여기서는 인정받는 느낌이 좋았다고 하셨는데요. 커뮤니케이션에는 좋은 커뮤니케이션과 나쁜 커뮤니케이션이 있어요. 예를 들어, 집에서 구박받고 눈치 봐야 할 때는 이야기하기가 힘들었을 거예요. 이런 건 나쁜 커뮤니케이션의 조건이라고 할 수 있지요. 그런데 지금 여기서 편안하게 느낄 수 있었던 조건은 무엇일까요?

피해여성: 서로 같이 얘기하면서 공감할 수 있는 것, 맘속에서 우러나오는 것.

피해여성: 나이를 떠나서 동등한 입장에서 얘기했기 때문에 그런 느낌을 받은 것 같아요.

피해여성: 칭찬인 것 같아요. 각자가 장점과 단점이 있지만, 단점을 감춰 주고 장점으로 받아들여 칭찬해 줄 수 있는 것. 여기엔 다 어려운 사람들이 왔잖아요. 내가 굳이 잘 보이려고 노력할 필요도 없으니까 있는 그대로 꾸밈없이 받아들여지니까요. 그리고 잘하는 부분은 칭찬하고 인정해 주니까요. 그러다 보면 뭐든지 편안하고 즐거운 것 같아요.

지 도 자: 여러 가지 조건을 말씀해 주셨네요. 공감, 칭찬, 인정, 수용 등. 또 어떤 것들이 있을까요?

피해여성: 실수를 인정해 주는 것.

지 도 자: 실수를 인정해 주면 자신의 모습을 있는 그대로 보여 줘도 두렵지 않을 것 같네요. 중요한 조건인 것 같아요.

피해여성: 서로 헐뜯지 않고, 진실된 마음으로 상대의 아픔을 같이하는 것.

지 도 자: 대화하며 헐뜯지 않고 상처를 주지 않는 것 그리고 상대의 아픔을 나눠 주는 것도 중요하겠지요. 이렇게 좋은 커뮤니케이션의 조건들을 정리해 보았는데요. 여러분들이 쉼터에 계시는 동안 커뮤니케이션을 계속 훈련하셨으면 좋겠어요. 커뮤니케이션을 훈련해 두면 인간관계를 맺는 데도 도움이 되겠지만 자녀들과의 관계에서도 많은 도움이 될 거예요(2004년 4월 N쉼터 집단 6회).

|〈표 8-1〉| 효과적인 대화방법, 생각해 볼까요?

1. 잘 들어주는 것이 무엇보다도 중요하답니다.
   ① 상대방을 기분 좋게 쳐다봐 주세요.
   ② 혹시 잘 이해하지 못했으면 중간 중간 확인하는 것도 좋답니다.
   ③ 상대방에게 격려의 표현도 해 주세요.
   ④ 정확히 이해하기 위해 노력해 보세요.
2. 작고 따뜻한 감정표현은 커다란 도움이 됩니다.
   ① '나'의 기분을 말해 보세요.
   ② '너'를 비난하는 것을 피하세요.
3. 긍정적인 표현이 도움이 된답니다.
   ① 애정과 관심을 보여 주세요.
   ② 칭찬을 아끼지 마세요. 단서를 달지 마시고요.
   ③ 감사의 말을 자주 하면 좋답니다.
4. 부정적 표현은 가능하면 적게 사용하세요.
5. 부탁할 때는 예의 바르게 긍정적으로 하세요.

출처: Neidign & Friedman 저, 권진숙 역 (2001), pp. 172-193 참조.

제2절 분노표현기술

1. 분노 올바로 이해하기

분노는 여러 가지 감정 중에서 가장 오해받고 있는 감정일 것이다. 사람들은 분노가 가지고 있는 영향력에 대해 두려워한다. 분노는 잘못 사용되면 무섭고 파괴적인 힘이 되기 때문이다. 그러나 분노는 올바른 방식으로 사용되면 좋은 정서다. 분노는 우리를 해로운 것으로부터 보호해 주고 잘못된 일을 바로잡을 수 있도록 돕는다. 분노는 우리가 정의를 위해 일어서도록 힘이 되기도 한다. 그러나 가정폭력 피해여성들은 분노가 잘못 사용되는 것을 오랫동안 경험해 왔기 때문에 분노에 대해 혼란을 느끼기 쉽다.

분노표현기술을 훈련시키기 전에 분노의 기능을 이해하도록 돕는다. 예를 들어, "사람은 살다 보면 화가 날 때가 있어요. 화 안 내고 사는 사람은 아무도 없지요. 그런데 화를 내고 나면 어떤 느낌이 드시나요. 사람들은 흔히 화를 내고 나면 인격이 부족해서 참지 못한 것처럼 느껴져 후회하기도 하지요. 그렇다면 화를 내는 것이 반드시 나쁜 건가요? 화를 내는 것이 좋을 때도 있나요?" 와 같이 질문할 수 있다. 그러고 나서 피해여성들과 더불어 화를 내는 것이 좋은 경우(예: 정의를 지키기 위한 분노, 부당한 대우를 받았을 때)와 나쁜 경우를 규명하도록 한다.

2. 분노 학습

1) 부모님은 화가 나면 어떻게 행동했나요

Neidig과 Friedman의 '분노 학습 작업표'는 부모가 분노를 어떻게 표현했는지, 성역할에 따라 행동이 달라지는지 그리고 나 자신은 분노를 어

〈표 8-2〉	분노 학습 작업표
1. 아버지는 화가 나면 어떻게 행동했나요? 2. 어머니는 화가 나면 어떻게 행동했나요? 3. 부모님은 싸울 때 어떻게 행동했나요? 4. 우리 집에서 내가 두려워했던 사람이 있었나요? 5. 나는 부모님에게 무엇을 배웠나요? ▶남자는 어떻게 화를 내나요? ▶여자는 어떻게 화를 내나요? ▶갈등이 있을 때 어떻게 해결했나요? 6. 어릴 때 화가 나면 어떻게 행동했나요? 7. 어떤 점을 변화시켜야 할지 깨달았나요?	

출처: Neidig & Friedman (1984), pp. 70-71.

떻게 표현하는지를 자가분석할 수 있는 작업도구다.

지 도 자: 사람마다 화를 내는 방법이 다른데, 우리는 성장하면서 화내는 방법을 배우기도 하지요. 우리는 화내는 방법을 부모님께 배웠을 수 있지요. 한번 생각해 보세요. 우리 부모님은 어떻게 화를 냈었는지 이야기 나누어 볼까요?

피해여성: 어머니가 순종하고 사셨으니까 집이 항상 조용하더라고요. 전 그걸 봐 오면서 어릴 때 왜 여자는 참고 살아야 하는지, 왜 의사표현을 확실히 못해서 당하고 살아야 하는지가 항상 불만이었거든요. 그래서 남자 앞에서 당당하게 살았으면 좋겠다는 생각을 했었어요.

지 도 자: 그런데 어머니가 화난 걸 어떻게 알았어요? 사람은 말로 표현할 때도 있지만, 행동으로 표현할 때도 있어요. 입을 꼭 다물고 말을 안 한다든가, 일을 마구 한다든가…….

피해여성: 네. 일을 마구 하고요. 가만히 있을 땐 소리가 적은데, 일을 할

땐 소리가 커져요. 동작도 빨라지고.

피해여성: 우리 어머니는 화가 났을 땐 어디로 가 버렸어요. 그걸 잡아 버리면 이불 덮고 누워 계시고, 안 그럴 땐 밖으로 얼른 나가 버리셨어요(2004년 4월 N쉼터 집단 6회).

피해여성들은 아버지가 화가 나면 큰 소리를 내거나, 심한 경우 매를 들고, 가구를 집어던지기도 했다고 보고한다. 반면, 어머니들은 순종하는 경우가 많지만 소리를 내면서 일을 하거나 입을 다물어 버리는 등 비교적 소극적인 방식으로 화를 낸다고 지적한다.

2) 난 화가 나면 어떻게 행동하나요

다음에는 부모가 화내는 방식과 내가 화내는 방식을 비교해 보도록 한다. 특히, 분노를 건강하게 표현하도록 돕는 것이 목적인 만큼, 화가 나면 어떻게 행동하는지 규명해 볼 필요가 있다.

*****

저는 정말 화가 나면 일을 만들어서 해요.

아빠가 술 취했을 때 제가 입 다물고 무릎까지 씻기고 재웠거든요. 엄마가 순종했던 것이 너무 싫었어요. 나는 그렇게 살고 싶지 않았어요. 그래서 뭐가 옳은지를 따지다 보니까 충돌이 오더라고요. 그럴 땐 집안일을 해요. 집 안 대청소를 하지요. 그것으로도 분이 안 풀리면 산에 가서 소리를 버럭 질러요. 그리고 믿음이 있으니까 기도하러 가요.

그냥 생각하면서 무조건 걸어요.

나도 그러는데. 나도 화가 나면 걸어요.

나는 화가 나면 거의 말을 안 해요. 말하고 싶지 않고 물 한 모금도 먹기 싫어요. 화가 나면 모든 것을 중지하고 한 시간이고 두 시간이고 밖에서 풀만 보고 마냥 앉아 있어요. 그러면 자연스럽게 풀리더라고요. 그래서 내가 입을 다물면 꼬맹이들이 알아차려요.

저는 애들한테 화났을 땐 분명히 화났다고 이야기해요. 근데, 남편한테 화났을 땐 이상하게 입을 다물게 되고, 주방에서 설거지할 때 평소보다 요란해져요. 그리고 음악을 크게 틀어요(2004년 4월 N쉼터 집단 6회).

위의 사례에서 피해여성들은 일을 하거나, 걷거나, 입을 다무는 등 혼자서 화를 삭이는 방법을 주로 사용하는 것을 볼 수 있다. 이때 피해여성들과 함께 화가 날 때 하는 행동들이 자신이나 자녀에게 해가 되지 않는지 평가해 보도록 한다. 이는 피해여성들에게 안전하게 화내는 것의 중요성을 깨닫도록 하기 위한 것이다. 나아가서 현재 내가 화날 때 하는 행동 이외에 안전하고 효과적인 방법이 있는지 모색해 보도록 한다.

3. 분노, '나-메시지'로 표현해 보세요

Sheafor와 Horejsi에 의하면, '나-메시지'는 커뮤니케이션의 효과성을 높이는 메시지 구조다. 이 구조는 분명하고 직접적인 메시지를 전달하고 상대방이 이를 방어적으로 받아들일 가능성을 줄인다. 이는 실망, 분노, 좌절감들을 표현할 수 있으며 논쟁으로 번질 가능성을 최소화하기 때문에 직면과 갈등 상황에서 유용하다(Sheafor & Horejsi, 2006: 158). 이런 맥락에서 '나-메시지'는 커뮤니케이션 훈련에서 애용되는 기술의 하나다. 이는 다음과 같이 세 부분으로 구성된다.

① 특정 행동에 대한 간결하고 분명한 기술
② 이로 인해 느껴지는 감정
③ 그 행동이 미쳤던 구체적 영향

분노를 '나-메시지'로 표현하는 것은 감정도 표현하고 커뮤니케이션 기술도 향상시킬 수 있다는 점에서 일석이조의 효과를 지닌다. 다음의 사례는 상대방을 비난하지 않으면서 화가 났음을 표현하는 연습을 하고 있다.

지도자: 화를 내지 않고 사는 것이 불가능하다면, 자신과 남에게 해를 주지 않고 건강하게 화를 푸는 방법을 찾는 것이 중요한 것 같아요. 산책 같은 것이 좋은 방법이겠지요. 그러나 때로는 내가 화났다는 것을 상대방의 마음이 상하지 않게 알리는 방법도 필요해요. 아까 비행기 님이 "엄마가 화났으니까 조심해라."라고 아이들에게 말한다고 했는데 좋은 방법이었던 것 같아요. 이것을 좀 더 발전시켜 봤으면 좋겠어요. 누구 아이디어 있나요?

장　미: 내가 지금 이러이러해서 화가 났다고 설명하는 거예요.

지도자: 장미 님 얘기처럼 화가 난 상황을 설명하는 것은 좋은 아이디어예요. 그런데 한 가지 보충할 것이 있어요. "네 잘못이야."라고 상대방을 비난하는 것을 피하면 더 좋을 것 같아요. 단지 "너의 이런 말과 행동 때문에 내가 화가 났어."라고 말하는 것이지요. 이런 것을 '나-메시지'라고 해요. 누가 한번 시도해 보시겠어요?

나리꽃: 후, 말이 안 통할 것 같아.

지도자: 당신이 이렇게 했을 때 나는 말이 안 통한다고 느꼈고 그래서 화가 난다고 말해 보세요. 남을 비난하지 않고 자신이 느낀 것만 말

하는 거예요.

나리꽃: 술 먹고 오면 했던 얘기 또 하고 또 하고 그래요. 그다음 날 저는 "당신은 왜 그렇게 말을 해? 왜 나를 바보로 만들어."라고 말하다가 싸움이 나지요.

지도자: "왜 나를 바보로 만드냐?"라고 했지요. "당신이 그렇게 말하니까 내가 바보가 된 것처럼 느껴져."라고 표현해 보세요.

나리꽃: 당신이 술 먹고 난 후, 나에게 했던 얘기를 하고 또 하니까 내가 바보가 된 느낌이었어.

지도자: 좋아요. 앞서 "왜 나를 바보로 만들어?"와 지금 한 말에서 차이가 느껴지나요?

나리꽃: 처음엔 감정이 섞인 말이었는데, 지금은 상대방을 이해하는 것 같아요.

지도자: 맞아요. 이것이 바로 '나-메시지'입니다. 좀 더 연습을 해 볼까요. 누가 한번 시도해 보시겠어요?(2004년 4월 N쉼터 집단 6회)

위의 사례에서 보는 바와 같이, '나-메시지'는 피해여성들에게 생소한 커뮤니케이션 방식이며, 이에 따라 쉽게 익숙해지지 않으므로 코치를 하면서 연습하도록 한다. 또한 다음 모임 때까지 일상생활에서 '나-메시지'로 말해 보는 과제를 주는 것도 좋은 방법이다. 다만 과제를 주었을 때는 반드시 다음 모임에서 확인하도록 한다. 아래 사례는 다음 모임에서 다시 한번 '나-메시지'를 복습한 내용이다. 피해여성들은 여러 차례 시행착오를 거치면서 새로운 커뮤니케이션 방식인 '나-메시지'를 익히게 된다.

피해여성: 저는 마음표현을 많이 못했어요. 상대방의 말로 인해 제 마음이 다쳐서 가까이 갈 수 없었고, 그 사람에게 가서 말도 못하고 혼자 울며 생각을 했어요.

지 도 자: 네, 그랬군요. 지금 그 말을 '나-메시지'로 해 보세요. 내 마음을 얘기해 보세요.

피해여성: 네가 그렇게 했기 때문에 내가 이렇게 다쳤어. 넌 어떨지 몰라도 난 마음의 상처를 받았기 때문에 이 아픔을 다른 사람에게는 안 줬으면 좋겠다고 얘기하고 싶어.

다른 여성: 제가 해 볼게요. 저는 밥을 덜 먹은 상태인데, 다른 엄마가 그 옆에서 청소기를 돌렸거든요. 그래서 "나 지금 밥 덜 먹었는데, 네가 청소기를 돌리니까 내가 지금 화가 나려고 해." 이렇게 말했어요.

지 도 자: 아주 잘했어요. 비행기 님도 이렇게 표현해 보면 좋을 것 같아요.

비 행 기: 제 남편은 외도를 했어요. "당신이 자꾸 밖에서 다른 여자를 사귀니까, 내가 더 이상은 그 꼴을 못 보겠어. 이제 당신이 안 나가면 내가 나갈 거야."라고 이야기하고 나왔어요.

지 도 자: 당신이 외도를 하니까 당신이 안 나가면 내가 나가고 싶은 생각이 든다고 '나-메시지'로 표현해 보세요.

비 행 기: 당신이 그런 식으로 계속 외도를 하면 난 당신하고 안 살고, 나갈 거야. 그렇게 알고 있어.

장 미: 제가 비행기 대신 한번 해 볼까요?

지 도 자: 해 보시겠어요.

장 미: 당신이 자꾸 외도하니까 내가 나가고 싶은 생각이 들어.

지 도 자: 좋군요. 또 해 보시고 싶은 분 계세요?

피해여성: 제가 해 볼게요. 연습은 했는데 잘 할지 모르겠어요. 남편이 기분 좋아서 대화했을 때라고 생각하고 해 볼게요. "자기야, 그렇게 술 먹고 폭언하니까 내 마음이 너무 속상해. 그래서 잠 못 잘 땐 따뜻한 당신의 말로 위로받고 싶었는데, 그게 안 돼서 맘이 아팠고, 인격적으로 무시당할 때 이건 아니다 싶어서 밖으

로 도망치고 싶었어. 그렇지만 당당하게 당신 앞에서 말하고 싶어도 또 나한테 폭력으로 올까 봐 항상 두려워서 입을 다물었어. 정리가 잘 안 되네. 아이의 얼굴을 떠올리며 무조건 참아야겠다고 말했을 때 내 말을 자르고…….

지 도 자: 앞에서는 마음을 잘 표현했는데, 말이 길어지니까 어려워지지요. 마지막에 한 말을 "내가 말을 할 때 당신이 자르니까 속상했어."와 같이 말해 보세요. 짧게 표현하면 쉬울 거예요.

피해여성: 당신이 내 말을 존중하지 않아 너무 화가 나고 속상했었어.

지 도 자: 잘 했어요. 지금까지 '나-메시지'를 연습해 보았는데 이것은 남편뿐 아니라 자녀, 친구, 이웃, 직장동료 등 모든 인간관계에서 쓸 수 있는 좋은 방법이니까 앞으로도 계속 연습해 보시기 바랍니다(2004년 4월 N쉼터 집단 7회).

제3절 분노조절기술

분노의 기능을 이해하고 이를 '나-메시지'로 표현하는 기술을 익히는 것이 하나의 방법이라면, 분노에 수반되어 왜곡된 인지를 바꾸는 것은 또 다른 방법이다. 다음에서는 인지이론을 토대로 분노조절기술을 훈련시키는 사례를 살펴보고자 한다.

생각을 바꿔 보세요

분노조절기술은 가정폭력 가해자 치료에서 널리 활용되는 기술이지만(Neidig & Fiedman, 1984: 100), 피해여성의 자녀양육기술로도 유용하다. 특히 분노조절기술을 익히면서 인지의 영향을 이해하면, 피해여성들이 가지고 있는 왜곡된 인지를 바꾸는 데 도움이 된다. Ellis의 A-B-C 이론은 대표적인 인지이론이다. A는 사건이나 흥분을 유발하는 일, B는 사건에 대한 그 사람의 인지 또는 신념, C는 결과적인 감정을 나타낸다. 일견 A가 C를 유발하는 것 같지만 그 중간에서 B, 즉 사건에 대해 어떻게 인지하는지가 C에 상당한 영향을 미치게 된다. 이에 대한 예는 〈표 8-3〉과 같다 (Neidig & Friedman, 1984: 73-75).

|〈표 8-3〉| Ellis의 A-B-C 이론

A. 선행사건

집에 퇴근해 보니 아내가 집안 청소를 하지 않았다.

B. 신념 또는 혼잣말

'내 아내는 내가 요구하는 것을 결코 하지 않는군. 나를 사랑한다면 이럴 수는 없지. 이건 참 불공평한 일이야! 나는 하루 종일 회사에서 일했는데 아내라는 사람은 하루 종일 빈둥대기만 했으니, 도저히 못 참겠다!'

C. 결과적 감정

분노와 분개

쉼터에서는 때로 아이들 싸움이 어른 싸움으로 비화되기도 한다. 집단지도자는 이를 계기로 피해여성들의 갈등을 조정하고 분노조절기술을 훈련시켰다. 사건의 전말은 아래와 같다.

*****

사랑(별칭)의 아들 석이[5]가 장난감을 가지고 놀고 있는데, 새싹(별칭)의 5세 아들 환이도 이 장난감을 가지고 놀고 싶어 하였다. 석이는 장난감이 자기 것이라고 만지지 못하게 하였다. 환이가 장난감을 만지지 못해서 보

5) 여기에서 사용된 자녀들의 이름은 가명이다.

채자, 새싹은 석이에게 쉼터는 국가에서 운영하는 곳이라서 장난감을 공동으로 가지고 놀아야 한다고 이야기하고 만약 그렇지 않으면 쉼터 선생님에게 이야기하겠다고 꾸중을 했다. 이때 석이가 새싹에게 "너, 나가."라고 말하자 새싹이 크게 화가 나서 어른한테 반말한다고 아이를 야단쳤다. 옆방에 있던 사랑이 소리를 듣고 달려와서 새싹과 언성을 높이며 싸우게 되었다(2002년 4월 W쉼터 집단 6회).

집단지도자들이 쉼터에 도착했을 때, 새싹과 사랑은 아직 흥분이 가라앉지 않아서 서로 얼굴을 마주하려고도 않는 험악한 분위기였고 다른 여성들은 눈치만 보고 있었다. 집단지도자는 우선 피해여성들이 화가 났을 때 어떤 생각을 하였는지 규명해 보았다.

지도자: 어제 아이들이 장난감을 가지고 싸웠고 어른들도 이 일로 언성이 높아졌다고 들었습니다. 오늘은 이 문제를 여러분과 함께 생각해 보고 싶습니다. 사랑 님과 새싹 님 두 분 다 아직 화가 풀리지 않은 것 같은데요. 우선 사랑 님에게 질문을 해 볼게요. 어제 화가 났을 때 어떤 생각이 드셨나요?

사　랑: 글쎄요. 억울하다는 생각이요. 석이가 환이에게 장난감을 못 갖고 놀게 했다는 것은 오해예요.

지도자: 석이가 당했다고 생각했었나요?

사　랑: 그런 것 같아요.

지도자: 또 어떤 생각이 드셨나요?

사　랑: 저 사람이 잘못 생각하고 있는 걸 고쳐 주고 싶다는 생각이요.

지도자: 새싹 님은 어떤 생각이 들었어요?

새　싹: 석이가 나에게 대들었을 때 마치 나에게 쉼터에서 나가라는 것 같은 생각이 들었어요. 버릇없다고 생각했지요. 사랑이 소리 질렸을 때는 자다가 물벼락 맞은 것 같아 황당했어요. 숨이 막혔고, 똥이 무서워서 피하냐 더러워서 피한다는 생각이 들었어요. 사랑이 공격하니까 억울하고 황당했어요.

지도자: 사랑 님은 석이가 환이에게 장난감을 못 갖고 놀게 한다는 것은 오해라는 생각이 들어서 억울하게 느꼈군요. 반면에 새싹 님은 석이가 대들어서 버릇이 없다고 생각했고요. 더구나 사랑으로부터 공격을 받는다고 생각해서 억울하게 느꼈군요(2002년 4월 W쉼터 집단 6회).

그다음에는 여섯 살 석이의 행동을 긍정적 관점에서 이해한다면, 이들의 감정과 행동이 어떻게 달라질 것인지 생각해 보도록 한다. 이때 지도자가 피해여성들에게 석이의 행동을 다른 관점에서 볼 수 있겠느냐고 질문했지만 기대하는 반응이 나오지 않은 것을 볼 수 있다. 앞서 '나-메시지'를 익히는 데 시간이 걸렸던 것처럼 피해여성들에게 인지는 어려운 과제임을 알 수 있다.

지도자: 그런데 석이의 말을 조금 다르게 해석할 수 있는 방법은 없을까요? 석이는 겨우 여섯 살이잖아요.

새 싹: 말을 부드럽게 하지 못한 건 잘못한 것 같아요.

지도자: 말이 조금 부드러웠다면 상황이 달라졌을 거라고 생각하시는군요. 그러면 사랑 님은?

사 랑: 제가 차라리 방에 안 들어갔으면 좋았을 거예요. 나중에 안정되었을 때 말을 했다면 화를 내지 않았을 것 같아요.

지도자: 두 분 다 돌이켜 보니까 좀 더 차분하게 행동했다면 좋았겠다고 생각하시는군요. 좋은 생각이네요. 지금 말씀하시는 것처럼 상황이 전개됐다면 기분이 어땠을 것 같아요?

새 싹: 황당한 것도 없을 것 같고, 마음이 불편한 것도 없을 것 같아요.

지도자: 갈등을 침착하게 해결하는 것은 좋은 방법이지요. 앞서 석이가 새싹 님에게 대든 상황을 다르게 해석할 수 있느냐는 질문을 했었지요. 예를 들어, 석이가 집을 떠나서 지금 매우 불안해서 자기 것이라고 생각하는 장난감을 빼앗기지 않으려 했다고 생각해 보면 어떨까요? 또는 석이가 쉼터에 먼저 왔기 때문에 모든 장난감이 자기 것인 줄 알다가 환이가 와서 장난감을 빼앗길 수 있다고 느낀다고 생각해 보면 어떨까요? 이렇게 생각해 보면 어떻게 느껴질까요?

새 싹: 불쌍하게 느껴지죠.

지도자: 새싹 님은 어제 (석이가) 대든다고 생각했을 땐 괘씸하게 느꼈는데 지금 다른 방식으로 생각하니까 불쌍하게 느끼셨네요. 그러면 불쌍하다고 생각했을 때는 반응이 어떻게 달라질까요?

새 싹: "석이야, 여긴 여러 사람이 같이 사는 곳이니까 앞으로 나한테 가란 소리 하지 마." 라고 말했을 것 같아요.

지도자: (모두에게) 이렇게 반응하니까 어떠세요?

안개꽃, 강물: 좋아요(2002년 4월 W쉼터 집단 6회).

나아가서 집단지도자는 '나-메시지'를 사용하여 분노를 표현하도록 함으로써 복습할 기회를 제공하고 있다.

지도자: 저에게도 새싹 님이 훨씬 여유 있어 보여요. 그럼 이것을 지난번에 연습했던 '나-메시지'로 한번 표현해 보시겠어요?

새 싹: 석이야, 네가 가라고 하니까 내가 너무 속상하다.

지도자: 아주 좋군요.

새 싹: 남편에게 스트레스 받으니까 원래 가졌던 여유가 없어져 버렸어요.

지도자: 새싹 님은 생각을 바꿔 보니까 반응이 달라진다는 것뿐 아니라 스트레스로 인해 여유가 없었다는 것까지 발견하셨네요. 우리는 흔히 화가 나기 때문에 부정적인 생각을 한다고 생각합니다. 하지만 실제로는 부정적 생각을 하기 때문에 화가 나고 싸우게 되지요. 지금까지 생각을 바꿔 보면 감정과 행동이 바뀌는 것을 알아보았습니다. 그리고 속상한 것을 '나-메시지'로 표현해 보았습니다(2002년 4월 W쉼터 집단 6회).

제4절 긍정적 표현기술

긍정적인 표현은 상대방의 기분을 좋게 할 뿐 아니라 자신의 기분까지 좋게 만든다는 점에서 효과적인 인간관계기술이다. 폭력 상황에서 부부는 서로가 차갑고 냉담하게 대하거나, 갈등상태가 지속되는 경우 비판과 방어적인 태도로 일관하기 쉬우며 긍정적 표현을 거의 하지 않는다(Neidig & Friedman 저, 권진숙 역, 2001: 186).

이에 따라 애정과 관심, 칭찬, 감사 등 긍정적 표현을 하는 훈련은 피해여성 자신뿐 아니라 자녀에게도 유익하다. 필자들은 매회 집단모임에 칭찬하기 시간을 도입하였고, 이를 통해 긍정적 표현의 훈련을 구조화하였다. 집단프로그램을 진행하다 보면 항상 시간이 부족하지만 긍정적 표현기술은 효과적일 뿐 아니라 쉽게 익힐 수 있기 때문에 잠깐이라도 시간을 할애하도록 한다. 더욱이 긍정적 표현의 훈련은 모두를 기분 좋게 만든다는 점에서 인간관계훈련 회기의 마무리로서도 적합하다. 다음은 '나-메시지' 연습에 이어 긍정적 표현기술을 연습시킨 사례다.

지 도 자: 부정적인 감정을 '나-메시지'를 통해 표현하는 것도 좋지만,

궁정적인 메시지를 주면 더욱 좋은 것 같아요. 애들이나 가까운 사람들한테 “나 기분이 좋다. 행복하다.”라고 말할 수 있으면 다른 사람을 기쁘고 즐겁게 할 수 있지요. 지금 한번 연습해 볼까요. 이것은 ‘나－메시지’보다 훨씬 쉬울 거예요.

피해여성: 어제 아들한테 연락이 왔는데, ‘네가 전화해 주고 (엄마) 표정을 밝게 해 줘서 너무 기분 좋았다.’라고 메일을 보냈어요.

지 도 자: 네, 아주 좋아요. 비행기도 한번 해 보세요.

비 행 기: 나는 (네가) 평상시엔 무뚝뚝하고 부드럽게 말을 잘 안 하지만, 그 내면에는 나를 진정 아끼고 사랑하는 것 알거든. 그리고 어제 전화해 줘서 너무 고마웠어. 내 기분이 어땠는지 알아? 나 날아갈 듯이 좋았어.

피해여성: 전 카라 언니를 만나면서 정말 행복했거든요. 너무 사랑스럽고, 항상 옆에 없으면 허전해요.

지 도 자: 카라를 보고 직접 말해 주면 더욱 좋을 것 같네요.

피해여성: (카라를 보면서) 언니가 옆에 없으니까 너무 허전했고, 지금은 옆에 있어서 너무 든든하고 사랑해.

카　　라: 나도 좋고, 또 그만큼 생각해 주니까 너무 고마워.

피해여성: 좋은 언니를 만나서 너무 좋아요.

피해여성: 저는 남수한테 “넌 아무거나 입어도 너무 멋지다. 정장 입으면 왕자님 같겠네.” 같은 이런 작은 표현을 자주 해요.

지 도 자: 지난번에 남수가 동생 남철이를 잘 돌본다고 하셨는데 한번 칭찬해 보시지요.

피해여성: 남수야, 남철이를 잘 돌보니까 엄마가 너무 기쁘고, 참 자랑스럽다. 고마워.

지 도 자: 이렇게 긍정적인 메시지는 듣는 사람도 기쁘게 하고 말하는 사람도 기쁘게 하지요. 지금 나누어 드리는 자료는 긍정적인 표

현을 설명해 놓은 것입니다. 여러분들이 긍정적인 표현을 익히는 데 도움이 되기 바랍니다(2004년 4월 N쉼터 집단 7회).

긍정적 표현

▣ 애정과 관심

"너를 좋아해."
"너와 함께 있는 것이 좋아."
"네가 보고 싶었어."
"네 생각을 많이 해."
"너는 호감이 가는 사람이야."
"네 걱정 많이 했어."
"사랑해."
"우린 잘 어울려."

▣ 칭찬

"대단하다!"
"넌 잘하고 있어."
"맛있는 식사였어."
"나는 너를 믿어."
"너 오늘 멋지다."
"좋은 생각이야."
"함께 한 시간 정말 재미있었어."
"내가 함께 있고 싶은 사람은 너뿐이야."

▣ 감사

"고마워."
"네가 큰 도움이 되었어."
"정말 사려 깊은 행동이었어."
"네 도움 없이는 불가능했을 거야."
"정말 고맙게 생각해."
"네가 얼마나 열심히 하는지 알겠어."
"정말 잘했어."
"네가 없었으면 훨씬 힘들었을 거야."

출처: Neidig & Friedman 저, 권진숙 역 (2001), p. 208.

제9장

나 재발견하기

가정폭력 피해여성들은 흔히 "맞을 짓을 하니까 맞지!"와 같은 말을 듣는다. 이런 비하적인 말을 반복적으로 들으면서, 피해여성들은 혼란을 느끼게 되고, '내가 맞을 짓을 한 사람'이라는 왜곡된 인지가 형성되기도 한다. 이런 인지가 피해여성의 자아존중감에 부정적 영향을 미치리라는 것은 자명한 이치다. 이에 따라 왜곡된 인지를 변화시키는 것은 치유의 주요 목적의 하나다.[1]

필자들은 그동안 집단프로그램을 실시하면서 왜곡된 인지를 바꾸는 것도 중요하지만, 이들의 자아존중감을 회복시키고 임파워먼트시키기 위해서는 보다 근원적인 이슈까지 다루어야 할 필요성을 느껴 왔다. 즉, 가족, 문화, 사회가 성별에 따른 역할을 어떻게 규정하는가의 사회화 맥락에서

---

1) 인지의 중요성 때문에 피해여성을 돕기 위한 인지치료가 개발되었으며, Kubany, McCaig 및 Laconsay는 대표적인 예다(Kubany, McCaig, & Laconsay, 2004). 인지치료가 아니더라도 인지는 프로그램에서 빼놓을 수 없는 구성요소의 하나다.

가정폭력을 탐색해 볼 필요가 있다.

이런 맥락에서 필자들은 단순히 왜곡된 인지를 바꾸기 위한 노력에 그치지 않고 어떻게 여성으로서 사회화되었는지 그리고 이런 사회화가 어떤 영향을 미쳤는지까지 폭넓게 다루기 위해서 '나 재발견하기'라는 제목을 붙여 보았다. 무엇보다도 피해여성들이 자신들의 권리를 되찾고 가정폭력으로 인해 잃어버린 행복을 다시 찾아갈 수 있다는 믿음을 갖도록 하기 위해 노력하였다.

제1절 여자라는 것이 의미하는 바는[2)]

여성과 남성의 사회화에는 차이가 있으며, 이는 여성의 자아정체성에 영향을 미친다. Copeland와 Harris에 의하면, 여성들은 '여자란 무엇인가?'에 관하여 가족, 문화, 사회로부터 복잡하고 상반된 메시지를 받으면서 성장한다. 즉, 어떤 때는 얌전하라, 어떤 때는 강하라, 어떤 때는 잘난 척하지 말라, 어떤 때는 학교에서 공부를 잘 하라, 어떤 때는 최대한 멋지게 보여라, 어떤 때는 너무 외모에 신경 쓰지 말라는 등의 상반된 메시지를 받게 된다. 이는 학대를 받게 되면 더욱 복잡해진다. 단지 여자라는 이유만으로 내가 학대를 받은 것인가? 그렇다면 여자인 것은 나쁜 것인가? 많은 여성들은 과연 여성이 무엇을 의미하는가에 대해 혼란스럽게 느낀다고 보고한다. 그 결과, 여성들은 자기 자신에 대해 긍정적으로 느끼지 못한다. 이들은 여성으로서의 자신을 찾아보는 질문을 다음과 같이 제시하고 있다(Copeland & Harris, 2000: 11-22).

2) 보통은 여성과 남성이라고 표현하는 것이 일반적이지만, 프로그램에서는 여자라고 표현하는 것이 적절한 경우도 있다. 이에 따라 여기에서는 맥락에 따라 여성과 여자, 남성과 남자를 혼용하여 사용하고자 한다.

| 〈표 9-1〉 | '여자'가 의미하는 것

1) 어떤 여성을 존경하는가?
- 당신이 존경하는 여성은 누구인가?
- 이들 여성에게서 어떤 것을 존경하는가?
- 여자인 것에 대해 어떻게 생각하는가?
- 여자인 것에 대해 어떻게 느끼는가?
- 여자인 것을 생각할 때 느끼는 첫 번째 감각은 무엇인가?

2) 젠더 이슈들
- 남자아이(boy)이기를 바란 적이 있는가? 그렇다면 언제였는가?
- 왜 남자아이이기를 원했었는가?
- 아직도 남자인 것이 장점이 된다고 느끼는가, 만약 그렇다면 어떤 것인가?
- 여자인 것이 기쁜가? 왜 또는 왜 그렇지 않은가?

3) 가족 이슈들
- 가족으로부터 여자라는 것이 무엇을 의미한다는 메시지를 받았는가?
- 가족들은 남자아이와 여자아이를 다르게 대했는가?
- 이런 것은 여자로서 스스로에 대해 느끼는 바에 어떤 영향을 미쳤다고 생각하는가?
- 여자라는 것에 대해 가족으로부터 받은 잘못된 메시지를 상쇄시키기 위해 어떤 시도를 해 보았는가?

출처: Copeland & Harris (2000), pp. 13-17.

나아가서 이들은 잘못된 가족 신화와 왜곡을 밝혀내고 폭로하는 단계를 아래와 같이 제시한다(Copeland & Harris, 2000: 224).

① 신화 그리고/또는 왜곡을 규명하기
② 누가 이 신화를 가르쳤는지 그리고 그 사람은 신뢰할 만한 사람이었는지 사정하기
③ 이 신화 혹은 왜곡의 목적이 무엇인지, 아니면 이것이 누구 혹은 무엇을 보호하고자 하는지 생각해 보기
④ 이 신화 혹은 왜곡이 어떻게 당신의 삶에 영향을 미쳤는지 고려하기-

당신은 이 신화나 왜곡이 당신의 삶에 미친 영향을 감소시키기 위해 무엇을 해 왔고 무엇을 할 수 있는가

⑤ 이 신화에 대한 긍정적 반응 찾아보기

이상 살펴본 바를 토대로, 필자들은 여성의 사회화에 대한 인식을 규명할 수 있도록 '여자라는 것이 의미하는 바는?'이라는 집단 활동을 고안하였다. 이는 ① 여자이기 때문에 내가 자라면서 들었던 말은? ② 이런 말들은 나에게 어떤 영향을 미쳤는가? ③ 그렇다면 남자들은 어떤 말을 듣고 자란다고 생각하는가? ④ 만약 내가 남자들이 듣던 소리를 듣고 자랐다면? 등 4개의 질문으로 구성되어 있다.

이런 의식화를 바탕으로, 다음에는 '매를 맞으면서 산다는 것이 의미하는 바'라는 제목으로 가정폭력과의 연계를 시도하였다. 여기에서는 ① 매 맞을 때 듣던 말은? ② 이런 말은 나에게 어떤 영향을 미치는가? ③ 매 맞을 때 듣던 말, 반박해 봅시다! ④ 피드백 나누기의 순으로 진행하였다.

마지막으로 차별적인 여성의 사회화와 가정폭력을 극복하고 진정한 인간으로서의 권리를 모색해 보도록 하였다. '여성의 권리 찾기, 폭력으로부터 자유로운 삶'이라는 제목으로 집단 활동 '나에게도 ○○할 권리가 있다.'를 실시하였다. 2008년 3월 W쉼터 집단 6회 사례를 통해 이에 대해서 구체적으로 살펴보고자 한다.

1. 내가 여자라는 것이 의미하는 바는

1) 여자이기 때문에 자라면서 들었던 말은

"여자이기 때문에 자라면서 들었던 말 중에서 가장 많이 들었거나 지금까지도 강하게 기억나는 말은 무엇인가?" 피해여성들의 연령은 대개 30대 초반에서 50대에 걸쳐 있었다. 여성에 대한 태도가 변화하고 있어서 연령

에 따라 경험하는 바에 차이가 있음에도 대다수 여성들은 성차별적 사회화를 반영하는 기억을 가지고 있었다.[3)]

- 그 집 귀신이 되라. 한눈 팔지 마라.
- 남자 잘 만나야 한다.
- 여자는 조신해야 한다.
- 시집가면 벙어리, 봉사, 귀머거리 3년이다.
- 여자는 얌전해야 시집을 잘 간다.
- 여자 하기 나름이다.
- 여자 팔자는 뒤웅박 팔자다(2008년 3월 W쉼터 집단 6회).[4)]

2) 이런 말들은 나에게 어떤 영향을 미쳤는가

피해여성들에게 이런 말들이 여성으로서의 삶에 어떤 영향을 미쳤는지 질문하였다. 이들은 수동적인 삶을 받아들이게 되었다고 하였다. 그리하여 이들은 어쩔 수 없이 참고 살았고, 타인에 의해 자신의 삶이 결정되는 것을 받아들였으며, 가족(또는 집안)이 잘되는지가 여자에게 달려 있다는 책임을 받아들일 수밖에 없었다고 말한다. 이들이 반항심을 느꼈다고 응답하는 것으로 미루어 볼 때, 수동적인 삶은 그들이 원했던 삶이라기보다는 요구되었던 삶이었다. 그러나 이런 반항은 반항으로 그쳤을 뿐 자신이 원하는 삶으로 이어지지 못했다.

- 어쩔 수 없이 받아들이고 산다. 살아야 하기 때문에 그냥 참고 산다. 그

3) 이 집단 활동을 할 때 필자들은 피해여성들에게 종이를 나눠 주고 매직펜으로 적도록 하였다. 종이에 적어서 자유롭게 바닥에 던지고, 이를 바닥에 가득 펼쳐놓으면 가시적인 효과가 있을 뿐 아니라 피해여성들이 재밌게 프로그램에 참여할 수 있다.

4) 여기에서는 누가 말한 것인지가 의미 있을 경우에만 기재하였다.

러면서도 반항적인 행동들을 하게 된다. 하지 말라고 하면 더 하게 된다.

- 수동적이 된다. 반항심이 생긴다.
- 어떤 남자를 만나는가에 따라 인생이 달라진다.
- 여자가 잘해야 집안이 잘된다(2008년 3월 W쉼터 집단 6회).

3) 그렇다면 남자들은 어떤 말을 듣고 자란다고 생각하는가

다음에는 여성이 생각하는 남성의 사회화에 대해 알아보기 위해서, "그렇다면 남성들은 어떤 말을 듣고 자랐다고 생각하는가?" 를 질문하였다. 피해여성들은 우리 사회에서 남자는 울면 안 되는 강하고 우월한 존재이고, 자신의 삶의 주체이며, 여성을 리드하는 역할을 수행하도록 기대된다고 인식하고 있었다. 이는 남성이 실제로 인식하는 바와는 차이가 있을 수 있으나, 적어도 피해여성들이 우리 사회에서 남성의 존재 의미를 어떻게 인식하는지를 드러내 준다.

- 남자는 울면 안 된다.
- 남자는 강해야 한다.
- 남자는 우월한 존재다. 남자가 주체다.
- 남자는 기대받는 존재다.
- 남자는 삶도 여자도 리드하는 존재다(2008년 3월 W쉼터 집단 6회).

4) 만약 내가 남자들이 듣던 소리를 듣고 자랐다면

오늘날 〈신데렐라〉 〈콩쥐팥쥐〉와 같은 전래동화를 다시 쓰는 작업들이 시도되고 있다. 이는 이런 동화가 계모에 대한 왜곡된 인식을 강하게 심어주는 등 현대사회의 가족에게 부적합하기 때문이다. 이와 같은 맥락에서 피해여성들도 사회화 과정에서 내재화된 수동적인 존재 의미에 도전하고 이를 긍정적으로 바꾸어 볼 필요가 있다. 이를 위해 "만약 내가 남자들이 듣던 소리를 듣고 자랐다면 어떻게 되었을까?"라는 질문을 던졌다. 이들은 남자들이 듣던 소리를 여성들이 듣고 자랐더라면 수동적 삶이 아니라 주체적이고 대접받는 사회의 리더로서 삶을 살고 있을 것이라고 대답하였다.

- 여성들이 사회의 리더가 되었을 것이다.
- 나도 대접받으면서 살고 있을 것이다.
- 여성의 삶 자체가 달라지고 "여자 팔자 뒤웅박 팔자."라는 말도 없을 것이다(2008년 3월 W쉼터 집단 6회).

2. 매 맞으면서 산다는 것이 의미하는 바는

1) 매 맞을 때 듣던 말은

우리 사회에서 여자라는 것이 의미하는 바가 부정적이라면 폭력적 상황은 이를 더욱 악화시킬 수밖에 없다. 동일한 질문을 폭력 상황에 적용시켜 보았다. 여기에서는 '여자이기 때문에 자라면서 듣던 말' 대신 '매 맞을 때 듣던 말'이 무엇인지 질문하였다. 피해여성들이 매 맞으면서 들었던 말은 크게 두 가지 유형으로 나뉜다. 첫째는 피해자인 여성을 비난하고 매 맞게 된 책임을 여성에게 전가하는 말이다. 즉, 여성이 남성을 자극하거나 화나게 하는 등 맞을 짓을 했기 때문에 매를 맞았다는 것이다.

- 맞을 짓을 하니 맞는 거야.
- 네가 건드리니까 때리지, 참았으면 안 그랬지.
- 왜 내 속을 뒤집니? 무슨 여자 목소리가 그리도 크냐? 그러니까 맞지.
- 병신같이 가만히 있지 맞을 짓을 해요.
- 네가 나를 화나게 했어(2008년 3월 W쉼터 집단 6회).

둘째, 남편(또는 가장)은 여자보다 높은 존재이므로 여자가 복종해야 하는데, 피해여성들이 순종하지 않고 대들었기 때문에 매를 맞았다는 것이다. 이는 우리 사회에서 부부관계가 점차 민주적 관계로 발전되고 있는 것과는 달리, 폭력적 상황에서 가해남편은 피해여성에게 복종을 강요하고 있음을 보여 준다. 여기에서 피해여성은 맞을 짓을 하는 여자, 병신, 남편 속을 뒤집는 여자, 감히 가장에게 대들고 까부는 여자, 남편 인생 망치는 여자, 말 안 듣는 여자, 미친년이 된다.

- 내가 가장인데 네가 왜 까불어.
- 어디서 남편한테 대들어.
- 네가 나를 무시하고 X로 알고 있는 거야. 너는 또라이야.
- 남편을 남편같이 안 봐. 너 같은 년 만나 내 꼴이 이렇게 되었어.
- 네가 말을 안 들어서 때린다.
- 너는 내 말을 안 들어. 넌 미친년이야(2008년 3월 W쉼터 집단 6회).

2) 이런 말들은 나에게 어떤 영향을 미치는가

다음에는 매를 맞으면서 들었던 말들이 어떤 영향(신체, 감정, 사고, 행동)을 미쳤는지 규명하였다. 피해여성들은 위축되고 소심해지며 웃음을 잃게 되었을 뿐 아니라, 삶에 대한 의욕을 상실하게 되었다고 응답하였다. 반대로 납득할 수 없는 비난과 부당한 복종을 요구받으면서 분노하게 되며, 이런 상황에서 벗어나고 싶어졌다고 지적하였다. 심한 경우 자신이 마치 벌레가 된 것처럼 느껴지고 맞을 짓을 했다는 말이 부당한 것을 알면서도 이를 인정하게 된다고 대답하여, 언어적 폭력이 신체, 감정, 사고 및 행동에 폭넓게 영향을 미치고 있음을 알 수 있다.

- 인상이 안 좋아지고, 신경질적이 된다. 분노가 치민다. 의욕이 없어진

다. 위축되고, 소심해지며, 웃음이 없어지고, 말하기 싫다. 멍 하다. 몸이 아프다(뚱아).

- 정말 맞을 짓을 했나 인정 아닌 인정을 하게 된다(수정).
- 웃음이 없어지고, 분노가 치밀며, 미칠 것 같다. 내가 벌레가 된 것 같다. 뭘 해도 재미가 없다. 벗어나고 싶다는 생각이 든다(비니).
- 우울해지고, 소극적 행동을 하며, 눈치를 보고, 눈물이 난다. 가슴이 답답하다. 밖으로 뛰쳐나가고 싶다(미진).
- 위축된다. 소심하고 외롭다. 삶에 의미가 없어진다(장미)(2008년 3월 W쉼터 집단 6회).

3) 매 맞을 때 듣던 말, 반박해 봅시다

피해여성들이 매 맞으면서 들었던 말과 이의 부정적 영향에서 벗어나는 데는 오랜 시간이 소요될 것이다. 그러나 남편한테 들었던 부당한 말에 반박해 보는 것은 이의 부정적 영향을 벗어나 남편에게 맞서 보는 기회를 제공해 준다. 다음의 사례에서 피해여성들의 반박이 거칠고 험악하게 들릴 수 있으나, 실제 상황을 보여 주기 위해 그대로 옮겼다. 흥미로운 사실은 피해여성들이 남편에게 들었던 말을 남편에게 되돌린다는 것이다. 여기에서 주안점은 피해여성들이 부당한 대우를 받지 않고 폭력 없이 살 권리가 있다는 것을 스스로 확인하도록 돕는 것이다.

- 폭력은 폭력일 뿐이야. (내가) 맞아야 할 이유는 없어. 너는 정신병자야. 너는 개새끼야. 너 자신을 알아라. 너도 한번 맞아 봐. 차라리 죽어 버려(비니).
- 넌 내 말 들어줬니? 넌 또라이야. 너나 잘해. 까불지 마. 너 죽을래. 네가 아이 교육 똑바로 시켜 봐. 난 하늘 넌 땅이야. 뭘 봐, 눈 깔아. 머리 박아. 잘난 척하지 마. 입을 꿰매야 돼(뚱아).

- 네가 뭔데 때려. 이 정신 나간 놈아. 네 행동이나 똑바로 해(수정).
- 너는 잘난 게 뭐냐. 병신같이 남자라고 주먹질이냐. 못난이, 밖에서는 꼼짝도 못하는 게 집에서만 큰소리냐 병신아, 쪽 팔린다(미진).
- 나의 희생은 여기까지야. 네 방식의 사랑 표현(폭력, 거짓말)에 굴복하는 사람하고 잘 살아라(열매)(2008년 3월 W쉼터 집단 6회).

4) 피드백 나누기

집단 구성원들 앞에서 남편에게 들었던 부당한 말에 반박을 해 보는 것이 무슨 커다란 의미가 있겠느냐고 생각할 수 있지만, 이는 예상 밖으로 피해여성들에게 새로운 경험이 된다. 피해여성들은 앞으로는 "남편을 피하지 않고 대응하겠다." "내가 아니라 남편을 집에서 내보내면 좋겠다."와 같이 적극적인 태도를 보이며, 자신을 되돌아보고 자신 안에 있는 힘을 발견하는 계기가 되었다고 한다.

- 이 정도로는 부족하다(비니).
- 남편이 한 그대로 해 주고 싶다(장미).
- 상대를 앞에 두고 직접 (반박)하고 싶다(뚱아).
- 이제 참지 않고 대응하겠다. 벗어나기 위해 쉼터로 왔지만, 앞으로 부딪히게 되면 피하지 않고 대응하겠다(미진).
- (내가 쉼터로 떠난 것이 아니라) 남편을 집에서 내보내면 좋겠다(수정).
- 이번의 실패로 더 나은 삶을 살고자 하는 의욕을 느꼈다. 나를 뒤돌아보는 계기가 되었고, 내 안의 힘을 발견했다(열매)(2008년 3월 W쉼터 집단 6회).

3. 여성의 권리 찾기, 폭력으로부터 자유로운 삶

1) '나에게도 ○○할 권리가 있다'

가정폭력 피해여성들은 오랫동안 기본적인 권리조차 인정받지 못하고 살아왔다. 프로그램에서 자신의 권리를 자각하도록 돕는 것은 임파워먼트 효과가 있다. 무조건 여성의 권리를 규명하라고 하면 빨리 생각나지 않으므로, 남성과 같이 사회화가 되었다면 자신의 삶이 어떻게 달라졌을까를 상상하면서 권리를 찾아보도록 한다. 또한 여성들에게 폭력 없는 삶을 살려면 어떤 권리가 필요한지 생각해 보도록 한다. 예를 들어, 피해여성들은 아래와 같은 권리를 규명하였다.

- 여자도 위대한 사람이 될 권리가 있다.
- 여자도 대우받을 권리가 있다.
- 여자도 삶에 대한 책임을 질 권리가 있다.
- 여자도 하고 싶은 말을 하고 살 권리가 있다.
- 여자도 주체적인 삶을 살 권리가 있다.
- 여자도 남자와 동등한 관계를 맺을 권리가 있다.
- 여자도 매 맞지 않고 살 권리가 있다.
- 여자도 일할 권리가 있다.
- 여자도 존중받을 권리가 있다(2008년 3월 W쉼터 집단 6회).

이때 돌아가면서 자신이 발견한 권리를 큰 소리로 말하고 모든 여성들이 함께 '그렇다.'라고 후렴구를 붙여 주면 재미있게 진행할 수 있다. 인간으로서 그리고 여성으로서의 권리에 대한 교육자료를 배부해 주고 이에 대해서 논의하면, 여성의 권리를 포괄적으로 이해시킬 수 있을 것이다.

|〈표 9-2〉| 인간으로서 그리고 여성으로서의 권리

- 나는 항상 존중받고 인격적으로 대우받을 권리가 있다.
- 나는 내 삶에 대하여 결정을 내릴 권리가 있다.
- 나는 꿈을 가질 권리가 있다.
- 그리고 이 꿈을 실현하기 위해 노력할 권리가 있다.
- 나는 인간으로서 그리고 여자로서 나 자신에 대해 좋게 느낄 권리가 있다.
- 나는 누구와 친구가 될지, 누구와 시간을 보낼지 그리고 누구에게 마음을 털어놓을지 선택할 권리가 있다.
- 나는 실수할 권리가 있다.
- 나는 내 마음을 바꿀 권리가 있다.
- 나는 행복할 권리가 있다.
- 나는 내가 원하는 것을 요청할 권리가 있다.
- 나는 나 자신의 가치와 기준에 따라 살 권리가 있다.
- 나는 나의 감정, 긍정적인 것과 부정적인 것 모두 표현할 권리가 있다.
- 나는 '아니요(no).'라고 말할 권리가 있다.
- 나는 나 자신의 우선순위를 결정할 권리가 있다.
- 나는 다른 사람의 행동, 행위, 감정 혹은 문제에 대해 책임지지 않을 권리가 있다.
- 나는 나 자신을 위한 공간과 시간을 가질 권리가 있다.
- 나는 변화하고 성장할 권리가 있다.
- 나는 나의 욕구와 요구를 다른 사람으로부터 존중받을 권리가 있다.
- 나는 고유한 나 자신일 권리가 있다.

출처: Copeland & Harris (2000), pp. 21-22.

제2절 왜곡된 인지에 도전하기

앞서 언급한 바와 같이, 피해여성은 흔히 왜곡된 인지를 가지고 있다. 가해자가 하는 말들—예를 들어, "너를 사랑하니까 때린다."—이 인지 왜곡을 가져오기도 한다. 때로 피해여성들은 "자신이 행동을 잘 하면 가해자의 행동에 변화가 있을 것이다."라고 잘못 생각하기도 한다(Deaton & Hertica,

2001; Weiss, 2003 등). 또한 피해여성은 어려서 가정폭력을 보면서 성장하면서 "학대는 정상적 관계의 일부분이다."라는 잘못된 사고패턴을 학습하기도 한다. 그런가 하면 우리 사회에는 가정폭력에 대한 잘못된 통념이 있으며, 피해여성에 따라 이를 그대로 수용하기도 한다. "술 마시는 것이 매 때리는 원인이 된다." "학대 행위자는 파트너에게 상처를 줄 생각이 없다." "때리는 자는 성질을 참지 못해서 때린다."와 같은 잘못된 사회적 통념이 그런 예들이다. 이런 맥락에서 왜곡된 인지 또는 잘못된 신념체계에 도전하는 것은 가정폭력 피해여성을 위한 프로그램의 주요 구성요소 중 하나다.

1. 인지기능에 대한 이해 돕기

우선 집단지도자는 인지가 정서와 행동에 영향을 미친다는 것을 피해여성들에게 이해시켜야 한다. 학력이 낮은 피해여성들도 이해할 수 있도록 친숙한 소재를 이용하여 인지기능을 쉽게 설명하도록 한다. 필자들은 전래 이야기인 '짚신 장사와 우산 장사 아들을 둔 할머니' 이야기를 자주 활용한다. 이는 자칫 난해하게 느껴지는 인지기능을 전래 이야기를 통해 쉽게 풀어 나갈 수 있을 뿐 아니라 문화적으로도 적합하다.

그리고 일상에서 흔히 사용하는 표현을 활용해도 좋다. 예를 들어, 어떤 사람은 '컵에 물이 반밖에 없다.'라고 생각하고 어떤 사람은 '컵에 물이 반이나 남았다.'라고 생각한다. 이 두 가지 생각의 느낌이 어떻게 다른지 질문해도 좋을 것이다.

전래 이야기나 일상적 표현 이외에도 매스 미디어 등을 통해 사람들에게 널리 알려진 것을 활용하면 효과적이다. 예를 들어, "나는 실패했다."와 "나는 실패한 것이 아니라 실패에 대처하는 것을 배우는 것이다."와 같은 광고 카피를 예로 들면 친근감 있게 받아들이고 쉽게 이해한다. 최근에는 드라마나 서적에서 긍정의 힘에 대해 많이 거론하고 있기 때문에 이에 대한 논의 역시 인지기능을 이해시키는 데 도움이 될 것이다.

이와 같이 대다수 사람이 알고 있는 전래 이야기, 일상적인 표현, 광고카피, 드라마 등을 소재로 인지기능을 설명하면, 집단지도자가 일방적으로 설명할 필요가 없다는 장점이 있다. 즉, 전래 이야기의 경우 "'짚신 장사와 우산 장사 아들을 둔 할머니' 이야기를 기억하느냐?"라는 질문을 던지는 것으로 충분하다. 이 이야기를 기억하는 여성에게 설명을 부탁하고, 함께 이야기가 의미하는 바를 논의하면 된다. 이에 덧붙여 인지기능—생각에 따라 감정과 행동 그리고 삶이 어떻게 달라질 수 있는지—에 대해 설명해 주면 된다.

2. 타당성 따져 보기

앞서 살펴보았듯이, 피해여성은 '매 맞을 짓을 했다.'는 등의 비난을 받고 불행히도 폭력이 지속되면 이런 비난을 수용하게 된다. 필자들의 경험으로는 한두 가지 역기능적 사고를 가지고 있지 않은 피해여성은 거의 없다. 이에 따라 이들이 흔히 하는 생각이 타당한지를 규명해 볼 필요가 있다. 무엇보다도 집단은 잘못된 생각에 도전하는 효과적인 매개체다. 다시 말해서, 이들은 가정폭력이라는 경험을 공유하고 있기 때문에 서로가 가지고 있는 잘못된 생각에 의문을 제기하면, 상담자(가정폭력 피해 경험이 없는)가 역기능적 인지를 변화시키려고 노력하는 것보다 효과적일 수 있다.

한 가지 유의할 점은 '왜곡된 인지' 또는 '잘못된 신념체계'와 같은 용어를 집단에서 사용하면, 피해여성들이 자칫 그들에게 무언가 잘못된 것이 있는 것처럼 느낄 수 있다는 것이다. 이는 강점 중심의 임파워먼트 접근에도 위배가 된다. 이에 따라 필자들은 '왜곡된 인지'라는 용어 대신 '도전해 보고 싶은 생각'이라고 표현하였다. 이런 용어와 태도는 피해여성들이 저항감을 느끼지 않고 적극적이며 주도적으로 인지를 바꾸는 데 동참케 한다.

1) 도전하고 싶은 생각 찾아내기

도전하고 싶은 생각 찾아내기는 두 가지 방법으로 접근할 수 있다. 하나는 집단에 속한 특정 피해여성이 습관적으로 드러내는 생각 중에서 도전하고 싶은 생각을 찾는 것이다. 다른 하나는 일반적으로 피해여성들이 가지고 있는 잘못된 생각들을 제시하는 방법이다. 전자는 피해여성 자신은 의식하지 못하지만 다른 여성들은 자주 들어왔기 때문에 쉽게 공감을 얻을 수 있다. 반면에 후자는 일반적으로 피해여성들이 가지고 있는 잘못된 생각을 폭넓게 다룰 수 있다는 장점이 있다.

우선, 전자를 살펴보고자 한다. 예를 들어, 아이가 클 때까지는 아무리 폭력이 심해도 참고 살아야 한다는 생각을 가졌던 여성, 30년 가까이 매를 맞으면서도 이혼녀 소리를 듣지 않으려고 참았다는 여성, 10년 가까이 매를 맞으며 살아왔으면서도 내가 남편을 버리는 것 같다는 소리를 끊임없이 반복하면서 고민하는 여성, 나도 아프지만 때리는 사람은 더 아프다는 가해남편의 말을 그대로 반복하는 여성들이 있다고 치자. 여기에서 집단지도자는 '폭력이 심해도 아이가 클 때까지 기다린다는 생각' '이혼녀라는 소리를 듣는 것보다 매를 맞는 것이 낫다는 생각' '내가 남편을 버리는 것 같다는 생각' '때리는 사람이 더 아프다는 생각'을 추출해 볼 수 있다.

이 경우에도 집단지도자가 일방적으로 도전하고 싶은 생각을 제시하는 것보다 피해여성들이 찾아보도록 하면 효과적이다. 예를 들어, 집단지도자는 "○○가 30년이나 매를 맞고 목을 졸리면서도 이혼녀 소리 듣지 않으려고 참았다고 했는데, 나는 그 말을 들으면서 ○○의 생명이 걱정되었다. 그래서 이 생각에 도전해 보고 싶었다. 여러분들이 다른 사람의 이야기를 들으면서 타당하지 않다고 생각했던 것이 있었는지 알고 싶다."라고 의견을 물어본다.

|〈표 9-3〉| 가정폭력 피해여성이 흔히 하는 생각들

흔히 하는 생각	도움이 되는 생각
• 내가 선택한 남편이니까 끝까지 책임져야 한다. • 가정을 지키는 것은 여자의 책임이므로 이혼은 여자의 잘못이다. • 남편이니까 그 사람이 어떻게 하더라도 맞춰 줘야 한다. • 아내는 남편에게 순종해야 한다. • 때리는 아빠라도 없는 것보다 낫다. • 매 맞을 짓을 했으니 매를 맞는다. • 남편이 나에게 폭력을 사용했지만 분노하는 것은 좋은 방법이 아니다. • 남편이 나에게 폭력을 썼지만 나는 그를 용서해야만 한다. • 때리는 사람이 더 아프다. • 사랑하니까 때린다. • •	

한편, 집단지도자는 일반적으로 피해여성들이 가지고 있는 왜곡된 생각들을 모아서 〈표 9-3〉과 같이 제시할 수 있다. 이때 피해여성들이 추가할 수 있도록 여백을 남겨서 도전하게 한다.

2) 생각에 도전하기

생각에 도전한다는 것이 무엇을 의미하는지 그리고 어떻게 하는 것인지 생소할 수 있으므로, 간략하게 설명해 준다. 설명이 끝나면, 다음 사례에서와 같이, 생각에 도전해 보도록 초대한다.

지도자: 이번에는 ○○와 ○○가 자주 언급했던 "폭력이 심해도 아이가 클 때까지 기다려야 한다."는 말에 대해 생각해 볼까요? 누가 한 번 도전해 보시겠어요?

피카츄: 나는 건강한 엄마가 건강한 아이를 키운다고 생각해요. 폭력 때문에 엄마가 몸과 마음에 상처를 입는다면 건강하게 아이를 키울 수 없다고 생각해요.

살　구: 매 맞는 엄마를 (아이에게) 보여 주는 것은 딸은 매 맞는 아내로, 아들은 때리는 남편으로 만들 수 있다고 생각해요(2000년 11월 N 쉼터 집단 3회).

후자의 방법과 같이 흔히 하는 잘못된 생각을 제시해 주었다면, 피해여성들에게 어떤 생각에 도전하고 싶은지 선택 기회를 제공한다. 이는 피해여성들이 자신이 관심을 가지고 있거나 고민하고 있는 생각들을 선택하기 때문이다.

지도자: 가정폭력 피해여성들이 흔히 하는 생각들에 대해서 이야기 나눠 보았는데, 여기에서 도전해 보고 싶은 생각이 있나요?

대나무: 저는 "때리는 아빠라도 없는 것보다 낫다."라는 생각에 도전을 해 보고 싶어요. 아빠라는 존재가 아이에게 상처가 된다면 오히려 없는 게 더 좋을 수도 있다는 생각이 들어요. 오히려 아빠 없이 (엄마와 아이가) 미래에 대한 준비를 하면서 더 건강하게 살 수 있다고 생각해요.

오뚝이: 저는 지난번에 ○○가 말했던 "다른 사람에게 폐를 절대로 끼쳐서는 안 된다."라는 생각에 도전해 보고 싶어요. 다른 사람에게 폐를 끼치는 것을 좋아하는 사람은 없다고 생각해요. 그러나 어쩔 수 없는 상황도 생길 수 있어요. 받을 때는 즐겁게 받고, 내 능력

안에서 기꺼이 다른 사람을 도와주면 된다고 생각해요.

지도자: 다른 분은 도전해 보고 싶은 생각이 있으신가요?

오뚝이: 그리고 저는 "맞을 짓을 하니까 맞는다."에 대해 생각해 보았어요. 다른 사람들은 맞을 짓을 하니까 때리지 그냥 때리겠냐고 쉽게 말하지요. 그런 말을 들으면 처음에는 화가 나지만 시간이 지나면 정말 그런가라는 생각을 하게 돼요.

지도자: 이 생각에 대해서 도전을 해 보면…….

써 니: 우리 시댁 식구들도 그런 말을 해요. 그럴 때 나는 시댁 식구들에게 당당하게 말해요. "내가 맞을 짓을 했다면 남편은 (너무 맞을 짓을 많이 했으니까) 죽어도 벌써 죽었다. 내가 힘들게 일해서 벌어 먹고사는 것이 맞을 짓이라면 당신 아들, 동생은 벌써 죽었어야 한다."고 말해요. 그러면 나한테 더 이상 말을 못하죠. 그리고 남편이 그런 이야기를 하면 남편에게 말해요. "너와 나는 똑같은 인간이고, 한 가정을 이루고 사는 사람은 서로 평등하다. 서로 맞추며 살아야지 누가 잘 하고 잘 못하고를 떠나서 매를 맞을 짓이란 없다." (2007년 4월 W쉼터 집단 5회)

제3절 행복 다시 찾기

쉼터에 입소할 즈음, 흔히 가정폭력은 피해여성의 삶의 전부를 차지한다. 이들은 몸과 마음이 극도로 지쳐 있으며, 앞으로 어떻게 살아가야 할지, 남편에게 돌아가야 할지, 아니면 이혼을 해야 할지, 자녀문제는 어떻게 해야 할지 등의 현실적 문제로 인해 자신을 돌아보기 어렵다. 집단프로그램을 진행하면서 이들에게 어떻게 다시 행복해질 수 있다는 희망을 심어줄까 고민하게 되었다. 그래서 해결중심치료의 예외질문과 척도질문을 활용하여 '행복 다시 찾기'를 시도해 보았다.

1. 어린 시절의 행복한 기억 떠올리기

피해여성들에게 있어서 가정폭력을 피해 쉼터에 입소해 있는 지금 이 순간은 인생에서 불행한 순간이다. 그렇다면 지금 이들에게 있어서 행복한 순간은 예외일 수밖에 없다. 그러나 이들에게 다시 행복해질 수 있다고 하면, 힘들어 죽겠는데 무슨 소리 하느냐고 핀잔 듣기 딱 알맞다. 그리고 자신에게는 행복했던 기억이 없다고 고개를 설레설레 저을 것이다. 필자들은 행복했던 순간이 불행한 지금의 예외라고 보고, 연극기법을 통해 어린 시절의 모습에서 행복했던 순간을 찾도록 하였다. 구체적 진행순서는 아래와 같다(2008년 3월 W쉼터 집단 7회).

① 두 사람이 짝을 지어 순서를 정한다.
② 한 명이 몸 동작으로 표현하면 다른 한 명이 그대로 따라한다.
③ 집 밖 골목, 주변의 것들을 표현하고 골목으로 걸어 들어간다.
④ 내가 살았던 집 모양을 동작으로 표현한다.
⑤ 담, 나무, 꽃, 지붕이 어떤 모양이었는지도 표현한다.
⑥ 대문을 열고 집으로 들어가 본다. 거실을 둘러보고 내 방에는 어떤 것들이 있는지, 분위기는 어떤지, 냄새와 분위기를 느끼고 표현한다.
⑦ 부엌으로 들어가서 음식을 준비하고 상에 차려서 맛있게 먹어 본다.
⑧ 집을 나와서 골목을 걷는다. 담장을 지나 동네 입구로 나와서 둘러본다.
⑨ 가장 행복했던 순간의 포즈를 취한다.
⑩ 편안하게 앉는다. 숨을 고르고 눈을 감고 현실의 나로 돌아온다.
⑪ 역할을 바꿔 시행한다.

⑫ 느낌을 나눈다.

다음은 집단 활동을 하고 나서 느낌을 나눈 것이다. 불행했던 기억밖에 없다고 고개를 젓던 이들에게도 우리 모두와 같이 아름답고 행복했던 순간들이 있었음을 발견하게 된다.

비　니: 우리 집은 슬레이트 집이었어요. 할머니는 늘 도시락을 싸서 나물을 캐러 다녔어요. 도시락 안에 산에서 주우신 꿩 알을 소중하게 갖고 오셔서 쇠죽 끓이는 솥에 삶아 주셨던 기억이 나요. 댓돌 아래 강아지들을 괴롭혔던 기억도 나고요.

미　진: 대가족이 살았던 큰 방이 있는 집이었어요. 과수원을 했지요. 어른들은 일을 하고 우리들은 놀았어요. 산소에서 앞마당까지 데굴데굴 구르는 놀이를 많이 했어요. 어릴 적에는 여유롭고 한가롭게 살았어요.

장　미: 우리 집은 양철집이어서 비가 오면 엄청 시끄러웠어요. 겨울엔 햇빛을 받아서 따뜻했고요. 집 뒤에 토굴이 있었는데 수박이나 참외를 보관해서 시원하게 먹었어요. 어른들은 굴이 허물어진다고 못 놀게 했는데 숨바꼭질도 하고 재미있게 놀았어요. 집이 장터 가는 길목이라 우리 집은 쉼터였어요.

송사리: 아버지가 다섯 살 때 돌아가셨어요. 아픈 기억만 있네요. 남의 집에 가서 살았는데 일하기 싫어서 미싱도 고장 내고 그랬어요. 밥하기 싫어서 걸려 있는 솥단지를 엿 바꿔 먹은 적도 있고요. 솥이 없으면 내가 밥을 안 해도 된다고 생각했지요. 어린이날 주인집 애를 업고 밖에 나갔는데 부모님과 손잡고 뛰어다니는 아이가 부러워서 시야에서 없어질 때까지 쳐다보다가 혼난 적이 있어요. 너무 부러웠어요. 제일 좋았던 기억은 첫아이를 낳았던 것이에요.

내가 낳았나 하는 생각이 들었고, 내가 제일 행복했고 제일 잘 한 일은 그거예요. 엄마를 원망했었는데 딸아이를 낳고 그런 마음이 사라졌어요(2008년 3월 W쉼터 집단 7회).

모든 여성들의 어린 시절이 행복한 것은 아니다. 위에서 보는 바와 같이 불우한 어린 시절을 보낸 피해여성도 있다. 그럼에도 피해여성들은 무엇인가 행복한 기억들을 찾아낸다. 그리고 행복했던 순간을 되새기면서 나에게도 행복한 순간이 있었다는 것을 깨닫게 된다.

2. 행복했던 순간의 행복 점수는

어린 시절을 떠올리며 찾아낸 행복했던 순간의 행복점수를 매겨 보도록 한다. 만약 어린 시절에 행복했던 기억이 없다면 그동안 살아오면서 가장 행복했던 순간의 점수를 매겨 보도록 한다. 예를 들어, 피해여성들은 아래와 같이 행복한 순간과 그때의 점수를 매긴다.

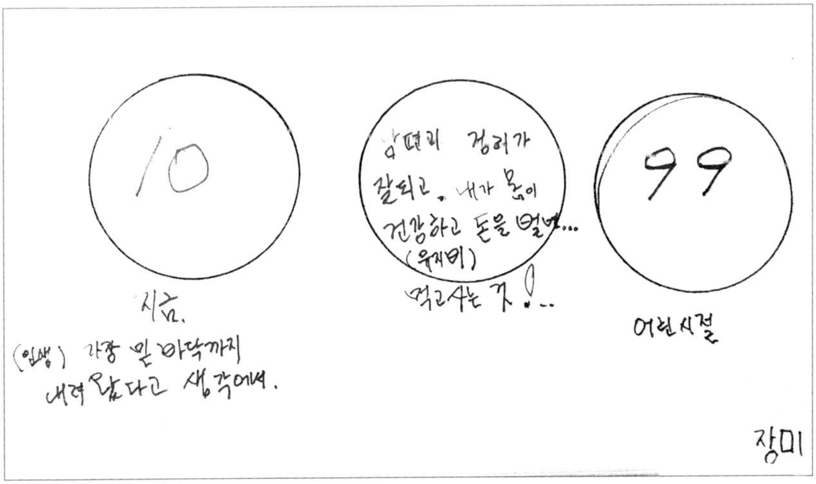

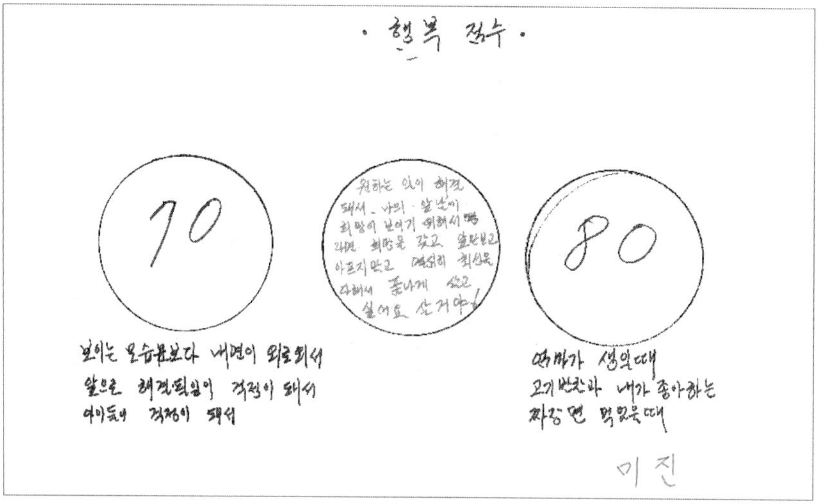

- 어린 시절 99점(장미)
- 첫아이 낳았을 때 55점(송사리)
- 가족과 함께 미꾸라지 잡았을 때 100점(열매)
- 엄마가 감자떡 해 주셨을 때, 아버지가 자두 사 오셨을 때 93점(비니)
- 내 생일 때 엄마와 함께 고기반찬과 자장면 먹었을 때 80점(미진)

(2008년 3월 W쉼터 집단 7회)

3. 가장 힘들었을 때의 점수는

행복했던 순간의 점수를 찾은 다음에는 가장 힘들었을 때는 언제인지 그리고 그때 점수를 측정해 보도록 한다. 대다수 피해여성들은 가정폭력으로 인해 쉼터에 나와 있는 지금이 가장 힘든 순간이라고 이야기한다. 그럼에도 피해여성이 어떤 관점에서 보는가에 따라 점수 편차가 크다. 예를 들어, 10점 미만의 점수를 주기도 하지만 앞으로 나아질 것을 기대해서 높은 점수를 주기도 한다.

- 지금. 가장 밑바닥까지 내려왔다는 생각이 들어서 10점을 준다(장미).
- 지금의 내가 싫고 바보 같아서 0점을 준다(송사리).
- 앞으로 기대하는 것이 있기에 현재도 만족해서 90점을 준다(열매).
- 괴롭히는 남편이 (옆에) 없는 것은 좋지만 아이들을 생각하면 맘이 아파서 70점을 준다(비니).
- 외로워서, 앞으로 해결할 일이 걱정돼서, 아이들이 걱정돼서 70점을 준다(미진)(2008년 3월 W쉼터 집단 7회).

여기에서 점수를 얼마나 주는가는 주관적인 것이기 때문에 문제가 되지 않는다. 힘든 순간의 점수를 측정하는 것은 이를 토대로 행복했던 순간의 점수를 되찾기 위해서는 어떤 노력이 필요한지를 모색하기 위한 것이기 때문이다.

4. 한 걸음 다가가기 위해 지금 해야 할 일은

해결중심치료에는 척도질문이 있다. 척도질문은 단계별로 해결을 향해 노력하는 데 유용한 질문이다. 지금 힘들고 불행한 피해여성들에게 행복해지라는 것은 무리한 요구다. 그러나 행복을 향해 한 걸음 나아가기 위해 노력하라고는 할 수 있다. 위에서 가장 행복했던 때와 가장 힘들었던 때의 점수를 재어 보도록 했다. 이제 집단지도자는 척도질문을 활용하여 "그렇다면 가장 행복했던 순간의 점수에 한 걸음 다가가기 위해 지금 해야 할 일이 무엇인가?"라고 질문을 던진다. 대체적으로 피해여성들은 건강을 회복하고, 남편과 이혼을 하는 것, 취업훈련을 받는 것 등 현실적인 계획들을 제시한다.

- 남편과 정리하고, 내가 건강해져서 돈을 벌어 먹고사는 것(장미)

- 이혼하고 아이와 걱정하지 않으면서 사는 것(송사리)
- 아기의 온유한 모습을 보면서 행복하게 살고, 남편과 상처 없이 이혼하는 것(열매)
- 워드 자격증 따는 것과 살 빼기(비니)
- 희망 갖기, 건강하기, 폼 나게 살기(미진)(2008년 3월 W쉼터 집단 7회)

이들이 행복에 한 걸음 다가가기 위해 세운 계획이 무엇이건 간에, 중요한 것은 다시 행복할 수 있다는 희망을 가지는 것과 지금의 작은 노력들이 쌓여서 행복이 될 것이라는 인식의 전환이다.

제10장

우리 아이 어떻게 도울까요

가정폭력 피해여성들이 가해남편을 떠나 쉼터로 오게 된 가장 큰 이유의 하나가 자녀문제다. 그런 만큼 이들에게 자녀문제는 커다란 관심사다. 쉼터에서 제공하는 집단프로그램은 피해여성들의 회복을 돕는 것이 목적이지만, 자녀의 안녕이 피해여성의 안녕과 직결된다는 점에서 자녀문제는 빼놓을 수 없는 프로그램 구성요소다.

그러나 자녀문제를 다룰 때 대두되는 어려움은 매번 이슈가 달라질 수 있다는 것이다. 예를 들어, 자녀를 데리고 온 여성이 자녀의 문제행동에 관심이 있다면, 자녀를 집에 두고 온 여성은 죄책감을 느끼고 앞으로 자녀와의 관계를 어떻게 정립해 나갈지 고민할 수 있다. 그리고 자녀의 연령과 발달단계에 따라 피해여성의 관심도 달라진다. 또한 피해여성이 홀로서기를 선택할 경우 자녀양육 여부에 따라 관심이 달라진다. 이에 따라 모든 피해여성이 자녀문제에 관심이 있기는 하지만 공통분모를 찾는 데 어려움이 있다.

그럼에도 집단에서 기본적으로 다루어야 하는 내용을 추출할 수는 있다. 집단프로그램에서는 폭력이 자녀에게 어떤 영향을 미쳤는지를 이해하고, 폭력으로 인한 자녀들의 행동적 · 정서적 문제를 규명하며, 자녀양육기술의 훈련을 통해 피해여성들이 이에 대처할 수 있도록 도와야 할 것이다. 그 외에는 그때마다 피해여성들의 욕구에 따라 자녀 관련 이슈를 선정해야 할 것이다. 자녀 관련 이슈의 다양성에도 불구하고, 집단프로그램에서는 대개 자녀문제에 한 세션을 할애하기 때문에 충분히 다룰 수 없다는 한계점을 가지고 있다.

제1절 가정폭력이 아동에게 남긴 것은

1. 자녀에 대한 꿈을 갖자

집단에서는 어느 시점에서건 간에 폭력이 자녀에게 미친 영향을 논의하지 않을 수 없다. 우리는 이 이슈를 다루어야 할 필요성 때문에 논의를 한다해도, 우리 모두와 마찬가지로 피해여성들도 내 아픔보다 자식의 아픔이 더 고통스럽다는 점에서 무겁고 마음 아픈 것은 어찌할 수 없다. 피해여성들은 폭력과 이에 수반된 여러 현실적 문제로 인해 자신의 미래를 꿈꾸기가 어렵고, 자녀의 미래 또한 꿈꾸어 볼 여유가 없다. 그렇기 때문에 자녀에 대한 꿈과 희망을 그려 보는 것은 잠시라도 이들의 삶에 목적과 방향을 부여한다는 점에서 의미가 있다.

단순하게 자녀에 대한 기대를 이야기하라는 것보다는, '내 자녀가 어떤 사람으로 자라면 좋겠는가?'라는 제목을 주고 그림, 글, 만화 등으로 표현하도록 하면 효과적이다. 집단에서는 보통 10~15분 정도의 짧은 작업시간이 주어지기 때문인지 대다수가 그림을 선택하는 편이다. 피해여성 중에는 예술적 자질을 가진 사람도 있지만 대개는 보통의 솜씨를 가지고 있다. 이와 같은 개인적 자질의 차이에도 이들이 자녀를 그릴 때 들이는 정성은 진한 감동을 주기도 한다.

피해여성들은 흔히 직업이나 특성을 통해서 자녀에 대한 기대를 표현한다. 자녀들이 건강하게 자라서 훌륭한 직업을 가지기를 바라는 것은 모든 어머니들이 바라는 바이며, 피해여성들도 다르지 않다. 흥미로운 사실은 폭력으로 상처를 받았기 때문인지 이들은 흔히 자녀들이 다른 사람을 돕는 특성(누구나 쉴 수 있는 나무, 잔잔한 물)을 갖기를 바라거나 다른 사람을 돕는 직업(사회복지사, 의사, 목사 등)을 갖기를 바란다는 점이다.

청 솔: 큰애는 올바르게 커서 장교가 되었으면 좋겠고, 둘째는 음악을 좋아하니까 피아니스트가 되었으면 좋겠고, 제일 작은애는 사회발전에 기여하는 여성학 박사, 사회복지사, 기업가가 되었으면 좋겠어요.

지도자: 그림만 봐도 아이들이 예뻐요.

왕언니: 저희는 큰애가 여자같이 예뻐요. 둘째는 안경을 꼈어요. 두 아이 다 컸지요. 이제 제가 바라는 것은 건강한 거예요. 돈은 필요 없는 거예요. 아빠 닮지 않은 애들이 돼 주면 더 이상 바랄 것이 없어요. (일동 웃음)

솜사탕: 저는 왜 시골집 동네 어귀에 가면 느티나무가 있잖아요. 아름드리나무같이 있어도 없는 듯이 그 자리에 누구든지 와서 쉴 수 있는, 비바람이 쳐도 와서 쉴 수 있는 그런…….

지도자: 버팀목이 될 수 있는 나무.

피카츄: 여기 잔잔한 물을 그려 넣었어요. 성경에 나오는 물처럼……. 나무를 그린 것은 큰 느티나무같이 누구라도 쉴 수 있는 그런 마음을 여유롭게 가졌으면 좋겠고, 이렇게 떠오르는 희망을 가지고

자랐으면 좋겠어서 이렇게 그렸어요.

사 랑: 그림을 못 그려서. (웃음) 큰애는 훌륭한 선생님이 되었으면 좋겠어요. 둘째는 의사가 되어서 돈 없는 사람들 치료도 해 주는 훌륭한 의사가 되었으면 좋겠고, 셋째는 임신했을 때부터 기도를 많이 했어요. 목사님 되게 해 달라고. 훌륭한 목사님이 되어서 좋은 일을 많이 했으면 좋겠어요.

왕언니: (그림을 보면서) 그 꽃(아이들) 되게 예쁘다(2000년 11월 N쉼터 집단 6회).

2. 폭력이 자녀에게 미친 영향은

상당수의 피해여성들이 자녀의 일차적 보호제공자라는 점에서, 폭력이 자녀에게 미친 영향을 이해하도록 도울 필요가 있다. 예를 들어, "폭력은 엄마뿐 아니라 자녀들에게도 영향을 미치게 됩니다. 직접 매를 맞은 아이도 있고 엄마가 매 맞는 것을 목격하기만 한 아이도 있지만, 어떤 경우든 간에 폭력은 아이들에게 부정적인 영향을 미치게 됩니다. 여러분들의 자녀들은 모두 폭력을 직·간접적으로 경험했는데 어떻게 반응하는지 이야기를 나누었으면 좋겠습니다."라고 논의를 시작할 수 있다.

1) 공격적 행동

자녀와 관련하여 피해여성들이 가장 우려하는 것은 공격적 행동을 보인다는 것이다. 특히, 자녀가 아들인 경우 피해여성들은 남편을 닮았을까 우려한다.

피카츄: 우리 애들이 자랄 때 아빠한테 상처를 많이 입었거든요. 그런데 아이들이 자라면서 치료가 되나 저는 그게 제일 걱정스러워요.

큰애를 보면서 걱정이 돼요. 애가 말로 못하고 행동으로 나오더라고요.

지도자: 어떤 상황에서 어떻게 행동한다고 좀 더 구체적으로 이야기할 수 있을까요?

피카츄: 태지는 동생(태희)하고 문제가 있으면 그냥 말로 할 수 있는 것도 주먹으로 때리거나 발로 차요. 그런 때는 제가 말로 한번 해 보라고 해요. 세 번까지 해 보고 안 되면 엄마한테 와서 얘기하라고 하는데, 좋아지는지 잘 모르겠어요. 어느 날 보니까 나아지는 것 같기도 하고…….

청 솔: 우리 영훈이도 태지하고 거의 흡사한 행동을 해요. (주먹을 손바닥에 치며) 말이 빨리 안 나와서 답답해하고요. 동생은 어리고 태지네처럼 우리도 (동생이) 여자애잖아요. 그때를 못 참으니까 동생을 친다거나, 엄마한테 말대꾸하거나, 씩씩거리는 거죠. 영훈이도 똑같아요.

왕언니: 그럴 때마다 아빠를 닮아 가지고 그러는가 싶어서 아이를 때리게 된다니까. "너도 네 아빠 닮아서 이러냐?" 싶어서 때리지요. 그러다가도 내가 여기서 이 자식을 때리면, 이 자식도 때리는 남편이 될까 봐 매를 들다가도 얼른 놓았어요. 그때가 제일 키우기 힘든 때예요. 그래서 때리면 안 되겠더라고(2000년 11월 N쉼터 집단 6회).

2) 그 밖에 폭력이 아동에게 미치는 영향은

공격적 행동 이외에도 폭력은 자녀들에게 행동적 · 정서적 측면에서 부정적인 영향을 미친다. 다음의 사례에 등장한 대다수 어린 아동들은 가정폭력을 목격했을 뿐 아니라 아동학대의 피해자들이다. 폭력이 예견되거나 시작되면 이들은 나름대로 폭력을 피할 방법을 찾기도(예: 엄마에게 매달리기, 동생을 돌보기, 방에 숨어 있기) 한다. 이들은 큰 소리에 놀라거나 오줌을 싸는 등 후유증을 가지고 있다.

써　니: 지민이는 나에게 매달려요. 말도 못하고 어리지만 때리지 말라는 의미를 전하는 것처럼 나에게 딱 달라붙어 있어요. 그런데 남편은 아이도 밀치고 발로 찼어요.

복숭아: 남편은 손이나 발로 때려요. 방에 가두어 놓고 때리지요. 큰아이가 남편과 같은 행동을 해요. 동생의 행동이 맘에 들지 않으면 때려요. 아이들이 폭력을 보고 자라면 그대로 배우는 것 같아요.

대나무: 아이들이 큰 소리가 나면 많이 놀라요. 남편이 소리를 지르기 시작하면 아이들은 맞을 준비를 하는 것 같아요. 큰애 같은 경우 동생이 잘못하면 자신이 맞기 때문에 동생을 돌보느라 바빠요. 작은애는 웅크리고 앉아서 오줌을 싸고요.

오뚝이: 혜경이는 내가 맞는 것을 본 적이 있어요. 남편이 나를 때리면 오빠랑 방에 들어가서 안 나와요. 그러다가 가끔 문을 열어 봐요. 같이 있을 때 그런 상황이 생기면 나한테서 안 떨어져요. 아들은 아빠에게 "엄마 또 때려?" 라고 말하기도 해요.

희　정: 아이들이 다 잘 때 주로 폭력을 써요. 이불을 뒤집어씌우고 때려요. 내가 아이들에게 나가 있으라고 해도, 아이들이 불안해서인지 이러지도 저러지도 못하고 있는 것 같아요. 남편에게 아이들 보는 데서만큼은 이러지 말자고 이야기하지만 소용없어요. 한참 때리다가 남편이 잠들면, 아이들을 데리고 다른 방에서 자요. 그럴 때 큰딸이 얼굴을 만져 주면서 "엄마 많이 아파?" 하고 물어요. 평소에 아빠가 들어오면 아이들이 피해요. 이야기도 잘 안 하고요. 큰딸, 둘째 딸이 엄마를 보호해야 한다는 생각을 많이 해요. 어렸을 때 큰딸은 아빠를 보기만 해도 울었어요(2007년 4월 W쉼터 집단 7회).

이와 같이 피해여성들은 자녀들의 행동 및 정서적 문제를 걱정한다. 실제로 프로그램을 진행하다 보면 우려되는 상황을 가끔 목격하게 된다. 필자들은 세 살짜리 남자 아동이 자신의 눈을 가리키면서 "아빠가 나한테 총을 쐈어!"라는 말을 끊임없이 되뇌는 것을 본 적이 있다. 이상하게 여겨 물어보니 아버지가 아이의 얼굴을 정면으로 겨누고 비비총을 쐈다고 한다. 아이가 커다란 충격을 받았던 것이다.

제2절 자녀양육기능 점검하기

1. 자녀양육기능이 위축되었어요

피해여성들의 자녀양육기능은 상당히 위축되어 있다. 우선적으로, 일부 피해여성들은 이혼 문제를 놓고 심각하게 고민하고 있거나 이를 진행 중이므로, 자녀에게 충분한 관심과 애정을 주기 어렵다. 때로 가해남편은 자녀를 이용하여 여성을 통제하고 조종하기도 하는데, 이는 엄마-자녀관계에 부정적인 영향을 미친다. 또한 가정폭력의 후유증으로 인해 자녀양육기능이 약화되기도 한다. 간혹 매를 맞으면서 성장하여 잘못된 자녀양육방법을 학습한 피해여성도 있다.

*****

나는 폭력을 썼어요. 아이들 중 하나가 잘못하면 내가 매를 때렸어요. 나는 엄마에게 많이 맞았거든요. 남동생 때문에 더 그랬는데, 남동생은 귀한 아들이라고 매는 항상 내가 맞았어요. 어렸을 적 경험이 지금 어른이 된

뒤에도 영향이 있어요. 그래서 내가 잘 놀라요. 남들은 호들갑스럽다고 하지만 작은 일에도 크게 놀라는 것은 어쩔 수 없어요(현미)(2007년 4월 W쉼터 집단 7회).

2. 기존의 양육방법 강화시켜 주기

집단프로그램에서 자녀양육기술을 하나부터 열까지 학습시키는 것은 불가능하다. 그렇다면 새로운 기술을 훈련시키기 전에, 이들이 가진 양육기술을 파악하고 그중에서 효과적인 기술을 강화시켜 줄 필요가 있다. 특히 이는 피해여성들의 자녀양육을 위한 노력을 인정해 주고 칭찬해 줄 수 있는 기회다.

*****

(중략) 낮에는 저하고 아이들만 있잖아요. 그러면 제가 "아빠가 하는 게(엄마 때리는 것) 좋았어, 안 좋았어?" 하고 물어 봐요. 그러면 아이들이 "엄마 때려서 안 좋았어. 그래서 무서웠어."라고 말하거든요. 그러면 저는 "그렇지, 너희들 안 좋았지. 너희들 절대로 아빠가 하는 그런 행동 따라하면 안 돼."라고 말하며 키웠어요. 또 애들이 삼형제인데 싸웠을 때 욕이라도 한번 나오면 셋 다 기합을 줬어요. "욕은 나쁜 것이다. 절대로 안 된다." 그런 식으로 키웠고 초등학교 다닐 때부터 제가 열심이었어요. 학교에 가서 선생님한테 상담도 많이 하니까 애가 산만해서 문제가 있으면 바로바로 연락을 해 주세요. 그래서 온순하고 착하게 자랐어요(왕언니)(2000년 11월 N쉼터 집단 6회).

위 사례의 왕언니(별칭)는 "자식을 바르게 키울 수만 있다면 내 몸이 갈기갈기 찢어져도 괜찮아요. 왜냐하면 그런 남편이 너무너무 지겹잖아요."

라고 말한다. 이는 피해여성들이 자녀를 올바로 양육하기 위해 얼마나 많은 노력을 하고 있는지를 보여 준다. 그렇기 때문에 피해여성들이 사용하는 훈육방법 중에서 효과적인 방법을 강화시켜 줄 필요가 있다. 다음은 피카츄가 자녀를 훈육했던 방법을 역할극으로 시연해 본 것이다.

솜사탕(태지 역할): 엄마!! 태희가 자꾸 나 때리고 그래. 재 어떻게 하면 좋아? 그래서 태희 때렸어.

피카츄: (큰 소리로) 엄마가 때리지 말고 말로 하라고 했지.

솜사탕(태지 역할): (소리를 지르면서) 에이씨, 엄마는 만날 나보고 그래. (태지의 평소 행동 그대로라서 모두 웃음을 터트림) 에이씨, 만날 나만 갖고 그래.

피카츄(엄마 역할): (같이 소리가 높아지면서) 태희한테 말로 하고, 그래도 안 되면 엄마한테 와서 얘기하라고 했잖아. 그런데 네가 먼저 욕하니까 엄마도 소리 지르게 되잖아. 그래, 엄마도 조용히 말할게. 너도 목소리 낮춰 봐.

솜사탕(태지 역할): (작은 목소리로) 태희가…….

피카츄(엄마 역할): 그래, 얼마나 예뻐. 엄마가 그렇게 말하라고 그랬잖아. 다음부터는 때리지 말고 말로 하자(2000년 11월 N쉼터 집단 6회).

역할극을 보고 나서, 이 훈육방법에서 잘된 점은 무엇인지 그리고 효과를 높일 수 있는 방법이 무엇인지 등을 함께 논의할 수 있다. 또한 자녀의 공격적 행동을 훈육하는 데 효과적이었던 방법에 대한 아이디어를 나눌 수도 있다.

제3절 새로운 자녀양육기술 훈련

가정폭력 피해여성은 자녀양육에 대해서 이중의 어려움을 가진다. 첫 번째 어려움은 피해여성 자신의 자녀양육기능이 위축되어 있다는 것이다. 두 번째 어려움은 아동들이 가정폭력으로 인한 정서적 · 행동적 문제를 가지고 있다는 것이다. 이런 이중적 어려움에 효과적으로 대처하기 위해서 새로운 자녀양육기술을 훈련시킬 필요가 있다. 이때 피해여성에게 필요한 기술을 선택하여 훈련기회를 제공해야 그 효과가 증대될 것이다. 다음은 필자들이 프로그램을 진행하면서 그때그때 피해여성들이 직면한 자녀문제를 돕는 데 사용하였던 자녀양육기술들을 중심으로 구성한 것이다.

1. 자녀의 강점 찾기

피해여성들이 자녀들의 문제행동에 대처하기도 어려운 상황에서 강점을 보기는 쉽지 않다. 자녀의 강점 찾기는 문제행동과 강점을 균형 있게 접근할 수 있다는 장점을 지닌다. 강점 찾기는 쉽고도 효과적이다. 그 진행은 아래와 같다.

① A4 용지를 나누어 주고 자녀의 강점(자녀가 잘하는 것) 30가지를 적어 보라고 한다. 흔히 피해여성들은 자녀에게 강점이 없다고 생각하므로 작은 것부터 적어 보도록 한다.
② 그중에서 마음에 드는 강점 5가지에 밑줄을 그어 보도록 한다.
③ 돌아가면서 자녀의 강점을 큰 소리로 자랑하도록 한다.

덧붙여, 자녀의 강점 찾기는 긍정적 표현기술을 훈련하는 기회로 활용할 수도 있다. 즉, 자녀의 강점을 찾고 나면, 이를 어떻게 자녀에게 전달할지 연습해 본다.

2. 자녀의 감정표현 돕기

1) 감정표현 교육

피해여성들과 마찬가지로, 아동들도 가정폭력 및 가해 아버지와 관련하여 여러 복잡한 감정을 가지고 있다. 아동들은 애도의 과정을 거칠 것이다. 또한 이들은 슬프고 분노하며, 두렵고 행복하며, 안도를 느끼고 미래에 대해 걱정할 것이다. 그러나 아동들이 피해여성들과 동일한 시점에 동일한 감정을 느끼는 것은 아니다. 그리고 이들은 피해여성과는 다른 감정을 가질 수도 있다.

무엇보다도 아동들은 자신의 감정에 대해 이야기하거나 그들의 정서에 대해 드러내기를 어려워한다. 이에 따라 아동들을 세심하게 관찰하고 그들이 감정을 표현할 수 있도록 도와야 한다(Deaton & Hertica, 2001: 47-48 참조). 그러나 피해여성들은 감정표현을 어떻게 도와야 하는지 알지 못하는 경우가 많기 때문에 이에 대한 교육과 훈련이 필요하다.

| 〈표 10-1〉 | 아동들이 감정을 표현할 수 있도록 돕는 방법

① 만약 자녀들이 언어 또는 행동으로 아픈 정서를 표현한다면, "네가 (슬픈 것/화난 것/ 두려운 것) 같아 보이는구나. 엄마가 (아빠를) 떠났기 때문에 이렇게 느끼는 것인지 궁금하구나. 엄마도 그런 감정을 느낀단다. 함께 이야기해 보겠니?" 와 같이 말할 수 있다.

② 만약 자녀들이 이야기하기를 원치 않는다면, "네가 (슬픈 것/두려운 것/화난 것) 같아 보이는구나. 네가 이런 감정을 가져도 괜찮다는 것을 알았으면 좋겠다. 언제라도 네가 원하면 엄마와 함께 이야기하자." 라고 말해 준다.

③ 만약 자녀들이 자신의 감정이나 상황에 대해 당신에게 이야기하기를 원치 않는다면, 이 상황에 대해 글로 쓰거나 그림을 그리도록 격려해도 좋다. 그리고 그들의 감정을 놀이로 나타낼 수 있도록 장난감을 주는 것도 좋은 방법이다. 만약 자녀가 화가 났다면, 펀칭백 같은 것을 주어도 좋다. 자녀에게 감정을 표현하는 방법을 줌으로써 당신이 그들의 감정을 존중한다는 것을 보여 준다.

④ 만약 자녀들이 이야기하고 싶지만 당신에게 이야기하기를 원치 않는다면, 그들이 원하는 다른 사람에게 이야기하도록 도와준다. 그리고 그들의 프라이버시와 감정을 존중하지만, 감정이 안으로 쌓여서 상처가 되지 않도록 누군가에게 이야기하는 것이 중요하다는 것을 알려 준다.

⑤ 만약 자녀들이 분노와 슬픔을 이야기하지 않지만 위축된 행동을 보인다면(아기 말투, 오줌이나 똥을 싸거나, 다른 아이를 때리거나, 먹고 자고 노는 것 및 공부하는 것에 문제가 있다면), 전문가에게 도움을 요청하는 것이 좋다.

* 가장 중요한 것은 당신이 매사를 잘 처리할 수 있으며, 그들을 사랑하고 지금의 변화가 그들에게 어떤 영향을 주는지에 관심을 가지고 있다는 것을 보여 주는 것이다. 당신은 모든 상황에서 차분하고 확고하게 행동함으로써 그리고 기회가 있을 때마다 그들에 대한 당신의 사랑은 변치 않을 것이라는 것을 확신시켜 줌으로써 자녀들을 도울 수 있다.

출처: Deaton & Hertica (2001), pp. 48-50 참조.

2) 감정표현 훈련

(1) 감정 단어 익히기

감정을 표현하는 훈련을 하기 전에 우선 감정 단어와 친숙해질 필요가 있다. 집단지도자가 감정 카드를 준비할 수도 있고, 감정 단어 찾기와 같은 집단 활동을 할 수도 있다. 시간적인 여유가 있다면 감정 단어들을 직접 찾아보는 것이 감정 언어를 익히는 데 도움이 된다.

|〈표 10-2〉| 감정 단어들*)

1. 기쁨, 즐거움

기뻐, 흐뭇해, 만족해, 편안해, 평화로워, 즐거워, 상쾌해, 명랑해, 평온해, 쾌활해, 행복해, 흡족해, 짜릿해, 뿌듯해, 황홀해, 훈훈해, 감격스러워, 반가워, 태평스러워, 시원해, 생기 있어, 활기차, 신나, 가슴 벅차, 흥분돼.

2. 애정, 관심

다정해, 친절해, 사랑해, 자상해, 온화해, 감미로워, 예뻐, 사랑스러워, 상냥해, 따뜻해, 호감이 가, 멋져, 친숙해, 인정 있어, 자비로워, 관심 있어, 관대해, 온순해, 우호적이야, 착해, 사랑이 넘쳐, 마음이 넓어, 순수해, 넉넉해, 진실해, 소박해, 솔직해.

3. 능력, 자신감

자신 있어, 용기 있어, 능력 있어, 자랑스러워, 건강해, 믿음직해, 튼튼해, 대담해, 힘세, 강해, 용감해, 씩씩해, 성실해, 신중해, 확실해, 강력해, 도움이 돼, 의기양양해, 존경스러워, 중요해, 활발해, 믿음이 가, 할 수 있어, 짜릿해.

4. 슬픔, 근심

쓸쓸해, 씁쓸해, 애처로워, 외로워, 허전해, 우울해, 슬퍼, 불행해, 비참해, 불쌍해, 낙담이 돼, 버려졌어, 측은해, 암담해, 부서졌어, 절망스러워, 보잘것없어, 침통해, 안쓰러워, 비관돼, 혼란스러워, 불만족스러워, 괴로워, 걱정돼, 마음이 상해, 착잡해, 갈피를 잡을 수 없어, 불쾌해, 미워, 답답해, 울적해, 억울해, 고민스러워, 눈물이 나, 마음이 아파, 불편해, 염려돼.

5. 두려움, 불안

두려워, 무서워, 불안해, 겁이 나, 긴장돼, 공포스러워, 초조해, 당황스러워, 소름끼쳐, 주눅이 들어, 겁에 질려, 떨려, 무시무시해, 주저돼, 섬뜩해, 안절부절못해, 짓눌려, 절망적이야, 자신 없어, 부끄러워, 조바심 나, 절절매, 부자연스러워, 잔인해.

6. 분노, 화

미워, 화나, 증오해, 분노가 끓어올라, 열불 나, 신경질 나, 물리치고 싶어, 무시돼, 얕보여, 때리고 싶어, 패 주고 싶어, 저주해, 반발심이 나, 경멸해, 모욕감 느껴, 싫어, 독기가 일어나, 심술이 나, 짜증 나, 쌀쌀맞아, 질투가 나, 원망스러워, 부수고 싶어, 다 때려치우고 싶어, 대들고 싶어, 분통 터져, 거부돼, 울분이 일어나, 닦달하게 돼, 폭발하고 싶어, 분해.

* 여기에서는 현장감 있는 감정 언어를 제시하기 위해 집단 작업에서 도출된 감정 언어들을 모았다.

(2) 감정표현 놀이

감정표현 놀이는 상대의 감정을 평가하지 않고 들으며, 그 감정을 받아들이고 반영해 주는 훈련이다. 그 진행방법은 아래와 같다(2009년 4월 W쉼터 집단 5회).

① 둘씩 짝을 지어 마주 보고 앉는다.

② 한 사람이 먼저 자기의 감정을 이야기한다. 이때 오른손을 들어 자신의 왼쪽 가슴에 얹고 "나는 지금 떨려." "나는 지금 기대돼." 등 자신의 감정을 말하면서 상대의 가슴을 향해 손을 뻗어 감정을 전달한다.

③ 감정을 받은 사람은 오른손을 들어 상대의 가슴을 향해 뻗어 자신의 가슴으로 가져오며 "지금 너는 떨리는구나." "너는 지금 기대되는구나." 하고 말하고 다시 자신의 가슴에서 손을 떼며 "나는 그 말을 들으니 떨리는 것이 느껴지고 네가 가깝게 느껴져." "네가 기대된다고 하니 나는 잘 할 수 있을까 걱정돼."라고 말하면서 상대방의 가슴을 향해 손을 뻗어 감정을 전한다.

④ 반복적으로 상대의 감정을 받아드리며 " ~하는구나." " ~한 마음이 느껴져." 등으로 상대의 감정을 그대로 받아 반영하고 그 감정에 대한 자신의 감정을 전달하면서 대화를 이어 가도록 한다. "날 가깝게 느꼈다고 하니 고마워. 행복하다." "잘 할 수 있을까 걱정하는 마음이 느껴져. 그 말을 들으니까 사실 나도 어색해."

⑤ 둘씩 짝을 지어 10분 정도 충분히 연습을 하도록 하고 모두가 모여 둥글게 앉은 뒤 두 사람씩 가운데에 나가 연습이 충분히 되었는지 확인한다.

3. 타임아웃기술

1) 타임아웃기술 교육

자녀들의 공격적 행동을 우려하는 피해여성들이 많기 때문에, 자녀들 간의 갈등을 비폭력적으로 조절하는 기술을 훈련시키면 도움이 된다. 타임아웃기술은 효과적인 갈등 조절기술일 뿐 아니라 쉽게 습득할 수 있다는 장점이 있다. 아래와 같이, 타임아웃기술에 대한 교육과 더불어 간단한 교육자료를 제공하면 필요할 때마다 활용할 수 있을 것이다.

|〈표 10-3〉| 타임아웃기술

① 집 안에서 타임아웃으로 이용하기 좋은 공간을 찾는다. 만일 아이가 발로 차거나 물건을 던지고, 지랄침(temper tantrum)을 부린다면, 깨지거나 위험한 물건이 없는 공간을 선택한다.

② 타임아웃을 적용하는 행동을 분명히 한다(즉, 표적행동을 분명하게 규정한다.). 예를 들어, 동생을 때릴 때마다 타임아웃을 사용한다고 정한다.

③ 표적행동이 일어났을 때마다 타임아웃 절차를 즉시 행한다. 아이에게 다가서서 규칙을 어겼다는 것을 설명하고 지금부터 일어날 일에 대해 말해 준다. 예를 들어, "네가 동생을 때렸으니까, 타임아웃을 받게 될 것이다."라고 말한 후, 아이를 타임아웃 장소로 데리고 간다.

④ 정해진 시간 동안 아동을 타임아웃 공간에 머물게 한다. 아동 연령에 따라, 한 살에 1분 정도씩 타임아웃을 주면 적당하다. 시간이 되면, 밖으로 나와 행동을 고칠 것인지 묻는다. 예를 들어 장난감을 던졌다면, "나와서 장난감을 치울 거니?", 아이가 동생을 때렸다면 "나와서 동생과 사이좋게 지낼 거니?"라고 물어 본다.

⑤ 만일 아동이 "예."라고 대답하면, 데리고 나와서 이전의 잘못된 행동을 고치도록 한다. 이때 고친 행동을 칭찬해 줌으로써 강화시킨다. 예를 들어, "네가 장난감을 주우니까 좋구나."라고 말해 준다.

⑥ 아이가 타임아웃장소에 가지 않아도 되는 날에는, 아이가 좋아하는 것이나 좋아하는 활동을 하도록 해 주고 좋은 행동에 대한 보상이라고 말해 준다.

출처: Sheafor & Horejsi (2006), pp. 392-393 참조.

2) 타임아웃기술 훈련

피해여성들이 타임아웃기술의 절차를 이해하면 상황을 설정하여 연습하도록 한다. 이때 실제상황을 설정하면 보다 진지하게 연습에 참여할 것이다. 다음은 앞서 제시했던 사례의 상황을 설정하여 역할극을 실시한 것이다.

솜사탕(태지 역할): (태희를 때리면서) 네가 나를 감히…….

썬파워(태희 역할): (소리를 지르면서) 엄마, 오빠가 날 때려.

피카츄(엄마 역할): 엄마가 아무리 화가 나더라도 때리는 것은 안 된다고 설명했지. 때리면 혼자 방에 가서 무엇을 잘못했는지 생각해 보아야 한다고 했지.

솜사탕(태지 역할): 에이씨, 혼자 방에 가 있어야 한다고! 엄마는 만날 나만 야단치고 그래.

피카츄(엄마 역할): (태지와 태희를 각기 타임아웃장소로 정해진 곳으로 데려간다.) 태지야, 지금부터 네가 뭘 잘못했는지 생각해 봐. 그리고 태희도 생각해 봐.

솜사탕(태지 역할): 태희가 먼저 나를 약 올렸어요.

썬파워(태희 역할): (불만스럽게) 오빠가 나를 때렸는데 왜 나도 방에 혼자가 있어야 해?

피카츄(엄마 역할): 둘 나 잘 생각해 보렴.

피카츄(엄마 역할): (5분이 지난 후) 태지야, 태희야, 거기서 나와서 엄마랑 이야기할 준비가 됐니?

썬파워(태희 역할): 응, 엄마 나가고 싶어요.

피카츄(엄마 역할): 태지야, 태희는 나올 준비가 됐다고 하는데, 너는 어떠니?

솜사탕(태지 역할): 네, 저도 됐어요.

피카츄(엄마 역할): 엄마가 싸우더라도 말로 해야지 때리는 것은 안 된다고 했지. 둘 다 생각해 봤니?

썬파워(태희 역할): 응, 엄마. 내가 오빠 약을 올렸어.

솜사탕(태지 역할): 네, 태희를 때린 것은 잘못했어요.

피카츄(엄마 역할): 어떤 경우라도 때리는 것은 옳은 방법이 아니야. 그럼 두 사람이 서로 미안하다고 얘기할 수 있겠니?

솜사탕 · 썬파워: 네(2000년 11월 N쉼터 집단 6회).

위 사례에서는 피해여성들이 오누이들의 실제 행동을 지켜봐 왔기 때문에 실감나는 역할극이 진행되었다. 지도자는 역할극을 보면서 피해여성들이 잘못 이해한 부분이 있으면 설명해 주고 다시 시도해 보도록 한다. 또한 역할극이 끝나면 이에 대한 피드백을 나누도록 한다. 위의 사례에서 피카츄는 '아무도(아이들 모두) 감정이 상하지 않고 할 수 있겠구나.'라는 생각이 들었다고 응답하였다. 이때 피해여성의 감정에도 관심을 보일 필요가 있다. 피해여성들은 타임아웃과 같은 훈육기술을 사용하면 화를 내지 않고 자녀들이 잘못한 행동을 고쳐 주고 자녀들 간의 갈등을 조절해 줄 수 있음을 깨닫게 될 것이다.

지도자: 타임아웃을 할 때 피카츄 님의 감정이 어땠는지 궁금해요. 화가 나던가요? 안 나던가요?

피카츄: 네, 화가 나지 않았어요.

지도자: 처음 역할극을 할 때에는 태지에게 소리를 높이셨던 것 같았는데, 이번에는 화가 나지 않았군요. 타임아웃기술은 부모가 흥분하지 않고 자녀들에게 잘못을 가르칠 수 있는 효과적인 방법입니다.

청 솔: 타임아웃을 쓸 때 이것을 주의해야 할 것 같아요. 타임아웃 하는 게 벌 주는 게 아니고 정비를 다시 하는 거라는 것을 충분히 설명

해 주고 타임아웃을 불러야 할 것 같아요. 그렇지 않으면 아이들이 씩씩거리면서 불평을 할 것 같아요.

지도자: 청솔 님, 지금 좋은 지적을 하셨네요. 아이들에게 언제 타임아웃을 적용하는지 그리고 왜 하는지에 대해 충분히 설명해야겠지요. 타임아웃기술을 사용하면 엄마는 아이들 싸움을 중재해 주는 입장이 되기 때문에 화를 내거나 흥분하지 않을 수 있다는 장점이 있지요(2000년 11월 N쉼터 집단 6회).

4. 상황 설명해 주기

1) 상황, 설명해 줄 것인가

피해여성과 동반 입소한 아동들은 익숙한 환경을 떠나 낯선 곳에서 공동생활을 하게 되면서 여러 가지 혼란을 경험한다. 이에 따라 아동에게 상황을 설명해 주어야 하는 경우들이 발생한다. 그러나 때로 피해여성들은 아동이 이해할 수 있는 용어로 상황을 설명해 주어야 한다는 필요성조차 의식하지 못한다.

지도자: 아이들은 엄마를 따라 쉼터에 왔지만 지금 상황에 대해 이해되지 않는 것이 많을 수 있습니다. 예를 들어, 왜 집을 떠나서 쉼터에서 살아야 하는지, 왜 아빠와 함께 살 수 없는지, 왜 엄마가 아빠와 이혼을 하려 하는지 등을 궁금해할 수 있습니다. 아이들이 이런 질문을 하거나 불평을 할 때 어떻게 해야 할지 몰라 많은 분들이 걱정을 합니다. 지난번에 청솔 님의 아이가 "아빠 있는 게 부러워."라고 얘기했었지요.

청 솔: 네. "아빠 있는 게 부러워. 엄마 때문에 나는 망했다."라고 떼를 써요. 힘들 때(아빠가 엄마를 때리는 것을 볼 때)에는 아빠가 싫고 밉

다고 하지만, 막상 다른 아이들은 다 아빠가 있으니까 나도 아빠가 있으면 좋겠다는 생각이 나서 떼를 쓰는 것 같아요.

지도자: 그때 어떻게 설명을 해 주셨나요?

청 솔: 설명이 안 돼요. 설명 아예 안 했는데요.

지도자: 왜 설명을 하지 않았나요?

청 솔: 왜냐하면 설명을 하면 그것도 기억에 남아 있을 것 같아요. 경은이가 다섯 살이잖아요. 그런데 우리 엄마가 "백여시 딸이다."라고 할 정도로 내 앞에서 한 번도 아빠 이야기를 한 적이 없거든요. 근데 경은이가 할머니한테는 "우리는 세 명 남았다. 아빠는 없고 오빠랑 나랑 엄마랑 세 명 남았다."라고 그랬대요. 그런데도 나한테는 아빠 이야기를 안 해요. 다섯 살밖에 안 됐는데 상황을 아는 거예요. 아빠가 엄마를 때려서 엄마가 아빠랑 안 사는구나 하는 것을 아는 거지요. 오히려 큰애는 열한 살인데도 내 앞에서 아빠 이야기를 하는데, 다섯 살 먹은 경은이는 아빠 보고 싶다는 말을 하지 않아요. 사실 아빠가 경은이를 귀여워했거든요. 나는 찬밥이었어요. 내 옆에서 자다가도 아빠한테 가 버리고 그랬는데 아빠를 안 찾아요.

지도자: 다른 분들은 어떻게 하시나요?

청 솔: (다시 나서면서) 나는 설명을 안 했어요. '네 입에서 꺼내지마.' 그랬어요. 그냥 덮어 두는 게 좋다고 생각하거든요.

지도자: 청솔 님은 덮어 두는 게 좋다고 생각하여 설명을 안 했다고 그러는 데 다른 분들은 어떠신가요?

썬파워: 저는 아이한테 먼저 삐쳐요. 이건 제 방법인데, 나는 "엄마가 이렇게 맞고 살고 때로 아빠가 너한테도 잘못하는데 엄마가 참기를 바라는 거니? 엄마가 참기 힘들어하는 거 몰라?"라고 말하면서 삐쳐요.

청 솔: (다시 한번) 설명 안 하는 게 좋다고 생각해요.

피카츄: (청솔에게) 그런데 어떤 의미에서 신세를 망쳤다는 거야?

청 솔: 영훈이는 친구들이 "너네 엄마 이혼했지? 너 아빠 없지?"라고 놀린대요. 그래서 영훈이가 "우리 아빠 미국에 가셨어."라고 말했대요. 그래서 "엄마 때문에 나는 망했어."라고 나한테 이야기한 거예요. 그래서 "너 아빠 싫어하잖아."라고 내가 말했더니 "(아빠가) 싫어도 아빠가 없는 건……." 하면서 아빠 없는 것을 힘들어하더라고요. 그래서 경은이가 할머니나 너한테 아빠 이야기 꺼내면 "너 절대 아빠 이야기하지 말라."고 했어요(2000년 11월 N쉼터 집단 6회).

위의 사례에서 보는 바와 같이, 피해여성들은 흔히 덮어 두는 게 좋다는 판단을 내리고 자녀에게 상황을 설명해 주지 않는다. 이때 자녀들이 느낄 혼란에 대해 논의하도록 하여 상황 설명의 필요성을 인식시킬 필요가 있다.

2) 상황, 어떻게 설명해 주면 좋을까

일단 피해여성들이 상황 설명의 필요성을 이해하면, 다음에는 효과적인 설명방법을 모색해야 한다. 역할극을 하면서 지도해 줄 수도 있고, 피해여성들이 어려워할 경우 지도자가 모델을 보여 줄 수도 있다. 다음은 피해여성에게 아들의 역할을 하도록 하고 집단지도자가 어머니 역할을 맡아 모델을 보여 준 사례다.

청 솔(영훈 역할): 엄마, 나는 엄마 때문에 망했어. 친구들이 아빠 없다고 놀리잖아. 엄마가 이혼했다고. 그래서 내가 친구들한테 아빠 미국 갔다고 그랬어. 엄마 때문에 나는 망했어.

지도자(엄마 역할): 영훈아, 많이 속상했겠구나. 엄마한테 그때 얼마나 속상했는지 말해 볼래?

청 솔(영훈 역할): 애들과 함께 가고 있는데 "너는 아빠 없지, 이혼했지?" 라고 놀리니까 내가 얼마나 얼굴이 빨개졌는지 알아.

지도자(엄마 역할): 영훈아, 네가 부끄럽게 느끼고 속상했겠구나. 그래서 친구들한테 아빠가 미국에 갔다고 거짓말을 했겠구나. 네가 많이 힘들었구나. 엄마도 너한테 아빠가 있었으면 참 좋겠어. 너도 알겠지만 아빠가 엄마를 많이 때렸잖니. 참아 보려고 노력도 해 봤지만 엄마가 너무 아파서 더 이상 참을 수 없었단다. 그리고 엄마는 때리는 것은 옳지 않은 일이라고 생각해서 너희들이 그런 것을 보면서 자라는 것이 싫구나. 그래서 쉼터에 오게 된 것이란다. 네가 엄마를 이해하고 따라 줬으면 좋겠단다.

청 솔(영훈 역할): (마지못해 퉁명스럽게) 알았어, 엄마 방식대로 해.

지도자(엄마 역할): 네 마음이 불편할 때는 언제라도 엄마한테 이야기해 주었으면 좋겠구나.

청 솔(영훈 역할): (여전히 마지못해) 알았어요, 엄마. 나 비디오 보면 안 돼?(2000년 11월 N쉼터 집단 6회)

위의 역할극에서 아들 역할을 하는 청솔은 마지못해 수긍하고 있다. 이는 피해여성이 자녀에게 상황 설명을 하더라도 선뜻 수긍하지 않으리라고 생각하고 있음을 보여 준다. 이때 집단지도자는 한 번의 설명으로는 자녀들이 납득하지 못할 것이라는 피해여성의 우려를 인정해 주고, 자녀들에게 지속적인 관심을 가지고 상황 설명과 감정표현을 도와주어야 함을 일깨워 주도록 한다.

지도자: 청솔 님이 영훈이 역할을 하면서 마지못해 수긍을 했는데, 아이들은 한 번의 설명으로 쉽게 납득하지 않는 것 같아요. 그런 경우 마음이 아프다는 것을 인정해 주고 아이가 이해할 때까지 반복해

서 설명해 줄 필요가 있지요.

청 솔: 아이들은 마음이 자꾸 바뀌어요. 어떨 때는 아빠한테서 멀리 도망가서 살고 싶다고 하고 어떨 때는 아빠가 보고 싶다고 하고…….

썬파워: (아이들은) 그냥 그때그때 달래 주기를 원하는 거지요?

지도자: 네. 그러면서 확고한 엄마의 입장을 설명할 필요도 있지요. 엄마에게도 매를 맞지 않으면서 건강하게 살 권리가 있다는 것과 자녀에게도 아빠를 보고 싶어 할 권리가 있다는 것 그리고 그런 감정을 표현할 권리가 있다는 것을 인정해 주는 것이지요.

청 솔: 그런데 때로는 아이들이 어른 빰치게 엄마를 이해해 주기도 해요. 갑자기 자다 말고 "엄마 불쌍하다."고 말해서 "무슨 소리야?"라고 물었더니, "(아빠가) 노름하지, 때리지, (엄마가) 불쌍하다."라고 말해요.

지도자: (엄마 역할로 돌아가서) 그래, 영훈아, 고마워. 네가 엄마를 이해해 줘서.

청 솔: (영훈 역할로 돌아가서) (울면서) 불쌍해, 불쌍해.

지도자: (엄마 역할을 지속하면서) 네가 있어서 굉장히 든든해. 너는 엄마에게 소중한 사람이거든(2000년 11월 N쉼터 집단 6회).

집단지도자가 역할 모델을 보여 주었다면, 다른 상황을 설정하여 피해여성들이 연습하도록 할 수 있다. 피해여성들은 자녀문제로 이런저런 걱정을 하고 있으므로 고민하는 상황을 소재로 다양하게 상황을 설정하고 연습할 수 있을 것이다.

5. 건강한 엄마 되기

건강한 엄마가 건강한 아이를 키울 수 있다는 것은 변하지 않는 진리다. 따라서 피해여성들이 건강한 엄마 되기에 관심을 가지도록 돕는다.

|〈표 10-4〉| 건강한 엄마 되기

〈자녀에게 사랑의 환경을 만들어 주자.〉

엄마에게는 물질이나 명예, 그 무엇보다도 자녀가 가장 소중한 존재라는 믿음을 주자. 그리고 말과 행동으로 표현하자.

1) 엄마와 자녀 간의 신뢰관계를 맺어 나가야 한다.
   ① 모든 면에서 정직하게 행동한다.
   ② 약속과 시간을 지켜야 한다.
2) 대화를 많이 하여야 한다.
   ① 내 생각에 몰두해서 자녀의 말을 건성으로 듣지 말고 항상 자녀의 이야기에 귀를 기울이자.
   ② 자녀를 고쳐 줘야겠다는 마음이 앞서 자녀들에게 자꾸 훈계와 설교를 해서는 안 된다.
   ③ 말은 지혜롭게 해야 한다.
   "아이고 내 팔자야, 엄마는 힘들어서 못살겠구나. 너희 아빠는 자식들을 몽땅 나한테 맡겨 놓고 팔자가 폈구나, 죽일 놈!" 이런 말은 삼간다.
   "엄마가 오늘은 조금 피곤하구나. 한부모 노릇하기가 때로는 쉽지 않단다. 그래도 너희들이 없었으면 엄마가 어떻게 살겠니. 너희를 생각하면 언제나 용기가 난단다. 너희와 내가 서로 돕고 사랑하고 있으니 잘 해 나갈 수 있을 거다."
3) 자녀와 함께 있는 시간을 즐기자.
   자녀들에게 필요한 것을 충족시켜 주는 것도 중요하지만 자녀들과 함께 있기를 원하고 그 시간을 즐기는 어머니가 되자. 함께 식사 준비하기, 함께 청소하기 등 자녀와 함께하는 시간을 즐기자.
4) 자녀의 인격을 존중하자.
   자녀는 나와는 별개의 인격체임을 잊지 말고, 건강하게 독립적으로 성장할 수 있도록 도와주자.

5) 자녀에게 정을 심어 주는 가풍을 만들어 보자.
자녀에게 작은 쪽지나 편지 주기, 외출 시 전화하는 습관 갖기, 작지만 정성 있는 선물하기 등

출처: 마주해(1996), pp. 180-240 참조.

제4절 쉼터에서 아동의 적응 돕기

가정폭력으로 인해 여러 정서적 · 행동적 문제를 가진 아동들이 낯선 환경에서 공동생활을 하면 적응문제가 생길 수밖에 없다. 그러나 집단프로그램의 일차적인 관심이 피해여성이다 보니, 아동의 적응문제에는 피해여성들 간의 갈등으로 비화된 다음 이를 해결하는 과정에서 관여하게 된다.

1. 공동생활에서 아이 행동, 눈치 보여요

피해여성들은 한편으로는 자녀를 걱정하고 다른 한편으로는 자녀의 행동으로 인해 다른 여성들의 눈치를 보게 된다. 그러다 보니 한편으로는 공동생활에서 자신의 자녀를 보호하고자 하고, 다른 한편으로 자녀가 다른 사람에게 폐를 끼치지 않도록 통제하고자 노력한다.

대나무: 아이들이 심한 행동을 보이니까 아이들에게 '하지 마'라는 말을 많이 쓰게 돼요. 나도 아이들의 행동 하나하나에 신경이 쓰여서 스트레스를 받게 돼요.

오뚝이: 집에서와는 다르게 (쉼터) 여기서는 (아동이) 말을 듣지 않아요. 때려도 안 되고 힘들어요. 나한테 혼이 나고, 다른 애들이랑 싸워 우는데 (쉼터에 있는 피해여성들이) 아무도 돌봐 주지 않는 게

속상해요.

써　니: (지민이가) 걷기 시작하면서부터 힘들어요. 또래 아이들에게 안 지려고 때려서 걱정이에요(2007년 4월 W쉼터 집단 7회).

2. 쉼터에서는 모든 것이 복잡해져요

아이들이 함께 놀다가 싸우는 것은 흔한 일이다. 바람직한 것은 아니지만 지역사회에서야 감정이 상하면 서로 피하면 그만이다. 그러나 공동생활을 해야 하는 쉼터에서는 마음에 들지 않아도 피할 수 없다. 그런가 하면 아동이 잘못된 행동을 했을 때 어른이 훈육을 하는 것은 당연한 일임에도, 누군가를 편애하거나 혼내는 것 같아서 관여하기 힘들다. 그러다 보니 공동생활에서의 자녀양육은 복잡해질 수밖에 없다.

복숭아: 나는 아이들에게 잘못된 것은 가르쳐야 된다고 생각해요. 그런데 아이들이 싸울 때 누구의 편을 드는 것도 아니지만 혼내는 것 같아서 어떤 말도 할 수 없게 되는 것 같아요. 사실 하루에도 몇십 번씩 부딪히게 되는데 감정적으로 들으면 서로 힘들게 되지요.

써　니: 지민이의 경우 처음에 많이 징징거렸어요. 그래서 내가 혼도 많이 내고 조용하도록 강요했어요. (쉼터)선생님들이 그러지 말라는 충고를 해서 조금 편해지긴 했지만 나름대로 힘들었어요. (새로 입소한) 아이들이 많아지고 지민이가 가지고 놀던 장난감을 나눠 가지고 놀아야 돼서 지민이가 스트레스를 많이 받았어요.

지도자: 어린 아동들은 아직 함께 노는 것을 잘 못하지요.

대나무: 아이들은 다른 아이들이 가지고 있는 장난감을 탐내요. 막상 뺏으면 가지고 놀지 않으면서도 다른 아이들이 가지고 놀면 또 뺏으려고 해요(2007년 4월 W쉼터 집단 7회).

3. 아이들의 행동, 이해하면 도움이 돼요

쉼터에 와서 안정을 찾는 아동도 있지만, 오히려 행동문제가 심해지는 아동도 있다. 쉼터가 낯선 곳이기는 하지만 폭력의 위험이 없다는 것을 느끼면서, 가해 아버지가 두려워 억눌려 있던 것들이 표출되어 과잉행동으로 나타나기 때문이다. 이때 피해여성은 다른 사람들에게 미안해서 아동을 과도하게 통제한다. 때로 이런 통제는 역반응을 가져오기도 한다. 이에 따라 집단지도자는 피해여성들이 쉼터에서의 아동들의 행동을 이해하도록 도울 필요가 있다.

대나무: 큰아이는 여기에서 더 안정되어 보여요. 좋아하는 책도 있고 아무도 건드리지 않으니까. 하지만 동생 가인이는 소리를 많이 지르고 "엄마, 미워."라고 소리치는데, 하지 말라고 하면 더 해요.

지도자: 폭력 상황에서 긴장했던 아이들이 쉼터에 나오면, 여기는 위험하지 않으니까 집에서 보다 더 많은 증상들이 나오기도 하지요.

대나무: 가인이는 통제를 하면 할수록 화를 내요. 반항하지 못하도록 두 팔을 꽉 잡고 타이르며 말하면 내 품에 안긴 채로 오줌을 싸요.

지도자: 가인이가 두 달 동안 엄마와 떨어져 지내면서 힘들어서 그럴 수도 있을 거예요.[1] 조용하게 하려고 심하게 통제를 하면 오히려 상황을 악화시킬 수도 있어요. 아이가 통제당하는 것을 싫어 할 이유가 있는지요?

대나무: 남편에게 아이가 맞을까 봐 입을 막기도 하고 막무가내로 끌어안기도 했어요. 아이가 힘들고 두려웠을 거예요.

지도자: 그래서 아이를 꽉 잡으면 놀라고 두려워서 오줌을 싸는 것 같군

---

1) 이 케이스는 폭력이 너무 심해서 피해여성이 일단 쉼터로 피신한 후에 두 달이 지난 후 남편이 없는 시간을 틈타 전문가들과 함께 집에 가서 아동을 쉼터로 데리고 나왔다.

요. 부드럽게 안아서 안심을 시켜 주고 알아듣도록 설명해 주는 방법을 시도해 보세요. 쉼터 선생님하고 의논해서 가인이가 전문적 치료를 받을 수 있는 방법도 찾아보고요(2007년 4월 W쉼터 집단 7회).

4. 때론 엄마를 이해하면 도움이 돼요

피해여성들은 생존을 위해 자신이 처해 있는 폭력 상황에 적응하기 마련이다. 그러나 어떤 대처방법들은 자녀를 돌보는 기능을 약화시키고 쉼터에서의 공동생활에도 저해가 된다. 이런 역기능적 적응문제가 한순간에 해결되지는 않겠지만, 피해여성이 처해 있던 상황을 이해하면 대안을 모색하는데 도움이 된다. 아래 사례에서 오뚝이(별칭)는 다른 여성들로부터 아이를 돌보지 않는다는 비난을 받게 되었다. 집단에서 이에 대해 논의하는 과정에서 새로운 사실이 밝혀졌다. 즉, 오뚝이는 폭력 상황에서 낮과 밤이 바뀌는 생활을 하였고 항상 긴장 속에서 잠을 자다 보니 일어나도 피곤이 풀리지 않았고, 그 결과 낮 시간 동안 자녀를 제대로 돌보지 못한 것이었다. 이런 논의를 통해 오뚝이는 비난 대신 이해를 얻게 되었다.

오 뚝 이: 쉼터에서 지내는 동안 말 잘 듣고 잘 지냈으면 좋겠는데 그게 잘 안 돼요.

하트호야: 나는 아이가 없어서 잘 모르지만, 혜경이(오뚝이의 아이)는 유달리 징징대고 힘들게 하는 편이에요. 엄마가 많이 안아 주긴 하지만 소용없어요. 오히려 더 힘들게 해요.

현　　미: 오뚝이가 혜경이의 마음을 몰라 주는 것 같아요. 써니는 지민이를 잘 데리고 놀아 줘요. 어떤 장난감이라도 엄마가 재미있게 놀아 주니까 혜경이 눈에 재미있게 보여서 자꾸 뺏는 것처럼 보여요.

오뚝이: (울면서) 다른 사람에게 피해를 준다고 생각하니까 자꾸 (혜경이를) 혼을 내게 돼요. 때려도 보고 혼내도 보고 격리시켜도 보고 어떤 방법을 써도 아이가 말을 듣지 않아요.

복숭아: 내가 보기에 (오뚝이) 엄마가 늘상 잠만 자요. 아이는 일어나서 밥 달라, 놀아 달라 하는데 엄마가 나 몰라라 하는 것 같아요. 나는 남편의 그런 모습 때문에 많이 싸우고 지금 여기에 있는데 같은 모습을 보니까 자꾸 잔소리를 하게 돼요.

오뚝이: 내가 힘들어서 잘못하고 있는 것은 나도 알아요. 하지만 (앞에서 다른 여성이 오뚝이에게 아이를 놀이터에 데리고 나갈 것을 권유하였다) 내가 아이를 데리고 못 나가는 이유가 있어요. 혹시 나갔다가 누가 볼까 봐 (그래서 남편한테 위치가 노출될까) 겁나요. 그리고 지금껏 밤낮이 바뀌어 살았어요. 밤새 깨어 있어야 하고 새벽 6시에 들어오는 남편의 밥을 차려야 했어요. 남편의 일상에 맞추어 살아야 하기 때문에 주로 야행성 생활을 했어요. 남편이 잘 때 자야 하고 깨어 있을 때 깨어 있어야 해요. 그러지 않으면 의심하고 폭력을 썼어요. (울음)

쉼터실무자: 아이와 엄마가 제대로 적응하고 지낼 수 있도록 최대한 서비스를 할 거예요. 우선 혜경이가 엄마와 떨어져 있을 수 있는 준비가 되면 어린이집도 연계가 되어 있고, 병원진료도 받을 수 있어요 (2007년 4월 W쉼터 집단 7회).

제5절 자녀를 두고 나왔어요

자녀를 동반한 피해여성들이 자녀의 정서적 · 행동적 문제에 대처하고 쉼터생활에 적응시키기 위해 씨름을 하는 반면, 자녀를 두고 나온 여성들은 전혀 다른 고민을 한다. 집단에서는 이들의 고민을 들어주고 최선의 방법을 모색하도록 도와야 한다.

1. 자녀가 원망할까 두려워요

피해여성에 따라 자녀를 두고 나오기도 한다. 특히 자녀들이 중 · 고등학교에 다니는 경우 학업 등의 문제로 자녀를 두고 나온다. 이때 자녀들이 원망할까 우려하는 피해여성들이 있는데, 이는 현실적인 문제이기 때문에 그렇지 않을 것이라는 위로의 말로는 도움이 되지 않는다. 심한 경우 가해남편은 아내가 바람이 나서 떠났다고 거짓말까지 하면서 비난하기도 하므로, 이들이 우려하고 고통스러워하는 것은 당연하다. 이때 피해여성들이 우려하고 고민하는 바를 표현하도록 도울 필요가 있다.

지도자: 애가 원망할까 걱정이 되시는군요?

피해여성: 네.

피해여성: 아니, 그건 아니죠.

유 채: 더 이상 보여 주고 싶지 않죠.

지도자: 방금 유채 님이 애한테 더 이상 보여 주고 싶지 않다고 하셨는데 조금 구체적으로 말씀해 주실래요.

유 채: 네. 매 맞는 것을 더 이상 보여 주고 싶지 않다는 거지요. 애들이 크면 아빠가 엄마한테 했던 행동을 알게 될 거예요. 그걸 알면 우리 엄마가 극한 상황에서 나온 것을 알게 될 거고요. 그러면 엄마가 자기를 저버리지 않았다는 것을 알게 된다는 것이지요.

피해여성: 근데, 애들이 어렸을 땐 그걸 기억 못하지 않을까요?

피해여성: 애들도 크면서 상황 판단을 한다는 거지.

피해여성: 근데, 아빠와 함께 있으면 주입을 시킬 거 아니에요. 엄마는 나

뻔 년이고 어쩌고저쩌고, 계속 커 갈 때까지 주입을 시킬 거 아니에요.

피해여성: 남편한테 맞아 죽는 건 결코 옳지 않아요. 그건 내 판단이에요.

피해여성: (남아 있는 게) 그게 옳지 않은 것은 알겠는데, 이혼을 생각하는 단계에서 아이에게 주는 상처, 원망이 무섭다는 거죠. 그 원망을 어떻게 내가 극복해야 하는지 두려워요(2004년 4월 N쉼터 집단 4회).

2. 현실 인정하고 최선 찾기

안타깝게도 이런 상황에서 집단지도자가 할 수 있는 것은 자녀를 두고 나왔다는 죄의식을 경감시키고 지금 상황에서 최선의 방법을 찾도록 돕는 것 이외에는 별다른 방법이 없다. 어머니의 입장을 이해해 주는 자녀들은 피해여성에게 심리적으로 커다란 위안이 된다. 그러나 자녀들이 어려서 상황을 이해하지 못하거나 원망하는 경우 고통과 안타까움이 클 수밖에 없다. 그럼에도 피해여성들은 가해남편을 떠난 것이 불가피한 선택이었음을 인정하면서 현실적인 대안을 모색하기 시작한다. 피해여성에 따라 친척이나 자녀의 친구 등 접근 가능한 사람들을 통해서 연락을 하고, 자신의 상황을 자녀에게 이해시키며, 자녀를 심리적으로 안정시키기 위해 노력하기도 한다. 이는 피해여성들이 자녀와 떨어져 있어도 어머니로서의 역할을 지속하고 있음을 의미한다. 떨어져 산다고 해도 어머니의 역할을 포기하는 것이 아니라는 사실은 피해여성들의 죄의식을 감소시켜 줄 뿐 아니라, 앞으로도 가능한 범위 내에서 어머니로서의 역할을 지속하도록 임파워먼트할 수 있다.

지 도 자: 엄마와 아이에게 모두 어려운 상황이지만 방법을 찾아봐야겠

지요. 이혼을 한다고 하면 아이와 어떻게 관계를 유지할 것인지, 그 과정에서 최선의 방법은 무엇인지를 찾아보아야겠지요.

피해여성: 아이에게 선택권을 주고 싶어요. 아이에게 항상 엄마는 옆에 있으니, 찾고 싶을 땐 언제든지 찾아라. 아이가 날 찾았을 때 부끄럽지 않고, 아이에게 도움을 줄 수 있도록 열심히 살아갈 거예요.

피해여성: 작년에 아이가 고3이었는데, 제가 그때 나왔어요. 지금은 아이와 몰래 메일을 주고받고 있어요. 근데 항상 미안하다고 했더니 언젠가는 그래요. "엄마, 진작 이혼하지 왜 그랬어?" 라고 하더라고요. 지금은 집에서 사는 것처럼 자식하고 메일을 주고받는데, 내용을 보면 애들이 힘들어하는 모습은 없어요.

피해여성: 전 아들이 사춘기인데, 어제 친구로부터 소식을 들었어요. 제 아이는 중학교 1학년인데 제가 가장 무서웠던 건, 사춘기는 인생의 중요한 시기인데 엄마가 없다는 거예요. 그걸 생각하면서 우리 엄마도 아빠 없이 날 키웠지만, 난 꿋꿋하게 살았는데 생각해요. 그래서 내 아이가 다시는 폭력을 보면서 자라지 않게 해야지 하며 나왔는데, 아이가 너무 힘들다 하고 원망하더라고요. 그래서 "그럼, 엄마가 거기서 죽었으면 좋겠니?" 했더니, 그건 아니라고 하더라고요. 저는 '지금은 이해 못하겠지만 어른이 되어서는 이해할 때가 있을 거야. 엄마는 당당하게 살면서 그날을 기다리겠다.'라는 내용의 편지를 친구를 통해 전해 주고 왔는데 마음이 아프더라고요. 자식을 위해 들어가야 되나 아님 내 살길을 찾아야 되나 싶었어요.

피해여성: 저는 언니한테 해 주고 싶은 말이 있어요. 물론 저도 객관적인 입장에서 어떻게 하라고 할 수는 없지만, 그래도 언닌 여기서 독립해서 살고 있고, 애들이 당장은 엄마가 없어서 불편하고 원망하겠지만, 꾸준히 지속적으로 애들하고 연락을 하잖아요. 요

즘에는 연락할 수 있는 수단이 많잖아요. 이메일도 주고받을 수 있고.

피해여성: 나도 처음에는 (남편이) 날 미행하고 찾아내려고 해서 아이들하고 만나기 어려웠어요. 그런 상황에서 언니가 (아이들을) 몰래 만나서 엄마가 너희를 지키고 있다는 걸 알려 줬어요. 학교에 쫓아가서 몇 시간씩 기다려서 애를 만나 엄마 얘기를 해 줬어요. 그래서 애들이 엄마를 이해해요.

피해여성: 난 딸 친구를 통해 연락해요. 점심시간에 친구한테 전화를 하면 딸을 바꿔 줘요. 가끔 연락해서 안부 묻고 아무 걱정하지 말라고 말하면서 안정을 시켜 줬어요.

지 도 자: 생각보다는 아이들과 연락을 할 수 있는 방법들이 많이 있군요. 여러분들이 주어진 상황에서 최선을 다하고 있다는 것이 중요합니다.

피해여성: 내가 살아야지 아이도 있다는 생각을 왜 못하는지 몰라.

피해여성: 저는 선생님께서 저희들한테 해 주고 싶은 말씀이 있는지 듣고 싶은데요.

지 도 자: 저는 여러분이 참 용감하고 좋은 엄마라고 생각해요. 요즘에는 많은 사람들이 아이를 버리기도 하는데 이렇게 힘든 상황에서도 아이들 때문에 힘들어하고 걱정하며, 아이들과 연락을 하고, 아이들에게 안정을 찾아 주려고 노력하면서 엄마의 역할을 계속하시는 것은 정말 대단하다고 생각해요(2004년 4월 N쉼터 집단 4회).

제11 장

보다 나은 내일을 꿈꿔요

오늘날 대다수 집단프로그램의 종결은 미리 정해져 있다. 특히 기금을 받아서 진행되는 프로그램은 정해진 회기 동안 진행된다. 집단의 종결은 피해여성들이 그동안 성취한 긍정적인 성과를 확인하고 이의 지속을 다짐하는 시간이다. 필자들은 피해여성들이 보다 나은 자신의 미래를 꿈꿔 보고 이를 위한 구체적 실천계획을 수립하도록 도왔다. 여기에서는 마지막 모임에서 시도했던 집단 활동들을 살펴보고자 한다.

1. 버리고 싶은 것

인간은 누구나 건강한 내일의 삶을 희망하며, 이는 피해여성도 예외는 아니다. 피해여성들이 자립을 계획하건 혹은 남편에게 돌아갈 계획이건 간에, 종결은 이들이 가정폭력에서 벗어나고자 하는 의지를 다시 한번 다지는 시간이 될 수 있다. 필자들은 피해여성들에게 버리고 싶은 것이 무엇인지를 질문하였다. 버리고 싶은 것을 적어서 불에 태워 버리거나 찢어 버리는 등 의식화하면 상징적인 효과가 있다. 단, 불에 태울 때는 안전에 유의해야 할 것이다. 다음은 버리고 싶은 것을 불에 태워 버리는 장면을 기술한 내용이다. 많은 경우 피해여성들은 가해남편과 가정폭력으로 인해 생긴 것(예: 질병)을 버리고 싶어 한다.

*****

왕언니는 "몸이 건강하지 못한 것, 소화가 안 되는 것, 당뇨 같은 것이 없어졌으면 좋겠고, 무엇보다도 남편이 내게서 떨어져 나갔으면 좋겠다. 명상하면서 생각해 보니 나를 제일 사랑하는 사람은 다 죽었다. 그분들께 기도했다. 제발 남편을 데리고 가 달라고." 하였다. 왕언니는 종이를 태우면서 "훨훨 날아가거라."라고 신명나게 외쳤다. 아주 시원하다 하면서 피해여성들이 박수를 쳤다.

살구는 눈물을 글썽거리면서 "왜 이렇게 자꾸 눈물이 나와."라고 말을 잇지 못하였다. 왕언니는 옆에서 "어서 읽고 다 태워 버려. 그리고 눈물 뚝 그쳐."라고 격려하였다. 살구는 "질병, 내 몸에 있는 병 다 버리고 건강하게 살았으면 좋겠어요. 눈물이 흔해서 무슨 말만 들어도 눈물이 나오는 것이 없어졌으면 좋겠어요."라고 버리고 싶은 것을 읽었다(2000년 11월 N쉼터 집단 8회).

2. 미래의 나의 모습은

나의 삶에서 버리고 싶은 것이 있다면 얻고자 하는 것이 있기 마련이다. 미래의 나의 모습은 새로운 긍정적인 자아상을 반영한다. 필자들은 '나에게 쓰는 사랑 편지' 또는 '5년 후의 나의 모습' 등의 제목을 주고 미래의 모습을 구체화해 보도록 하였다. 이때 소중한 미래의 나를 담을 수 있도록 예쁜 카드나 색지 등을 마련해 주도록 한다.

*****

○○아, 너의 모든 근심, 걱정 이제는 하지 말고 편안한 마음 가지도록 해봐. 참 그동안 고생 많았고, 그걸 바탕 삼아 더 열심히 더 힘차게 살아가면 되지 않겠니. 너는 아직 살아온 날보다 살아갈 날이 더 많지 않니. 너의 어릴 적 소원, 큰 것도 아닌 작은 소망, 소원, 꿈, 지금도 늦지 않았어. ○○아, 너는 여기서 나가면 먼저 건강해야 하고 힘을 얻어야 한다. 나는 5년 후에 조그마한 가게를 하고 싶다. 그것이 나의 꿈이면 꼭 하고 싶고 할 것이라는 믿음을 갖는다. 지금까지 고생만 했고 그동안 나쁜 것은 저 강물에 띄우길 바란다. 옛날처럼 다시 환하게 웃는 활발한 너의 모습을 보고 싶다. 그리고 ○○아, 지금은 용서가 되지 않겠지만 너 너무 힘들고 지쳐 있을 때 누군가 네 편에 있으면 좋겠지? 네 형제나 부모 찾을 수 있으면 찾아봐. 앞으로 좋은 일만 있기를 바라며 줄인다. 5년 후에 헤어진 가족하고 같이 있고 싶다. 마지막으로 사랑한다, ○○아. 용기를 잃지 말자(2000년 11월 N쉼터 집단 8회).

3. 지지망 찾기

남편을 떠나 자립을 계획하는 피해여성들은 앞으로의 삶에 대한 기대와 희망도 있지만, 자녀들과 어떻게 살아야 할지 걱정도 많다. 이에 따라 앞으로 살아가는 데 활용할 수 있는 지지 자원을 찾아보고 부족한 자원을 어떻게 획득할 수 있을지 탐색할 필요가 있다. 사회적 지지망에 관한 척도가 개발되어 있으니 이를 활용하면 좋을 것이다. 필자들은 피해여성들이 쉽게 작업할 수 있도록 기존의 사회적 지지망 척도를 변용하여 사용하였다(2008년 3월 W쉼터 집단 8회).

1) 나에게 도움을 줄 수 있는 사람 찾기

사회적 지지망 찾기는 도움을 주고받을 수 있는 망 구성원을 찾는 작업이 우선된다. 아래의 그림은 세 개의 동심원에 망 구성원을 표시한 것이다. 관계의 친밀도에 따라 동심원 안쪽에서부터 표시하면 된다.

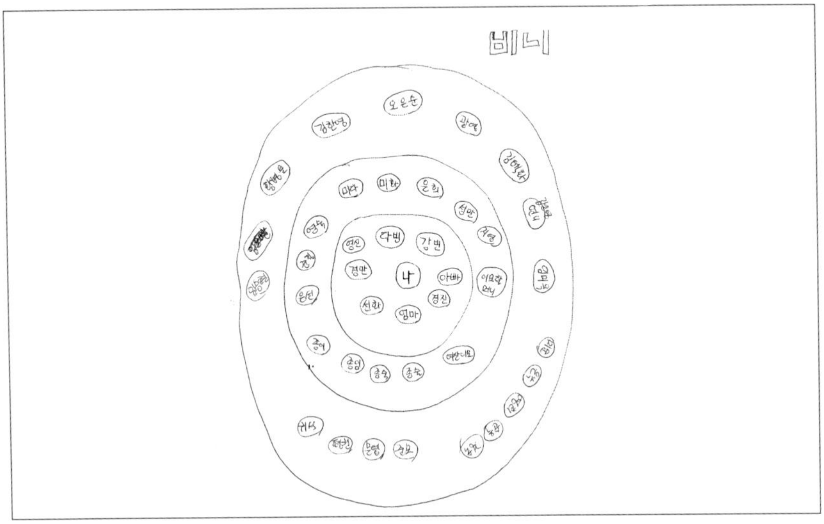

2) 어떤 도움을 주고받을 수 있을까, 어떤 도움이 더 필요할까

망 구성원이 규명되면 이들과 주고받을 수 있는 지지적 행동을 탐색해 봐야 한다. 다음의 그림은 지지망 구성원으로부터 내가 받을 수 있는 도움은 무엇인지 그리고 내가 줄 수 있는 도움은 무엇인지 찾아본 것이다. 그리고 새로 개발할 자원에 대해서 생각해 본 것이다. 이때 사회복지기관, 지역사회, 국가에서 받을 수 있는 서비스나 자원에 대해 소개하도록 한다. 그리고 이미 퇴소한 피해여성들의 네트워크가 있다면 이에 대한 정보를 제공하도록 한다. 마지막으로 쉼터는 피해여성들이 퇴소한 이후에도 지지체계로서 기능할 수 있으므로, 앞으로 쉼터와 어떻게 연계할지에 대해 논의한다.

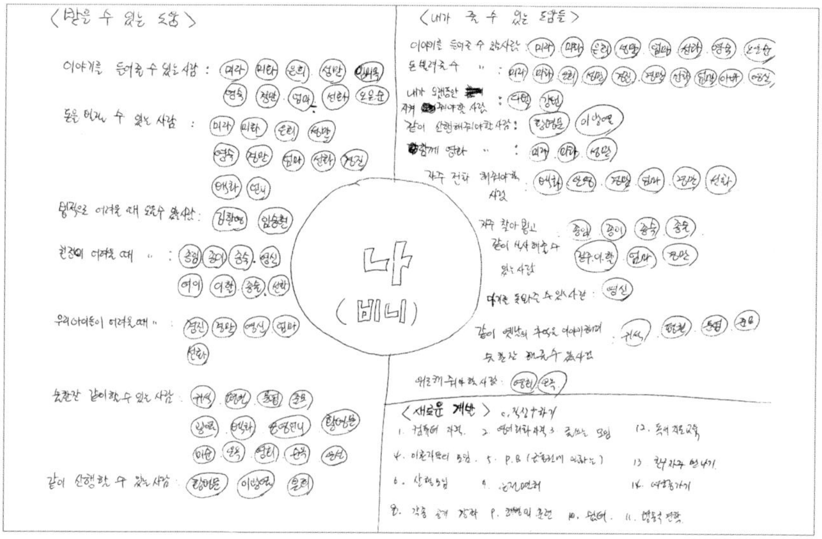

4. 실천계획과 다짐

실천하지 않는 자에게 꿈은 실현되지 않는다. 내가 원하는 미래의 나의 모습을 실현하기 위해서 실천계획을 수립할 필요가 있다. 피해여성들은 추상적이고 실천하기 어려운 계획을 세우는 경우가 많다. 이에 따라 구체적이며 실행 가능한 실천계획을 수립하도록 돕는다.

실천계획이 수립되면 이를 다짐하는 멋진 의식으로 집단을 마무리할 수 있다. 필자들은 두 명씩 짝을 지어 실천계획을 지켜나갈 것을 다짐하는 의식을 실시하였다. 그리고 포도 주스 등으로 약속의 잔을 나누고 장미꽃을 한 송이씩 선사하면서 실천계획을 다짐하도록 하였다.

지도자: (조명을 낮추고 가운데에 촛불을 놓는다.) 둥글게 둘러앉겠습니다. 지금부터 프로그램 마지막을 종결하는 의식을 시작하겠습니다. 조금 아까 자신에게 편지를 쓰면서 새로운 결심을 하고 실천하는 계획을 세웠습니다. 이제 계획을 친구들 앞에서 다짐하는 시간을

갖겠습니다. 먼저 가운데 놓여 있는 꽃 중에서 마음에 드는 것을 하나씩 골라 주세요. 그리고 짝끼리 얼굴을 마주하고 다짐의 약속을 하겠습니다.

카　라: 나 카라는 사랑하는 개나리 앞에서 약속합니다. 항상 용기를 갖고 끝까지 남은 인생에 충실하기 위해 운동으로 몸을 튼튼하게 할 것입니다. 그리고 현실에 만족할 줄 아는 사람으로 살 것입니다. 책은 일주일에 한 권씩 읽을 것입니다.

개나리: 나 개나리는 사랑하는 카라 앞에서 약속합니다. 나는 아이에게 하루에 세 번씩 칭찬을 할 것이고, 하루에 한 시간씩 꼭 운동을 할 것입니다. 그리고 하루에 한 번씩 행복한 생각을 할 것입니다.

카라, 개나리: 아자! 아자! 파이팅!(2004년 4월 N쉼터 집단 8회)

5. 평가회

집단프로그램이 끝나면 피해여성들과 평가회를 갖도록 한다. 평가회는 간단한 다과를 나누면서 진행하면 좋을 것이다. 프로그램 만족도 설문지나 사후검사를 위한 척도가 있다면 이를 실시한다. 평가회에서는 피해여성들이 그동안 프로그램에 참여하면서 느낀 점들을 편안하게 나누도록 한다. 다음은 2000년 봄 집단프로그램 평가회에서 나온 내용이다.

*****

첫날 (프로그램) 이런 생각이 들더라고요. 사람 먹여 주고, 재워 주고 이렇게 좋은 말씀을 해 주시니, 천국이 따로 없다고요. 이런 데 와서 여러 사람하고 얘기도 나누고 저한테 많이 힘을 주었어요. (중략) 명상시간이 참 좋았어요. 세 번째까지 눈물 흘렸어요. 그런데 다른 사람은 하나도 안 울더라고요. 좀 창피했어요. 그리고 제일 힘이 솟았던 것은 그 인간 욕했던 것이지요. 막혔던 굴뚝이 뚫리는 것 같았어요. 그러고 나서 시원해졌어요. 눈물도 덜 흘리는 것 같았고요(왕언니).

할머니와 동생 죽음 때문에 내가 얼마나 힘들어했는지 깨달은 것이 가장 소중했어요. 내가 그 일로 죄책감을 느끼고 이것이 나를 얽매고 있다는 것을요. 그리고 칭찬하기가 좋았어요. 가끔 감정적으로 다운되는데 스스로 칭찬해서 기분을 돌리게 됐어요. 이제 나를 잘 칭찬할 수 있어요(사람).

프로그램이 다 좋았어요. 처음 프로그램 할 때는 잘 이해하고 해야 한다는 생각이 들어 편하지 않았어요. 반쯤 지나서는 편안해지고 좋았어요. 스트레칭이 참 좋았어요, 몸이 풀리니까요. 선생님이 열심히 진행해 주시고 그다음 시간에 기억해서 알아줄 때 관심을 가지고 있구나 하는 생각이 들어서 아주 좋았어요(피카츄).

솔직히 말해서 처음에는 일하러 나갔다가도 시간에 맞춰 들어와야 하니까 나빴어요. 짜증이 나고 이런 거 왜 하나 하고 생각했어요. (약간의 장애가 있어서) 발을 잘 움직이지 못하는데 따라 하려니까 힘들었어요. 그런데 해 보니까 몸이 부드러워지더라고요. 저는 양반다리가 안 됐는데 이제 조금 되니까 좋아요. 그리고 참여하다 보니까 속이 시원해져서 역시 배워야 되는구나 생각했어요(사랑)(2000년 11월 N쉼터 집단 8회).

참고문헌

권진숙(2002). 쉼터 피해자를 위한 집단프로그램. 정신보건과 사회사업, 제13집, 143-157.

김민예숙 · 김혜경 · 배인숙 · 이문자 · 이미혜 · 정춘숙 · 황경숙(2005). 왜 여성주의 상담인가: 역사, 실제, 방법론. 한울 아카데미.

김주현(2006). 가정폭력피해여성이 폭력에서 벗어나는 과정에 관한 근거이론 연구. 이화여자대학교 대학원 박사학위 청구논문.

마주해(1996). 이별 그리고 홀로서기. 국민일보사.

박미선(2002). 아내학대 피해여성을 위한 성장집단 프로그램에 관한 연구–쉼터 거주자를 중심으로–. 강남대학교 대학원 석사학위 청구논문.

신은주(1995). 아내학대에 대한 페미니스트 접근에 관한 사회사업적 분석. 서울대학교 대학원 박사학위 청구논문.

이원숙(2002). 쉼터 거주 아내학대 피해여성을 위한 지지집단 프로그램에 관한 연구: 페미니스트 접근의 쉼터를 중심으로. 정신보건과 사회사업, 제12집, 121-142.

이원숙(2004). 가정폭력 피해여성 집단상담에 나타난 부부강간–쉼터 이용자를 중심으로–. 한국정신보건사회사업학회 2004년 추계학술대회 자료집, 233-258.

Adams, D. C., & McCormick, A. J. (1982). Men Unlearning Violence: A Group Approach Based on the Collective Model. In M. Roy (Ed.), *The Abusive Partner: An Analysis of Domestic Battering* (pp. 170-197). New York: Van Nostrand Reinhold Company.

Bancroft, L., & Silverman, J. G. (2002). *The Batterer as Parent: Addressing the*

Impact of Domestic Violence on Family Dynamics. Sage Publications.

Bergen, R. K. (1996). *Wife Rape: Understanding the Response of Survivors and Service Providers*. Sage Publications.

Breton, M., & Nosko, A. (2005). Group Work with Women Who Have Experienced Abuse. In G. L. Greif, & P. H. Ephross (Ed.), *Group Work with Populations at Risk* (2nd eds., pp. 212-225). Oxford University Press.

Burke, J. G., Denison, J. A., Gielen, A. C., McDonnell, K. A., & O'Campo, P. (2004). Ending Intimate Partner Violence: An Application of the Transtheoretical Model. *American Journal of Health Behavior, 28*(2), 122-144.

Copeland, M. E., & Harris, M. (2000). *Healing the Trauma of Abuse: A Women's Workbook*. New Harbinger Publications, Inc.

Corcoran, K., & Fischer, J. (2000). *Measures For Clinical Practice: A Sourcebook* (3rd eds.), *Vol. 1.* Couples, Families, and Children. The Fress Press.

Corey, M. S., & Corey, G. (1997). *Groups: Process and Practice* (5th eds.). Brooks/Cole Publishing Company.

Deaton, W. S., & Hertica (2001). *Growing Free: A Manual for Survivors of Domestic Violence*. New York: The Haworth Maltreatment and Trauma Press.

Ehpross, P. H. (2005). Introduction: Social Work with Groups: Practice Principles. In G. L. Greif, & P. H. Ephross (Ed.), *Group Work with Populations at Risk* (2nd eds., pp. 1-14). Oxford University Press.

Kubany, E. S., McCaig, M. A., & Laconsay, J. R. (2004). *Healing the Trauma of Domestic Violence: A Workbook for Women*. New Harbinger Publications, Inc.

Margolin, J. A. (1999). *Breaking the Silence Group Therapy for Childhood Sexual Abuse*. New York: The Haworth Maltreatment and Trauma Press.

Miley, K. K., O'Melia, M., & DuBois, B. (2007). *Generalist Social Work Practice: An Empowering Approach* (5th eds.). Pearson Education, Inc.

Neidig, P. H., & Friedman, D. H. (1984). *Spouse Abuse: A Treatment Program for Couples*. Champaign, IL: Research Press Company. 권진숙 역(2001).

가족갈등조정 프로그램. 나눔의 집.

Nichols, M. P., & Schwartz, R. C. (2005). *The Essentials of Family Therapy* (2nd eds.). Brooks/Cole Publishing Company.

Radford, L., & Hester, M. (2006). *Mothering Through Domestic Violence*. London: Jessica Kingsley Publishers.

Roberts, A. R. (1984). *Battered Women and their Families: Intervention Strategies and Treatment Programs*. Springer Publishing Company.

Roberts, A. R., & Roberts, B. S. (2002). A Comprehensive Model for Crisis Interventions with Battered Women and Their Children. In A. R. Roberts (Ed.), *Handbook of Domestic Violence Intervention Strategies: Polices, Programs and Legal Remedies*. Oxford University Press.

Senter, K. E., & Caldwell, K. (2002). Spirituality and the Maintenance of Change: A Phenomenological Study of Women Who Leave Abusive Relationships. *Contemporary Family Therapy, 24*(4), 543-564.

Sheafor, B., & Horejsi, C. R. (2006). *Techniques and Guidelines for Social Work Practice* (7th ed.). Pearson Education, Inc.

Weiss, E. (2003). *Family and Friends' Guide to Domestic Violence: How to Listen, Talk and Take Action When Someone You Care About is Being Abused*. Volcano Press.

Whalen, M. (1996). *Counseling to End Violence Against Women: A Subversive Model*. Sage Publications.

Yalom, I. D. (1998). The Therapeutic Factors: What It Is That Heals. In I. D. Yalom (Ed.), *The Yalom Reader*. New York: Basic Books.

Zastrow, C. (1993). *Social Work with Groups*. Chicago: Nelson-Hall Publishers.

www.sangdam.kr/encyclopedia

저자 소개

⊙ 이원숙

[학력]

이화여자대학교 문리대학 사회사업학과 졸업

이화여자대학교 대학원 사회사업학과 졸업 및 문학석사 학위 취득

University of Michigan Graduate School of Social Work, M. S. W. 취득

이화여자대학교 대학원 사회사업학과 박사과정 졸업 및 문학박사 학위 취득

[경력]

한국사회복지학회 이사

한국성폭력상담소 부설 성폭력문제연구소 소장

경기도 여성발전위원

[현재]

강남대학교 사회복지학과 교수

한국성폭력상담소 자문위원

수원시 여성의 쉼터 전문위원

성남시 여성의 쉼터 전문위원

(사)부스러기사랑나눔회 부설 로뎀나무집 자문위원

[주요 저서 및 역서]

사회적 망과 사회적 지지 이론-실천적 접근(홍익재, 1995)

선진국 사회복지발달사(공저, 홍익재, 1995)

성폭력과 사회복지(강남대학교, 1998)

사회복지실습의 길라잡이(공저, 홍익재, 1999)

가족학대 · 가족폭력(공역, 나남, 2001)

가족폭력-사정과 실제(공역, 양서원, 2003)

성폭력과 상담(학지사, 2003)

가족복지론(2판, 학지사, 2007)

사회복지실천론(학지사, 2008)

⊙박미선

[학력]

서울시립대학교 인문대학 국사학과 졸업

강남대학교 대학원 사회복지학과 졸업 및 석사 학위 취득

[자격증 및 이수]

사회복지사 1급 자격증 취득

아리랑풀이 연구소(구 성장상담연구소) 집단상담 기본, 전문, 협의 슈퍼비전, 인턴과정 수료

가정폭력상담원 자격이수

성폭력상담원 자격이수

춤명상, 미술치료, 연극치료, 예술치료, 놀이치료 등 다양한 workshop 참여

[경력]

가정폭력 피해여성 쉼터(3개 지역) 집단상담 및 개인상담

성폭력 상담소 성인 아동 집단상담

강남 종합사회복지관 장애아동 부모를 위한 집단상담

수원 가정법률 상담소 행위자 집단상담

일반인(성인, 청소년, 아동)을 위한 다수의 집단상담 및 개인상담

[현재]

사회복지사

가정폭력 상담가, 성폭력 상담가,

심리상담가, 집단상담가

가정폭력 프로그램

2010년 2월 10일 1판 1쇄 인쇄
2010년 2월 16일 1판 1쇄 발행

지은이 • 이원숙 · 박미선
펴낸이 • 김진환
펴낸곳 • (주) 학지사
121-837 서울시 마포구 서교동 352-29 마인드월드빌딩 5층
대표전화 • 02-330-5114　　팩스 • 02-324-2345
등록번호 • 제313-2006-000265호

홈페이지 • http://www.hakjisa.co.kr
커뮤니티 • http://cafe.naver.com/hakjisa

ISBN 978-89-6330-310-9 93180

정가 14,000원

저자와의 협약으로 인지를 생략합니다.
파본은 구입처에서 교환해 드립니다.